古代歷史文化 研究輯刊

十 編

王明蓀 主編

第 28 冊

南京政府時期的留學教育（上）

孔繁嶺 著

國家圖書館出版品預行編目資料

南京政府時期的留學教育(上)／孔繁嶺 著 — 初版 — 新北市：
花木蘭文化出版社，2013〔民 102〕
目 4+178 面；19×26 公分
（古代歷史文化研究輯刊 十編；第 28 冊）
ISBN：978-986-322-356-6（精裝）
1. 留學教育 2. 南京國民政府
618 102014439

ISBN-978-986-322-356-6

9 789863 223566

古代歷史文化研究輯刊
十 編 第二八冊 ISBN：978-986-322-356-6

南京政府時期的留學教育（上）

作 者	孔繁嶺	
主 編	王明蓀	
總 編 輯	杜潔祥	
出 版	花木蘭文化出版社	
發 行 所	花木蘭文化出版社	
發 行 人	高小娟	
聯 絡 地 址	235 新北市中和區中安街七二號十三樓	
	電話：02-2923-1455／傳真：02-2923-1452	
網 址	http://www.huamulan.tw 信箱 sut81518@gmail.com	
印 刷	普羅文化出版廣告事業	
初 版	2013 年 9 月	
定 價	十編 35 冊（精裝）新台幣 62,000 元	

南京政府時期的留學教育(上)

孔繁嶺　著

作者簡介

孔繁嶺（孔凡嶺），男，山東曲阜人。1982 年 1 月畢業於山東大學歷史系。曲阜師範大學歷史文化學院教授，曾爲中國近現代史教研室主任、中國近現代史碩士生導師、歷史教學論碩士生導師，校「關鍵崗」和「161 人才工程」人員。主要研究方向爲中國近現代思想文化史和留學教育史。著作有《中國近代留學史稿》、《中國近代評孔思潮研究》、《20 世紀儒學大系・孔子研究》、《中國倫理範疇・善》、《中國現代史專題研究》、《中國現代政治思想史論》（二人首位）、《百川歸海 紅二方面軍長征史》（二人首位），主編《中國當代史稿》等。在《中共黨史研究》、《近代史研究》、《抗日戰爭研究》、《歷史檔案》、《歷史教學》、澳洲《漢聲》等國內外多家刊物上發表論文上百篇。主持國家、省、廳級課題 6 項，參與國家級和橫向課題各 1 項。國外曾獲徵文比賽冠軍獎，國內獲省、廳級獎多次。

提　　要

　　南京政府時期（1927 ～ 1949）的留學教育，佔主導地位的是國民政府的留學教育；其次是淪陷區奴化留日教育；另外還有中共不正規的特殊留蘇教育。南京政府建立不久，對留學教育進行了整頓，促使了中國留學教育的發展。留美、留日、留德、留英、留法都出現了興盛情景。中央和地方政府繼續向美、英和西歐各國派遣官費留學生，每年有 100 人左右，最多時達千人。自費留學的人數也日益增長。除佔主導地位的國民政府的留學教育外，中共留蘇教育亦仍在進行之中。抗戰爆發後，正常發展的中國留學教育被打亂，國外留學人員紛紛回國，留日學生政府停止派遣。抗戰後期，國民政府採取較爲積極的留學政策，並注意出國留學人員質量，1943年大致恢復到 1937 年的水平。戰時，約有 1500 名學子被派赴海外，主要前往美英。與此同時，淪陷區各僞政權積極推行留日奴化教育，連同臺灣，約有 1.8 萬人前往敵國。再加上滯留海外未歸的 2500 人，共約兩萬餘名。抗戰勝利後，因當時國內外形勢的影響，造成了短暫的留學熱尤其是留美熱，但不久內戰蔓延，留學教育又由盛而衰。南京政府時期的留學教育除培養了眾多科學巨匠外，還湧現出不少政治偉人、軍事天才、文化精英及外交家。

目

次

前　言

　　1928 年舒新城出版了《近代中國留學史》，開創了研究留學問題的先河。1939 年日本學者實藤惠秀寫成《中國人留學日本史稿》，首次從國別史的角度研究中國的留學問題。該書後改寫爲《中國人留學日本史》，被譯成中文，在國際上享有很高的聲譽。六、七十年代以後，海內外研究留學問題的佳作迭出，如臺北出版了瞿立鶴的《清末留學教育》、黃福慶的《清末留日學生》、林子勳的《中國留學教育史》、高宗魯譯著的《中國幼童留美史》等；大陸出版了董守義的《清代留學運動》、黃新憲的《中國留學教育的歷史反思》、李喜所的《近代留學生與中外文化》、王奇生的《中國留學生的歷史軌跡》、陳學恂田正平主編的《留學教育》(資料) 等，同時發表了不少論文。有關研究成果總的趨勢是，清末最多，民初次之，南京政府時期幾乎一片空白，無見一本專著，有的書中雖有涉及也過於簡略，有關論文亦很少。因此，研究重點勢必往後轉移，探討南京政府時期的中國留學教育，便成爲塡補留學史上空缺的工作，不僅是深入研究近現代史的需要，而且對於加強愛國主義教育，推動留學教育的發展，擴大中外文化交流，促進改革開放都具有十分重要的意義。

　　對中國近代留學史的分期，學術界尙有不同看法，筆者在拙著《中國近代留學史稿》中，曾將其分爲五個階段：即 1840～1871 年的萌芽；1872～1900 年的興起；1900～1911 年的高潮；1912～1927 年的持續發展；1928～1949 年的整頓收縮。這主要是根據中國近代留學教育演變情況而分，而從政權學的角度講，前三階段爲清末時期，後兩階段分別是北洋政府時期和南京政府時期。本書主要闡述 1927～1949 年南京政府時期留學教育的歷史。

　　在中國近代留學史上，南京政府時期較爲成熟，獲得高學位的人佔相當

大的比例。這一時期又可以抗戰爆發爲界分爲前後兩段。從 1927 年南京政府建立到 1937 年「七・七」之前爲留學教育的整頓和發展階段。南京政府建立後不久，對留學教育進行了整頓，主要是嚴格選拔標準，加強組織管理；採取不同的派遣途徑，以解決留學經費不足和各方面對人才的需要。這些政策較之清末民初的留學教育更爲制度化，對於提高留學質量，推動留學教育的發展不乏積極意義，因而促使了中國留學教育的發展。留美、留日、留德、留英等都出現了興盛情景。1937～1949 年爲戰火中的波折階段。抗戰爆發後，正常的留學教育被打亂，國外留學人員紛紛回國，新派留學歐美人數銳減，留日學生除漢奸政權外，整個國家已停止了派遣。抗戰後期，國民政府採取較爲積極的留學政策，並注意出國留學人員質量，1943 年大致恢復到 1937 年的水準。抗戰勝利後，由於當時國內外形勢的影響，造成了空前的留學熱，但好景不長，內戰的蔓延，留學教育又由盛而衰。南京政府時期的留學教育，佔主導地位的是國民政府的留學教育，除此外，還有中共不正規的留蘇教育和淪陷區奴化留日教育。南京政府時期有多少人出國，尚無精確的統計，筆者估算大體在 4.6 萬名左右，其中國統區約 2.8 萬（詳見《結束語》）。這一時期的留學教育，培養了眾多名人，除一些科學巨匠外，還湧現出不少政治偉人、軍事天才、文化精英及外交家。

筆者在前人研究的基礎上，立意深入挖掘史料，擴大學術視野和研究範圍，對該時期留學教育進行全面系統考察。著重探討留學教育的發展歷程，大致勾勒出留學運動波瀾壯闊的歷史畫面，比較各國別、各類型留學教育的特點；評析留學生派遣的指導思想，有關考試選拔、派遣途徑、管理制度、獎勵使用等方面政策演變的脈絡，藉以總結其利弊得失；論述留學生們的海外學習生活、救國事跡、學術成果及歸國後對中國近現代社會的作用和影響，既指明其消極之處，更著重肯定其卓越貢獻，把留學史的研究直接與現代化聯繫起來，以提高對留學教育意義的認識。

研究方法上，主要運用階段評述與專題研究、個案解剖交錯互補的辦法，分段論述留學教育的變遷，專題評判其有關問題，並努力做到以下幾點：

首先，採取多學科綜合研究的總體思路，運用歷史學和教育學的理論框架和研究方法，在辯證唯物主義指導下，借鑒現代化理論，把南京政府時期的留學教育放在資本主義狂潮席捲世界的大格局中，進行多學科多視角的綜合性考察，盡可能客觀地從不同角度、不同層次探討留學生與中國社會現代

化的關係，對他們在各領域的建樹和貢獻，作出正確的評價。

　　其次，立意於理順史實，明晰線索，由史立論，兼事思辨。盡量佔有充實的材料，把握事實的總和，描述眞實的歷史進程，進行以實證爲基礎的鋪寫，有意識地敘述歷史的過程和具體事件的始末，並力圖將其串成一個整體，堅持實事求是，秉筆直書，力求客觀公允，經得起歷史的檢驗。

　　第三，力求突出重點，詳略得當。著重闡述主要歷史線索、重大事件、主要國家及有代表性和影響較大的人物，按專題展開深層探討。並力求行文簡明精錬，融思想性、科學性、趣味性於一體。

　　第四，盡量博採眾長，力求創新。既認眞汲取別人研究成果，又要敢於提出自己的觀點見解，克服擺脫各種條條框框和既成結論的束縛，在前人的基礎上有所前進。

　　第五，聯繫實際，爲教育改革和實踐服務。既不根據個人意願改造留學教育的歷史，進行簡單類比或主觀推論；又要注意重點解決那些對當前留學教育中可能產生影響的問題，爲改革現實的留學教育提供有益的借鑒。

　　自上世紀 80 年代以來筆者就致力於留學史的教學與研究，先後承擔完成了省教委（廳）《中國近代留學史稿》、《近代中外文化交流史》的項目，出版了《中國近代留學史稿》（中央文獻出版社，2005 年 3 月），在發表的上百篇論文中，40 篇屬於留學史的內容，其中 35 篇爲南京政府時期。本書爲全國教育科學「十五」規劃重點課題（編號 DAB030376），2007 年 4 月結題（編號：0636）。重點著墨於無人涉足之處進行探討，當然，囿於學識和能力，肯定會有諸多不足，但可拋磚引玉，得到有關學者指正，以推動研究的深入，爲留學教育的發展提供借鑒。故懇望明者不吝賜教。

上　編

整頓下的發展（1927～1937）

　　南京政府建立不久，對留學教育進行了整頓，主要是嚴格選拔標準，加強組織管理；採取不同的派遣途徑，以解決留學經費不足和各方面對人才的需要。這些政策較之清末民初的留學教育更爲制度化，對於提高留學質量，推動留學教育的發展不乏積極意義。因而促使了中國留學教育的發展。留美、留日、留德、留英、留法都出現了興盛情景。中央和地方政府繼續向美、英和西歐各國派遣官費留學生，每年有 100 人左右，最多時達千人。自費留學的人數也日益增長。清華大學繼續選派庚款留美生，英、法所退部分庚款和一些慈善機構的支持也有利於中國留學潮保持不衰。除佔主導地位的國民政府的留學教育外，中共留蘇教育亦仍在進行之中。

第一章　留學教育的整頓

南京政府成立之後，隨著再次北伐的勝利和訓政時期的開始，便加強了對留學教育的管理。1928 年底，改大學院為教育部，該部隨即通令各省，要求整頓留學教育，並頒布《選派留學生暫行辦法大綱》。1930 年 4 月在南京召開了第二次全國教育會議，制定通過了《改進全國教育方案》。提出首先整理並充實高等教育，在初見成效後，便向國外增派留學生，同時制定了留學教育方面的 6 條改革措施。1933 年 4 月教育部頒布了《國外留學規程》46 條，成為留學教育的基本法規。另外，國民黨中常會、行政院、教育部等還就留學教育問題作出過一系列規定，採取過某些措施，構成了較為完整的國民政府的留學政策。

一、嚴格選派標準

清末民初之際，國內新學剛剛起步，留學資格尤其自費留學漫無限制，不僅大學畢業可以留學，而且中學、小學學歷亦得任其自由出國。資格無限制，年齡、學科更無限制，結果出國者中就絕大部分人來說只是普通教育，而非研究專門學術。到 30 年代之後，國內中等和高等教育均已具有了一定規模，留學選派標準自然有必要作相應調整。

1、提高留學資格

1929 年 9 月教育部改訂《發給留學證書規程》，首次對自費留學資格作出如下規定：高級中學以上學校畢業者；舊制中等學校畢業並擔任教育或技術職務二年以上具有成績者。次年 4 月召開的第二次全國教育會議，又規定公費留學生應以「大學或專校教員，與學術實業行政機關服務人員，繼續任職若干年，

對於專門學術，確有相當貢獻，並通習各留學國語文，經考試或審查合格者爲限」。指出「才從大學或專校畢業而無相當服務經驗者，不予派遣」〔註1〕。1933年制定的《國外留學規程》，則進一步明確規定公費留學考試的報名資格，一要專科以上學歷；二要有兩年以上專業實踐。對自費留學資格，也由高中改爲專科以上學校畢業者。提高留學資格是確保留學生質量的基礎，不過以上規定只在公費生中執行較爲嚴格，而在自費生尤其是留日自費生中未能完全實行。按照《留學規程》，須有專科以上畢業程度方可領得留學證書，據此領取出國護照得以出國。而我國留日學生獨可毋須領取出國護照，致使許多無留學證書即資格不符者亦可往日本求學。爲此，駐日留學生監督周憲文1934年9月回國，向教育部提議「減爲高中畢業生之資格」〔註2〕，獲准試行一年。次年8月周辭職後，繼任者陳次溥進行整頓，重申了專科以上畢業的留學資格〔註3〕。

2、男女留學教育平等

民國建立後，孫中山男女教育平等的思想和主張只出現在理論上，實際實施還缺乏社會條件。北洋政府教育部則正式把賢妻良母主義納入女子留學教育，規定留學女生「所需學術，應以師範、醫學、美術、音樂爲要」〔註4〕，這無疑是一種留學教育政策上的不平等。「五·四」以後，賢妻良母主義的教育宗旨被逐漸揚棄，留學女子要求造就成和男子一樣的政治、經濟、教育和技術人才，這爲制定男女平等的新的留學政策創造了條件。國民黨政府的留學政策中抹掉了男女有別的留學色彩，把男女教育平等的理論落到了實處。它無疑對女子留學教育的發展是一大促進，使其不僅人數顯著增加，而且專業學習範圍擴大；留學成績提高，回國服務成就顯著。如，留美生中，女生所佔比例1929～1937年平均爲16%，而1938～1948年提高爲27.5%（詳見第二章）。

3、通過考試選拔公費生

以往公費生的選拔，有的經過考試，有的直接推薦保送，缺乏統一規定。1933年《國外留學規程》則要求，必須通過考試選取。考試分初試和復試兩級。初試在各省市進行，內容有：甲、檢驗體格；乙、普通科目，考黨義、國文、本國史地、留學國國語；丙、專門科目，視所考的各學科而定，但至

〔註1〕《改進留學生派遣辦法》，《中央日報》1930年4月23日。
〔註2〕《周憲文向教部續商留日生減低資格》，《中央日報》1934年10月4日。
〔註3〕《日彙下落留學生增多》，《中央日報》1935年11月15日。
〔註4〕《教育公報》，第4年第1期（1917年）。

少須考 5 種。成績之計算，普通科目中前三種和留學國國語各佔總分 25%；專門科目佔 50%。凡經省市考試及格者，給予初試及格證書，將成績和各項證件送教育部備查。各省市於每學科應遣派名額加倍錄取，送部復試。復試事項有：甲、留學國國語；乙、專門科目，由初試之專門科目中選考二種，成績由三種科平均計算。並規定，「復試考取各生須於三個月內出國，逾期者得取消其資格。」〔註 5〕通過考試選拔留學生，儘管也有一定的缺陷，但較之推薦保送等方法，具有較大的公平性和客觀性。

4、強調外語水準

過去留學生一般外語程度較低，往往到達留學國後補習該國語文，既耗費時間，影響學業，亦不經濟。有鑒於此，1930 年 2 月教育部通令各省市教育行政機關，此後派遣公費留學生，對於留學國語言文字，務須嚴加考試，以閱讀、寫作、會話均無窒礙爲及格。同年 4 月，該部所訂《改進留學生派遣辦法》中規定：「自費留學生於請領留學證書時，須經各留學國言語文字的考試，不合格者，不給證書。」提出爲謀自費留學生準備外語，「國內各大學在可能範圍內，設法增設各國語文預備班」；「如中央經濟充裕，並應開設留學預備學校」〔註 6〕。1933 年《國外留學規程》把外語作爲初試和復試的重要內容，其中規定「熟習他國語（日語除外），而於留學國國語程度較差者，得以他國語代之，但復試及格後，須在國內補習留學國國語，至第二屆復試時補考，考取者方發給正式復試及格證明書，上項補考以一次爲限。」〔註 7〕1935年教育部又通令各省市教廳，重申「公費留學生考試，應注意外國語文程度，未能及格者不予取錄」〔註 8〕。

對於留日自費生，據 1929 年留日學生監督處向教育部呈稱，「已有日語程度者固不乏人，然不能日語，勉強插入私立大學專門學校肄業者，實居多數」，故提出了具體限制辦法。教育部遂發出通告：「自即日起，所有新生抵日，均須經監督處考驗日語程度合格後，方准介紹入學；其不解日語者，應從報到登記之日起算，留東學習日語半年，再行到處，定期受試。」〔註 9〕

〔註 5〕《國外留學規程》，《中央日報》1933 年 5 月 2 日。
〔註 6〕《改進留學生派遣辦法》，《中央日報》1930 年 4 月 23 日。
〔註 7〕《國外留學規程》，《中央日報》1933 年 5 月 2 日。
〔註 8〕《公費留學生考試應注意外國語文程度》，《中央日報》1935 年 7 月 12 日。
〔註 9〕《限制不諳日語生留日介紹入學須考驗日語程度》，《中央日報》1929 年 11 月 16 日。

熟悉留學國語言文字，爲外出學習的基本條件，否則，是難以順利完成學業的。由此入手，強調外語水準，對於保證和提高留學教育質量是完全必要的措施，應當予以肯定。

5、注重理農工醫等實科的派遣

清末，一度限定官費留學生必須學習理工科，其目的主要是防範文法科留學生從事政治煽動。民初北洋政府對所學專業不加限制，不少留學生選修文學和哲學，有的甚至棄理從文。南京政府建立後，亟需建設人材，鼓勵學習理工科。1930 年第二次全國教育會議強調「以後選派國外留學生，應注重自然科學及應用科學，以應中國物質建設的需要，並儲備專科學校及大學理農工醫各學院的師資」。省費留學生「每次屬於理農工醫者，至少應佔全額十分之七」。自費留學生，「習理農工醫者應優先敘補公費或津貼。學文哲政法藝術等科者，非至大學畢業入研究院時，不得受公家補助」〔註10〕。《國外留學規程》重申「各省市考選派赴國外研究專門學術者，應注重農工醫理等科」〔註11〕。在這一政策的導向下，文理科學生的比例發生很大變化，據統計，1929 年文科留學生佔 64%，理工科佔 36%；1933 年文理科比例趨於平衡；到1937 年文科降至 38%，理科上升爲 62%〔註12〕。北美中國學生基督教協會 1935 年秋發表的中國留學生之姓名住址中，留美學生 1443 名，在已分科的 887 人中，實科爲 554 人，佔 62%以上；文科 329 人，不足 38%〔註13〕。1936 年下半年，據中國駐德使館統計，留德學生已達 500 人，其中在正式入大學的 332 人中，習實科者 255 人，佔 76%；習文科者僅 77 人〔註14〕。在公費留學生中，實科更佔絕對優勢。如 1934 年舉行公費留學生考試的全國 8 個省市中，共錄取 52 人，其中理工科佔 83%，文科只佔 17%。

6、堅持「黨化」目標

1931 年 9 月 3 日國民黨中常會通過了《三民主義教育實施原則》，在第八章「關於派遣留學生者」中規定：「一、須根據三民主義的精神，融合東西文化

〔註10〕《改進留學生派遣辦法》，《中央日報》1930 年 4 月 23 日。
〔註11〕《國外留學規程》，《中央日報》1933 年 5 月 2 日。
〔註12〕《中華年鑒》（1948）下冊，中華年鑒社 1948 年版，第 1747 頁。
〔註13〕《我留美加學生共 1504 名，以習工程者爲最多》，《中央日報》1929 年 11 月 16 日。
〔註14〕《留德學生分佈狀態》，《中央日報》1936 年 12 月 17 日。

之所長，以造成三民主義的新文化。二、須切應中國學術上需要以造成各種學術上專門人才。三、須切應中國物質上的需要，以造成各種社會事業的建設人才。」在這三個目標中，將「三民主義的新文化」放在首位，不難看出其對「黨化」教育的重視。並且規定，公費留學生須經審查「素無違反三民主義之言論行動」方得出國〔註15〕。此外，國民黨政府在各種留學考試中，都將「黨義」（包括建國方略、建國大綱、三民主義等）作為一門重要科目。還明確規定「公費生在留學期間，有辦理政府所委託事件之義務」。國民黨聲稱「在本黨指導下的國民政府派遣留學生，養育人才，乃供本黨使用」〔註16〕。充分反映出國民黨政府留學教育的階級利己性和對政治條件的重視。

二、加強留學生管理

隨著國民黨在全國統治的確立和強化，南京政府在嚴格留學生選派標準的同時，也制定和完善了一些法規，進一步加強了對留學生的組織管理。

1、實行留學證書制度

1929 年 9 月，教育部發布了修訂的《發給留學證書規程》12 條，規定凡往國外留學之公費生、自費生及津貼補助費生，均須領取留學證書，方可出國。其中自費生具有高中以上學歷者，須取具保證書，近期 4 寸相片 2 張，畢業文憑，留學證書費 2 元，印花費 1 元；舊制中等學校畢業並擔任教育或技術職務二年以上者，另加服務證書，呈教育部或由省特別市教育行政機關呈教育部核發留學證書。公費留學生得省略取具保證書及呈繳畢業文憑，但須加具履歷表，詳敘年歲、籍貫、學歷、服務經歷、留學何國、肄業何科，餘照自費生辦理。凡由縣教育機關、團體津貼補助費留學生手續與自費生同。留學生領取留學證書後，須持其向上海特派交涉員公署，請求發給護照，並向有關係國之領事館請求簽字。其出國日期「以六個月為限，倘至期因故不能出發須具理由栓同留學證書呈請」教育部復加簽注。行抵留學國後，應將留學證書向駐在該國管理留學機關呈驗報到。規定凡未領證書徑至外國留學者應受下列制裁：「（一）不得以留學生名義請領護照；（二）不得請求送學；（三）不得請補公費及庚款補助費；（四）回國時呈驗文憑不予註冊。」〔註17〕

〔註15〕《三民主義教育實施原則》，《中央日報》1931 年 9 月 10 日。
〔註16〕《國民政府公報》第 11 號，訓令，1927 年 8 月 8 日。
〔註17〕《教育部修正發給留學證書規程》，《中央日報》1929 年 10 月 3 日。

1933 年《國外留學規程》重申了留學證書制度，並作了部分修改。如規定自費生取得留學證書後，其出國日期以 3 個月爲限，倘因故不能出發，須開據理由，栓同留學證書呈請教育部復加簽注，得延期 3 個月，以一次爲限。未出國前，如欲改往他國，應將原領證書呈教育部註銷，請求換發改往留學國證書。已留學甲國欲改往乙國者，須請教育部核發轉往乙國留學證書。還將公自費生抵留學國後持留學證書向駐在該國管理留學機關呈驗報到的時間具體規定爲三個星期之內。另外，規定「華僑自費生經管理留學機關轉請教育部發給留學證書」〔註 18〕。

留學證書制度限制了不具備資格的部分人的出洋，對確保留學生質量起到了一定的積極作用。不過，這一制度在留日教育中未能嚴格執行。

2、經費以留學國國幣爲標準並採取準備金制

留學經費向以中國銀洋爲單位，30 年代初，金價暴漲，銀價大跌，留學生受此影響甚大。如訓練總監部 1929 年秋考送中央軍官學校第六期畢業生 44 名，後赴英德法美留學，經費係照當時國幣 10 元折合英幣 1 鎊計算，嗣因金價高漲，乃呈請國府照原定預算追加 40%，後金價繼續增漲無已，致使此項預算加不勝加。該部特具呈國府，除請補發以往不敷之數外，並自 1930 年度起，該項留學預算改用英幣折算編列。關於預算中各項款目，據英國規定，除學費旅行費外，每生須年繳服裝費 80 鎊，膳費 73 鎊及管理費年支 900 鎊。又以英美德法情形大致相同，各項經費悉比較英國開列，並以英幣爲單位，合計 1930 年度全年預算經費爲 28636 鎊。國府當即據呈訓令行政院查照轉飭財政部審核辦理〔註 19〕。軍政部前定各國留學員生經費，亦係以國幣爲本位，因金價暴漲，留學各國之陸軍員生每有呈請增加經費。該部依照訓練總監部呈准增加經費成例，呈請行政院鑒核軍需署，以外幣爲單位辦理〔註 20〕。一些省市如江蘇、安徽等也採取了照留學國金幣給費的辦法。

正是在這種情況下，《國外留學規程》規定留學經費「暫以留學國國幣爲標準」。與此同時，對公費生還實行了準備金制，要求「各省市應於每公費生出國時，預爲預備金一千元，以供災害救濟疾病治療等意外之用」〔註 21〕。

〔註 18〕《國外留學規程》，《中央日報》1933 年 5 月 2 日。
〔註 19〕《訓總部擬定留學費新預算》，《中央日報》1930 年 8 月 19 日。
〔註 20〕《軍政部計劃增加留外學生經費》，《中央日報》1930 年 10 月 27 日。
〔註 21〕《國外留學規程》，《中央日報》1933 年 5 月 2 日。

但據駐日留學生監督處呈報，各省市多仍未能遵照設置，致該處對公費生需要緊急救急者無法辦理。爲此，1935年12月教育部通令各省市，強調「已派有公費生者，立即設法將準備金撥存各生留學國管理留學機關，以應急需，其未派有公費生者，於派遣公費生時應特予注意」。應當說，經費以留學國國幣爲標準和準備金制是值得肯定的。

另外，鑒於以往自費生因籌款不足，到國外後時常發生經濟困難有失國體，《國外留學規程》規定「自費生留學經費須依照附表保證書說明欄內所舉約數籌備」，並請國內殷實商號或有固定職業能負責該生經濟和行爲者作擔保人。這一規定雖然限制了一大批有志於出國勤工儉學的自費生，但客觀上有助於出國留學生解除經濟上的後顧之憂，對其決心向學有一定作用。

3、制定理工科留學生實習辦法

實習對理工科留學生來說極爲重要，1930年全國工商會議曾有《請選派專門人材赴各國工廠實習》一案，因事屬教育部主管之範圍，實業部故咨請教育部。教育部認爲「留學國外之理工科學生，應特別注重實習，俾與學理有所印證。實部所擬於留學生畢業後，更由各使館介紹至外國著名工廠實習，藉以嫻熟技術，辦法甚屬切當。」〔註22〕於是除咨覆，並咨請外交部轉令各使館遵照辦理，又訓令駐日留學生監督處知照外，通令各省教育廳，酌量本省歐美留學生經費及留學生人數，擬定留學歐美畢業生實習規程，呈部核奪。

然而，由於歐戰以後產業凋敝，各國失業人數眾多，在其本國尚無方法以謀救濟，更難允許外國留學生入廠實習。1931年7月教育部、實業部上呈行政院，建議採納中國駐英大使館所提出的辦法：「頃據外交部咨開，茲據駐英使館呈覆稱，查各留英學生習機電化冶紡織等科者，按照慣例，大率由各大學視其程度代爲介紹適宜之廠，或來本館請求亦當設法爲之介紹，以資實習，惟連年以來，英國失業人數日益增多，……以致介紹留學生實習一層，較爲不易，遇有請求介紹自須斟酌情形辦理。現在庚款購料委員會業已成立，基於開會時，曾討論此節，意在對於我國有交易各廠，將來須酌量容納我國學生實習，此條含有交換性質，俾不致以本國失業人多，無法容納爲藉口。倘國內各實業機關及交通機關，以後與某國某廠訂購機械及他項材料時，似不妨照此辦法，加以約定，彼方因交涉關係，當必易於接洽。」於是行政院

〔註22〕《歐美留學生實習規程，教部令各教廳擬訂呈部核奪》，《中央日報》1931年4月2日。

特訓令交通鐵道兩部、各省市公署及管理中英庚款董事會,「以後與外國工廠有大宗交易時,應列我國留學生至廠實習爲條件」〔註23〕。這個辦法對減少理工科留學生實習的困難發揮了一定作用。

4、嚴格留學紀律

南京政府制定了有關規章制度及獎懲辦法,以加強對留學生的控制。《國外留學規程》規定:「公自費生有不法行爲,損辱國體或荒怠學業者,得由所在國之管理留學機關,報告其原派機關或教育部取消其留學資格,勒令返國,如係公費生,並追還其以前所領之一切費用。」要求公費生非有特別情形,經各本省市轉呈教育部許可者,「不得變更其所研究科目及留學國」;「須與每學期開始前將上學期之經過及研究之成績,連同主任、教授證明文件,請管理留學機關證明,並須分別呈部及各本省市審查備案」;「每學期開始後一個月內,尚未呈報前條所規定各項一次者,予以記過,二次者取消其留學資格,勒令返國並追還以前所領一切費用」;「留學年限至少二年,至多不得超過五年」;畢業後「須將畢業證件,送請管理留學機關,驗印證明」;「回國後兩個月內,須到各本省市報到,如本省市需要其服務時,須依照其留學年限,在本省市服務」,並須「將畢業證件送部登記」。對自費留學生規定,「有特別成績者,得請留學學校及管理留學機關證明,逐將特別成績,連同證明文件學歷及最近四寸半身相片 2 張,呈送各本省市審查」及教育部審定,「得享受各本省市獎學金補助」。自得獎學金之日起,應受對公費生有關要求之限制。自費生畢業後,「須將畢業證明送請管理留學機關驗印證明」,並於回國後「一個月內將畢業證書呈繳登記」〔註24〕。

三、採取不同的派遣途徑

這個時期,南京政府一方面亟需黨政軍文教科技各方面的人才,另一方面由於財政支絀,難以中央派遣爲主,故採取了多種方式的遣派留學生的途徑。

1、「中央派遣黨員留學生」

爲培養「黨治」人才,1929 到 1931 年國民黨先後派遣幾批近百名黨員出國留學。這種黨員留學,有別於普通留學教育,它不是由教育部門具體辦理,

---

〔註23〕《留學生至國外實習,教育實業部決定辦法》,《中央日報》1931 年 7 月 27 日。
〔註24〕《國外留學規程》,《中央日報》1933 年 5 月 2 日。

而是由國民黨中央直接組織進行的。1928 年 7 月，國民黨上海特別市黨務委員會上呈國民黨中央，建議考選一批有「革命」歷史的黨員出國留學，「俾學成歸國得以發揚黨義，實現黨治。」〔註 25〕8 月，國民黨二屆五中全會通過了中央訓練部部長丁惟汾提出的《革命青年培植及救濟案》，決定「對於努力革命工作，確有成績之同志，考選其學有根底者，派遣各國留學。」不久中央訓練部草擬了《失學革命青年救濟規程》，經中央組織部會核，提交 12 月 27 日的國民黨中常會通過。《規程》規定「本黨黨員入黨滿三年以上為黨奮鬥確有成績身體健全絕無嗜好而無力就學者，得由其工作所在之縣或與縣同級之黨部審查認為確實後，呈請中央執行委員會詳加考覈，分別補助學費入國內相當學校或派往外國留學，此項補助費由中央特籌專款辦理。」「派往外國留學之學生必須為高等專門學校及大學之畢業生。」〔註 26〕根據該規程，隨即派遣李蔚唐等 27 人赴國外留學，內除陳傑、于振瀛二人因故未出國外，計放洋 25 人〔註 27〕。陳、于二人後來出國留學。

接著中央訓練部會同中央組織部草擬了《失學革命青年救濟規程施行細則》，經 1929 年 2 月 14 日的國民黨 197 次中常會通過。7 月 22 日國民黨三屆26 次常會又議決「資送革命青年辦法」五則：（一）名額 100 名；（二）學科以政治、經濟、法律、教育為主；（三）國別德、美；（四）方法考試；（五）年限以所入學校畢業時間為限〔註 28〕。會議還通過了《中央派遣黨員留學考選會組織規則》。據此，9 月 19 日國民黨 36 次中常會推舉蔣介石、胡漢民、葉楚傖、何應欽、戴傳賢、陳立夫、劉蘆隱 7 人為考選委員會委員。該會從 1929 年 10月 18 日成立至 12 月 25 日撤銷，開會 10 次，對外發布通告 14 號，具體主持領導了考選活動。至 12 月，投考黨員 203 人，經審查合格者 135 人，到場應試者80 人。一試、二試之後，經過試卷（佔 60%）和「革命」歷史（佔 40%）評定，錄取徐季吾等 70 名，其中 24 名外語成績較差者須經補考合格後方准出國。

國民黨對黨員留學生的管理，較普通留學生嚴格得多，其人數雖少，卻專門成立了中央派遣留學生管理委員會，對其單獨加以管理，並具體辦理了考選黨員留學生前後三批的放洋事宜。外語合格的 46 人於 1930 年 2 月 15 日由上海出國，是為第一批。餘下的 24 人，1930 年 6 月補考外語合格者 13 人，

〔註 25〕 國民黨中央訓練部檔案，中國第二歷史檔案館藏，七二二──1404。
〔註 26〕 《中國國民黨中央訓練部通告》第二號，《中央日報》1929 年 3 月 12 日。
〔註 27〕 《中訓部公布中央派遣留學生統計》，《中央日報》1930 年 3 月 27 日。
〔註 28〕 《中訓部辦理派遣黨員留學之經過》，《中央日報》1929 年 11 月 1 日。

另有補行全部考試的 3 人皆被錄取，其中一人需補習外語。這樣，這次合乎出洋條件者 15 人，除熊韶筠因分娩推遲放洋外，皆於 8 月 21 日由滬啓航，前往美國，是爲第二批。1931 年 3 月又舉行了第二次外語補考，參加者 10 人全部及格，4 月放洋留美，是爲第三批。國民黨考選黨員留學，前後三批，共計 71 名，如加上 1929 年未經考試出國的 27 人和 1930 年未補考外語出國的 1人，則合計爲 99 名。

　　黨員留學生從志願學科看，主要爲政治、經濟，理工科較少，反映出主要爲培養「黨治」人才的派遣目的。而留學國別主要集中於美國，99 人中有71 人，約佔 72%，這與南京政府親美外交政策一致。留學黨員的最顯著特點是具有實際工作經歷，幾乎全是擔任過一定職務的黨務人員，多數正在或曾在中央黨部、省黨部任職；留學黨員在留學期間除完成學業外，還負有宣傳「本黨主義」、搜集國外情況等特殊使命；由於政治活動的牽扯，自然影響專業的學習，「只知奔走呼號，不務實際學問」，這是當時社會一般人對此輩黨員留學生的總體看法。當然，發憤讀書者也不乏其人。另外，黨員留學生有較強的凝聚力，畢業回國後便組織同學會，以傚忠於「黨國」。國民黨對黨員留學極爲重視，不僅黨政軍要員親自參與組織考選、管理，而且於放洋前和回國後通過訓話、講演、謁中山陵等方式加強思想教育（詳見第七章）。

2、軍事留學生

　　南京政府建立後，國民黨新軍閥爲鞏固其專制統治，自然十分重視軍事留學教育。軍事官費生之派遣與管理，原屬國民政府軍事委員會負責，自 1928年 8 月廢除軍事委員會後移交訓練總監部主管。該部鑒於過去辦法之紊亂，遂擬定軍事留學生劃分辦法，在此基礎上，1929 年 4 月國府明令公佈了《陸海空軍留學條例》，對軍事留學問題作了較爲全面的規定。

　　軍事留學主要是陸軍和海軍。陸軍留學方面，由訓練總監部主管。1929年 5 月，中央軍校校長蔣介石，擬送學生百名赴英美德法留學，爲期 6 年，特令軍校第 6 期畢業生在各隊前 20 名者應試，及格者 48 人，後有 44 人放洋。1929 年 8 月，訓練總監部公佈了《軍事留學計劃》，擬定「自本年度起，每年考選歐美日留學軍事員生 60 名」，學員學生各半〔註29〕。曾準備於 11 月底招考，但因政府財政困難，不得不延期。1931 年 2 月，訓練總監部又頒行了《考送陸軍留學員生辦法》，計劃本年份考送 70 名，其中留學英美各 5 名，其餘

〔註29〕《中央日報》1929 年 8 月 19 日。

留日，分四期舉行考試。次年 8 月訓練總監部規定，本年度考送英美留學生各 5 名，定於 9 月間舉行考試。30 年代以前，陸軍留學生一直以留日為多，士官學校是其集中之所。據統計 1911～1931 年間畢業於該校的中國留學生總計達 769 人；「九・一八」事變後，重點轉向德國，1931～1937 年間畢業於士官學校的僅 119 人〔註 30〕。

　　海軍留學屬軍政部主管。早在 1928 年底，前海軍艦隊司令歐陽格，奉蔣介石之命赴英國海軍大學留學，為期 5 年，夫人子女同行。隨後，經過考試，每年皆有海軍留學人員派出。根據中國第二歷史檔案館藏《海軍沿革》資料，綜計 1928～1938 年間海軍部共派遣海軍留學生 99 人，其中留英 61 人，留德 20 人，留日 8 人，留意大利 6 人，留美 4 人。同期，軍政部還派遣過一批海軍學生赴德學習魚雷快艇，軍政部兵工署也派遣過留學員工。

3、庚款留學生

　　《辛丑條約》規定中國向列強賠款白銀 4.5 億兩，分 39 年付清，加上利息共達 9.8 億兩。為將中國的留學潮引向美國，以控制未來中國的發展，1908 年美國國會通過了用退還庚款來教育中國學生的提案，在它所分的贓款中，扣除鎮壓義和團之軍費及美在華商人、傳教士之損失，將多出的 1100 多萬美元，逐年退還給中國，專門用以支付中國留美學習之用。1909 年付諸實施，至 1929 年共選派留美學生 1279 人。從 1923 年起，英法意比荷等國也紛起效尤。南京政府成立後，繼續利用庚款向國外派遣留學生。

　　1929 年清華大學考選留美專科生 10 人，分赴美國各大學學習。1933～1938 年和 1944 年 7 屆共計錄取 164 名。另外，中華文化基金董事會，從 1934 年度起，將美國退還庚款撥出一部分選拔學術人員赴美留學。

　　1931 年 4 月成立了中英文教基金董事會，負責管理和使用退回的庚款。從 1933 年至 1946 年，舉行九屆考試，錄取 193 人，大部分派往英國，少部分去了加拿大、美國。

　　1929 年中比庚款委員會錄取 20 人，其中 2 人曾經去比，7 人係中法工專高才生，其餘 11 人係考取。國民黨政府還與比利時政府商定，從 1932 年起，利用中比庚款設置公費留比學生名額 64 名。通過考試選拔出來的留學生陸續前往比國。

〔註 30〕王奇生：《中國留學生的歷史軌迹》，湖北教育出版社 1992 年版，第 230 頁。

1937 年 5 月中法教育基金會舉行第一屆留法公費生考試，錄取 3 名，於 8 月間出國。同時在法國就中國留學生內選取 2 名。

利用庚款向國外派遣留學生，雖有一定弊端，但由此培養了一批人才，對中國近代化的影響和推動十分巨大，總體上是值得肯定的。南京政府在庚款留美、留英、留比、留法方面成效較爲顯著，而在庚款留日中卻發生挫折。1923 年日本國會通過議案，決定退還庚款辦理對華文化事業，文部省專門成立了對華文化事業部，利用庚款在中國開辦教育文化事業，資助中國學生留日。1924 年 3 月北洋政府教育部公佈《日本對華文化事業補助留學生學費分配辦法》，規定補助定額 320 名，每名每月日幣 70 元。日本政府在庚款使用中，對華實行歧視政策和露骨的文化侵略，全面把持庚款權限。爲此中國方面提出修改辦法，而日本遲延數月未決，南京政府教育部遂於 1930 年 7 月訓令駐日學生監督處停止序補庚款補助費學生名額。這一舉動，意在抵制日本文化侵略，但未達到預期目的。中方停止了庚款序補，日方使用庚款則有增無減，用以利誘和收買中國學生，培植親日勢力。這給一些有志於學而經濟困難，渴望通過刻苦用功得到庚款補助的人以沉重打擊，使其陷於絕望境地，一度引起混亂和風潮。

4、各省自派留學生

20 年代以後，因各省拖欠留學費用，省費留學生的派遣逐漸減少，以至停派。30 年代以後，國民黨重新確定公費留學以省費爲重心。省費留學生可以根據本省需要斟酌派遣，留學費用由各省市自行擔負；省費留學生畢業後直接回本省市報到；如本省市需要，至少須依照其留學年限在本省市服務；邊遠省份派遣留學生可根據留學規程從寬處理。這一政策，調動了地方政府的積極性，江蘇、山東、江西、安徽、湖南、浙江、甘肅等省，紛紛抓緊整頓留學教育，清還過去積欠的留學費用，根據省情制定留學計劃，舉辦留學考試，資遣優秀學子國外深造。由於舊中國各省政治經濟發展的不平衡，也導致了文化教育的不平衡，一些邊遠省份，受財力所限，很少或幾乎沒有自派留學生。

各省對留學生的選拔一般都很重視，考前組織考選委員會，由教育廳長擔任主任，發布招考公告，對派送名額、國別、專業、報名條件、時間、體檢、考試日期、科目等予以公佈，考試情況、錄取結果，也見諸報端，考選工作進展順利。不過由於種種原因，問題也時有發生，如安徽省 1930 年曾出現留學考試風波〔註31〕。

〔註31〕詳見《安徽省留學考試糾紛》，《中央日報》1934 年 4 月 23 日。

　　1933 年《國外留學規程》頒布以前，省費留學考試由各省經過一試、二試、口試，最後決定。而《規程》頒布後，各省初試完畢，再經教育部復試。1935 年 3 月 1 日，教育部通令各省市教育廳局，「舉行國外公費留學生考試，應按照部頒國外留學規程，及各省單行國外留學章程之規定，先期擬定招生簡章，呈部核准備案」。1937 年 4 月行政院又分別函令中央各部會各省市政府及庚款機關，「嗣後選派公費留學生除屬於軍事者外，關於派遣名額、選派方法、肄業科目，以及留學國別等項，務須事前送經教育部核定，否則不予發給護照。各派遣機關並須妥定留學期內考覈成績辦法，送部查核」〔註 32〕。這樣，使各省的留學教育納入了統一的留學教育的軌道。

　　各省自派留學生，調動了地方政府的積極性，彌補了中央政府財力的不足，利於各省根據自己的需要和可能派遣留學人員，儘管亦存在某些弊端，總體上仍應予以肯定。

5、其他公費留學生

　　在公費留學生中，除以上主要的幾種類型外，還有另外數種：

　　（1）革命功勳子女留學生。國民黨曾成立「革命功勳子女就學免費審查委員會」，先後派遣黃興、宋教仁、廖仲愷、范鴻聲、吳綬卿等先烈子女出國留學。

　　（2）教育部選派部分留學生。如 1930 年初，美國河羅內奪礦冶學校致函中國教育部稱，該院每年設中國免費生一名。教育部遂令理工科各大學，於願留美自費生中，予以相當之考試，擇優將考卷送部，以憑核辦。1934 年 10 月，教育部考選留歐機械工程公費生 25 名，訓話後派往國外。1935 年 9 月，波蘭公使館照會中國外交部稱，該國教育部擬於 1935～1936 年度設獎學金一項，專為津貼中國學生一名赴波留學之用。教育部遂通令公立專科以上學校，保送學生到部應試，結果有 9 人進行了爭奪一個名額的考試〔註33〕。

　　（3）鐵道部、交通部選派留學生。鐵道部交通教育整理委員會 1929 年 7 月通過補派留學生案，決定「上海唐山及北平三校，在民國十七年前畢業之學生，成績列於第一名，迄今尚未被派出洋者，得仍照舊章補派。」〔註34〕該

〔註32〕《今後各機關派遣國外留學生，事前須送經教部核定》，《中央日報》1937 年 4 月 30 日。
〔註33〕見《中央日報》1930 年 2 月 25 日、1934 年 10 月 10 日、1935 年 11 月 17 日。
〔註34〕見《民國日報》1929 年 7 月 14 日、1929 年 11 月 30 日。

年 10 月鐵道部又公佈了選派留學規則，就各路員司中，擇其成績最優者，選派若干，資遣歐美各國留學及鐵路公司廠所實習〔註 35〕。交通部爲培養辦理郵政儲業人才，1934 年 6 月經過考試，錄取留奧學生 9 名，送至奧國，實行研究比較，留學期爲一年〔註 36〕。

（4）個別學校招考的留學生。如埃及愛資哈大學爲回教學術薈萃之學府，國內各回教學校，曾派學生赴該校學習。1936 年北平成達師範學校派員赴埃及考察教育，經洽談在愛資哈大學增加學額 20 人，由成達師範學校負責保送。1937 年 6 月和 7 月進行了兩次考試予以選拔。

6、自費留學生

由於自費留學手續簡便，不需考試，不受名額限制，只要財力允許，具備基本學識條件即可成行，經濟上有所發展的中產階級試圖通過子弟出國留學，以謀將來政治上的發展，故這一時期自費留學在留學生中佔相當大的比例。據南京政府教育部統計，1929～1937 年間，國外留學生達 7533 人，其中自費生爲 6806 人，佔 90.3%。而實際上自費生的比例比這還高。因留日較之負笈歐美有許多便利條件，加之留日自費生的限制不如其他國家嚴格，無留學證書亦可出國留學，故自費留學生主要集中於日本。上述教育部對留學生的統計，僅就所發留學證書而言，有大批無留學證書的留日自費生尚不包括在內。究竟有多少人留日，尚未見精確數字，筆者估算約在 1.5 萬人左右，其中 95% 以上爲自費生（詳見第三章）。這樣，連同歐美，全部自費生的比例，約在 94% 左右。留日自費生的過濫，也造成了一些消極影響。

1927 年至 1937 年間，南京政府派遣留學生的多種途徑，帶來了留學種類的多樣化。在一般留學教育中，有庚款留學、省費留學、自費留學；在特殊留學教育中，有黨員留學、軍事留學、功勳子女留學等。除特殊留學教育由中央財政支付經費外，其他皆不用中央負擔。這對於解決留學經費的困難，利用各種可利用的條件，調動各方面的積極性，推動留學教育的發展起了一定作用。當然也存有不少弊端。

以上從嚴格選派標準、加強留學生管理、採取多途徑派遣三個方面，闡述了南京政府建立後至抗戰爆發 10 年間的留學教育政策。不難看出，它在一些具體問題的規定上，較之清末民初的留學教育更爲制度化，也更加完善；

〔註 35〕見《民國日報》1929 年 7 月 14 日、1929 年 11 月 30 日。
〔註 36〕《交通部錄取留奧學生》，《中央日報》1934 年 6 月 22 日。

所採取的某些措施，對提高留學生質量，推動留學教育的發展亦不失積極意義。但也要看到，國民黨政府的留學政策，是爲其加強一黨專制和反共的政治目的服務的，這方面的內容無疑應該否定；同時新軍閥派系林立，矛盾重重，致使政令貫徹不力，有些政策雖提了出來，但並未嚴格執行；特別是連年內戰，軍費支出十分龐大，加之外敵入侵，政府財政異常困難，使得留學經費嚴重匱乏，大大影響了留學教育的進一步發展。種種經驗教訓是值得認真總結的。

第二章　留美教育的發展

　　中國近代留美教育經歷了曲折複雜的過程。洋務運動時期爲起步時期，120 名留美幼童，打開了中國學子負笈美洲的航線。然而中途的提前撤回，使剛剛興起的留美事業招致夭折。20 多年後的清末民初之際，以庚款留學爲主，各地赴美人數大增，留美教育得到了初步發展。此後國民政府時期爲留美教育的曲折發展時期，它可分爲三個階段：南京政府建立後，經過對留學教育的整頓和伴隨著各項建設事業的興起，留美人數由下跌而獲得較大發展；由於日本侵華戰爭的干擾留美教育走向低谷；而抗戰勝利後的形勢，又使留美教育達到空前的輝煌。這裏主要闡述第一個階段，即 1927～1937 年南京政府前期的留美教育。

一、由下滑到發展的歷程

　　根據環球中國學生會、華美協進社等組織的統計，在美中國學生 1927 年爲 2500 人，1929 年 1279 人，1930 年 1338 人，1935 年 1504 人，1936 年 1580 人，1937 年 1733 人〔註1〕。

　　以上數字大體說明，這十年中，前幾年呈下跌趨勢，後幾年呈發展勢頭。前期下降的原因，一是受世界經濟危機的影響。1929～1932 年整個資本主義世界爆發了嚴重的經濟危機，生產水準下降了 40%，其中美國下降了 46.2%。經濟的衰落，自然影響到教育，在當時，美國青年都難以入學，外國學生就更難進入其中了。二是清華庚款停止了考選留美。從 1911 年清華預備學堂成

〔註1〕　見王奇生：《中國留學生的歷史軌迹》，湖北教育出版社 1992 年版，第 45 頁。

立到 1929 年遊美學務處結束，利用庚款共派出留美學生 1279 人〔註 2〕。1928年 8 月南京政府將清華學校易名為清華大學，改隸教育部，學校性質由留美預備學校變為國立大學，1929 年清華大學考選留美專科生 10 人，分赴美國各大學學習。之後曾連續幾年停派。三是留學資格的提高，限制了部分人的留學。北洋時期的出國留學基本是放任自流，南京政府成立後不久，於 1929 年頒布了《發給留學證書規程》以及《選派留學生暫行辦法大綱》，提高了留學資格，規定公自費生須領取留學證書方得出國學習，這就限制了一部分希望出國留學而資格不夠的青年學子。四是形勢的影響。南京政府建立後，戰爭不斷，國內有新軍閥蔣唐之戰、蔣桂之戰、蔣馮之戰、中原大戰，還有國共戰爭，更有「九‧一八」日本對華的武裝侵略，兵連禍結，戰事不斷，對留學教育自然不能不產生影響。

　　1933 年以後，伴隨著全國統一局面的形成和各項建設事業的蓬勃興起，南京政府的留學教育也開始走向正軌。教育部對留學教育進行了系統整頓，1933 年頒布了《國外留學規程》，對選派資格、公費生考試程序及科目、留學證書制度等留學教育的許多問題作了較為詳盡的規定，使留學教育規範化。從而指導和推動了各種形式的留美教育應運而生。在政府財力不足又亟需發展留學教育的情況下，國民政府採取公費生以省費為主的政策，有力地調動了地方的積極性，在制定留學計劃的基礎上，各地紛紛舉辦留學考試，資遣優秀學子國外深造。

　　如：江蘇省在 1929 年經過留學考試，錄取嚴楚江等 13 名放洋歐美〔註 3〕之後，1933 年和 1934 年又舉行了兩次歐美公費生考試。1933 年 8 月 7 日發布招考通告，科目包括機械工程、化學工程、土木工程各 4 名；國別為英、德、比各 2 人，美、法各 3 人，共計 12 人。同時考送現任服務教育人員赴國外研究，計自然科學和社會科學各一人，資格為專科以上畢業，現在江蘇省教育機關服務 5 年以上具有成績之蘇籍人員，由所在服務機關保送教育廳應考〔註 4〕。1934 年 8、9 月間又進行了一次留學考試，省教育廳以此次考選，頗為重要，特聘定中央大學、中央政治學校及金陵大學三校教授及其他專家14 人，組織考選委員會，最後正式錄取留學生 4 人，其科目為化學工程與製

〔註 2〕　清華大學校史編寫組：《清華大學校史稿》，中華書局 1981 年版，第 68 頁。
〔註 3〕　《中大區留學考試揭曉》，《中央日報》1929 年 7 月 7 日。
〔註 4〕　《江蘇省教育廳留學歐美公費生通告》，《中央日報》1933 年 8 月 8 日。

藥，而教育人員去國外研究者錄取 3 人，分爲自然科學與社會科學，派往歐洲 2 人，美國 1 人。山東省教育廳在 1931 年 8 月進行第一次留學考試，第一試錄取留美、英、德、日共 14 人之後，1934 年 2 月和 1935 年 4 月又組織了二次公費留學考試，錄取 13 人出國留學。1936 年省政府根據本省尚有留美留德留法缺額各 1 名，決定以上三國各甄選 1 名，另增留日生 1 名，共計 4 人，其中習農業者 2 人，習化學及礦業者各 1 人，於本年 4 月間舉行考試〔註5〕。江西省 1934 年成立由專家學者組成的歐美公費生考試委員會，錄取 8 人，經教育部復試後派遣 4 人赴美，1 人赴德。該省前後派往美、日、德、英、法等國留學人員達 78 人。安徽省 1929 年初程天放任教育廳長以後，於當年和次年暑假先後舉辦兩次歐美留學生考試，第一屆錄取 7 名，送往歐美，在校成績甚佳；第二屆錄取留英生 4 人。之後 1934 年錄取 6 人，1935 年錄取 3 人，1937 年也進行了招考。廣東省 1934 年舉行第一屆留學公費生考試，考選唐玉書等 4 人前往歐美學習造紙、紡織、水電等；1935 年 6 月舉行第二屆考試，留英、留美、留日者各 10 名〔註6〕。湖南省從 1934 年起，連續考選留學生三次，由省教育廳加倍錄取送教育部復試。陝西省 1931 年考選留美學生 2 名。後由於經濟拮据，派遣工作一度中斷，至 1934 年才又恢復考選，當年考取 8 名往美、英、德、日等國學習石油開採、紡織、教育行政等。河北省 1935 年派往國外的公費留學生及獎學金生、津貼生等已達 58 名，當年回國者 15 名。1936 年尚有 43 人在英、美、德、日、瑞士等國從事化學、林學、畜牧、教育、生理等業的學習〔註7〕。甘肅省至 1936 年止，向美、法、德三國派遣了 3 名留學生。東北地區，1930 年黑龍江省曾考選留歐學生 5 名。東北淪陷後，自 1934 年起到 1937 年，教育部東北青年教育救濟處在北平連續招考了四屆東北留學歐美公費生，每屆 3 名。以上各省所派留學生中，留美學生佔有重要比例，自然增大了留美學生隊伍。

　　1933 年 6 月，教育部訓令清華大學愼重考選留美學生，並頒發辦法綱要七項，規定自本年度起，暫繼續選派三年，額定 40 名，除以 10 名備該校選派教員，5 名備該校選派研究生外，其餘 25 名，由該校公開考選。7 月清華大學發出考送留美公費生廣告，8 月經北平、南京兩地分別考試，最後錄取

〔註 5〕　《魯省府議決考送公費留學生》，《中央日報》1936 年 2 月 10 日。
〔註 6〕　《粵教廳將考選二屆留外公費生》，《中央日報》1935 年 4 月 11 日。
〔註 7〕　丁曉禾：《中國百年留學全紀錄》（三），珠海出版社 1998 年版，第 889 頁。

25 人。此後，這種形式的留美選拔考試作爲一種制度被固定下來。1934 年錄取 20 名，後來成爲世界著名應用力學、航太技術和系統工程科學家的錢學森，便是其中之一，他於次年入麻省理工學院學習。1935 年錄取 30 名，包括後來的古生物學家楊遂儀，留學耶魯大學研究院。1936 年錄取 18 名。抗戰前的四屆共錄取庚款留美生 93 人。同時，1924 年 9 月成立的專門管理美國退還庚款的中華教育文化基金會，還曾撥款資助北京大學、南開大學等校，這些學校也曾利用這筆款項派送留美學生。另外，基金會從 1934 年度起，將美國退還庚款撥出一部分選派學術人員赴美留學，其第一批學員在中國科學社選推王以康等二人出國研究動物；第二批選定中央研究院研究員朱森、張更二人，朱進入哥倫比亞大學研究地文及古生物；張進入哈佛大學研究礦物，均以二年爲期。截至 1945 年，共核發國外研究補助金獲得者 408 人次。粗略估計，近代中國庚款留美人員約在 3000～4000 人之間，而南京政府前期的十年將佔有重要比例。

另外，1933 年以後，經濟危機結束，使美國經濟由衰落走向恢復和發展，增強了對國外學子的吸引力，他們重新把目光瞄準美國，中國學子自然也不例外，紛紛負笈美洲。

以上幾個方面的因素，使 1933 年以後的中國留美人數開始回升。據北美中國學生基督協會統計，1935 年在美國大專院校註冊的中國學生共有 1443 人，另據環球中國學生會的統計，1936 年增至 1580 人，再據北美中國學生基督協會統計，1937 年總數更達 1733 人〔註8〕，從而形成留美教育發展較快的階段。

二、留美學生的內部構成

爲更好地瞭解這一時期留美教育的情況，我們謹將留美學生的內部構成從以下幾個方面作以簡要分析。

1、性別構成

根據梅貽琦、程其保的《百年來中國留美學生調查錄》〔註9〕，筆者製成下表：

〔註 8〕 轉自王奇生：《中國留學生的歷史軌迹》，湖北教育出版社 1992 年版，第 27～28 頁。

〔註 9〕 轉引自周棉主編：《中國留學生大辭典》，南京大學出版社 1999 年版，第 591 頁。

1928～1937 年留美生性別構成一覽表

年份	合計	性別不詳	男　生		女　生	
			人數	所佔比例%	人數	所佔比例%
1928	306	26	237	84.6	43	15.4
1929	340	20	286	89.4	34	10.6
1930	316	28	248	86.1	40	13.9
1931	227	24	170	83.7	33	16.3
1932	158	15	121	84.6	22	15.4
1933	104	13	74	78.7	17	21.3
1934	172	23	120	80.5	29	19.5
1935	212	30	147	80.8	35	19.2
1936	230	26	166	81.4	38	18.6
1937	219	24	157	80.5	38	19.5
累計	2284	229	1726	84	329	16

從表中可知，10 年赴美人數共 2284 人，除去性別不詳者 229 人外，在餘下的 2055 人中，男生 1726 人，佔 84%，女生 329 人，佔 16%。其趨勢是女生所佔比例，1932 年之前較低，而 1933 年之後較高。如果和 1938～1949 年的留美生性別相比較，更清楚地反映出女生比例上升之勢，這和婦女社會地位的提高是相一致的，見下表：

1938～1949 年留美生性別構成一覽表

年份	合計	性別不詳	男　生		女　生	
			人數	所佔比例%	人數	所佔比例%
1938	235	14	157	71.0	64	29.0
1939	158	6	104	68.4	48	31.6
1940	206	11	140	71.8	55	28.2
1941	220	18	138	68.3	64	31.7
1942	150	4	114	78.1	32	21.9
1943	218	10	158	76.0	50	24.0
1944	270	14	204	79.7	52	20.3
1945	543	53	408	86.1	82	13.9
1946	648	62	422	82.0	164	28.0

1947	1194	74	780	69.6	340	30.4
1948	1274	108	846	72.6	320	27.4
1949	1016	47	672	693	297	30.7
累計	6132	421	4143	72.5	1568	27.5

上表可看出，1938～1949 年，累計 6132 人，去掉性別不詳者外，男女生共計 5711 人，男生 4143 人，佔 72.5%以上，女生 1568 人，近佔 27.5%，比戰前高 11.5 個百分點，高的年份，在 31.7，即女生將近佔 1/3。

2、公自費比例

留美學生中主要是自費，公費佔很小部分。據教育部《民國十八年至二十六年留學生統計表》〔註10〕製成下表：

1929～1937 年留美生公自費比例表

年　　份	合　　計	公　　費		自　　費	
		人數	比例%	人數	比例%
1929	274	54	19.7	218	80.3
1930	158	24	15.2	134	84.8
1931	115	11	9.6	104	90.4
1932	99	10	10.1	89	89.9
1933	186	49	26.3	137	73.7
1934	254	52	20.5	202	79.5
1935	294	54	18.4	240	81.6
1936	255	41	16.1	214	83.9
1937	202	23	11.4	179	88.6
累計	1835	318	17.3	1517	82.7

從上表中可知，1929～1937 年的九年中，留美學生共計 1835 人，其中公費 318 人，佔 17.3%，即約 1/6；自費 1517 人，佔 82.7%，約近 5/6。自費爲公費的 4.8 倍。

在留學經費中，較之其他各國，美國最爲昂貴，按教育部 1936 年所規定的公費標準，留英生每人每年 3960 元，留法生 3888 元，留德生 4579 元，而留美

〔註10〕國民政府教育部檔案，中國第二歷史檔案館編：《中華民國史檔案資料彙編》，第五輯，第一編，教育（一），江蘇古籍出版社 1994 年版，第 394～395 頁。

生則高達 4935 元〔註11〕。留美自費生大多爲家產殷實者，一般人家是無力承擔的。公費生一般經費充裕，尤其是庚款生，每月 80 美元的生活費綽綽有餘。

3、學科構成

留美學生所學專業，總體上文理基本持平。據 1935 年統計，在 1443 人中，除 566 人尚未分科外，學習理工農醫者 446 人，學習文法商教者 431 人，文理相差無幾；又據教育部 1938 年的統計，當時在美國的中國留學生有 1000 餘人，其中學文科者佔 54.6%，學理科者佔 41%〔註 12〕。但在公費生中，學理工者明顯居多。在 1934 年派出的公費生中理工科佔 87%，文科只佔 13%。造成這種狀況的根本原因，在於政府的公派留學政策。南京政府建立後，亟需建設人材，鼓勵學習理工科。1930 年第二次全國教育會議強調「以後選派國外留學生，應注重自然科學及應用科學」。省費留學生「每次屬於理農工醫者，至少應佔全額十分之七」；自費留學生，「習理農工醫者應優先敘補公費或津貼。學文哲政法藝術等科者，非至大學畢業入研究院時，不得受公家補助」〔註 13〕。《國外留學規程》重申「各省市考選派赴國外研究專門學術者，應注重農工醫理等科」〔註 14〕。在這一政策的導向下，自然公費生多選理工科。相對來說，自費留美生則學理工科者佔極少數。其主要原因，在於學理工科難度大，時間長，耗費多，特別是要獲得高學歷，更屬不易；而文科中國學生一般基礎較好，取得文憑較易。

三、留美生的學習生活

美國有著良好的教學科研條件，留美學子們多數懷抱科學救國之信念，刻苦攻讀，故成績斐然。

1、堅定的科學救國信念

民國時期，中華民族正值苦難歲月，內憂外患，民不聊生，愛國士人、熱血青年紛紛尋求拯救祖國的道路。在「科學救國」思想的影響下，留美青年和

〔註11〕轉自李喜所等著：《近代中國的留美教育》，天津古籍出版社 2000 年版，第 138 頁。

〔註12〕見李喜所主編《五千年中外文化交流史》第四卷，世界知識出版社 2002 年版，第 21 頁。

〔註13〕《改進高等教育計劃・改進留學生派遣辦法》，《中央日報》1930 年 4 月 23 日。

〔註14〕《國外留學規程》，《中央日報》1933 年 5 月 2 日。

留日青年產生了不同的思想認識：留日生把留學和革命聯繫在一起；留美生把留學與經濟建設結合在一起。當時，有些青年認爲，我們國家之所以那樣窮困受欺，主要是因爲科學不發達，工業落後，因而提出「科學救國」的口號。更有人認爲，科學的基礎在於教育，所以要救國首先是「教育救國」。這就形成留美生與留日生不同的一個重要表現，他們把主要精力放在學習上，發誓要爲中華民族爭一口氣。如工程力學家徐芝綸當年就是懷抱這樣的信念進行留學生活的。他說：「在 1935 年，我進入美國麻省理工學院當研究生。當時，日本軍隊實際上已經佔領了華北，而國民黨政府仍然採取不抵抗政策，節節退讓。爲此，我們中國留學生都感到不光彩，在與外國同學們談話時，只敢談學習和生活，不願談國家大事，以免受到難堪和刺激的話語。這樣，大多數中國留學生都埋頭讀書。很少參加社會活動，學業成績都很好。特別是我們公費留學生基礎特強，成績都很優異，受到教授們的讚賞。」〔註15〕作物育種學家金善寶回憶說：「在留學期間，我備嘗了中華民族深受異國欺侮的痛苦。有一次，在聚餐會上，一位美國學生公然叫喊：『把這些剩飯拿去給中國窮人喫吧！』我聽後又氣憤，又痛苦，最後終於壓抑不住心底的憤怒，回敬道：『先生，中國太遠了，還是拿到美國芝加哥公園去吧，那裏需要的人很多。』在我的回擊下，挑釁者怏怏而去。當時我多麼盼望生育我的祖國能盡快強大起來啊！」〔註16〕地球物理學家顧功敘也有同樣的認識，他說：「1931 年日本軍國主義發動『九‧一八』侵華戰爭，第二年武裝進攻上海，我國大好河山遭受日寇瘋狂踐踏，我熱血沸騰，怒不可遏，我認爲小小日寇膽敢欺負我國，首先要使自己的軍事力量盡快強盛起來，同時萬眾一心，才能擊退侵略者。因此我想在自己學到的物理學知識基礎上，進一步深入研究彈道力學，製造出先進武器打敗侵略者。1933 年我即報考清華大學『庚子賠款』公費留學生，在強烈的爲國效力之志驅動下，在劇烈的競爭中我如願以償，通過考試終被錄取了。但遺憾的是當時未設置彈道理論科目，只設置地球物理科目，我遂在翁文灝、袁復禮、葉企孫教授指導下的留學預備班裏，補習地球物理基礎課程。1934 年便進入美國科羅拉多州礦業學院，在著名教授海蘭德（P.C.Heiland）指導下攻讀地球物理勘探專業。在學習過程中我感到，開發礦業也是一條強國富民的途徑，憂國憂民的強烈意識驅使我爭分奪秒地努力學習，海蘭德教授不但十分滿意，而且受到感動。教授說：『從你

〔註15〕中國科學院學部聯合辦公室編：《中國科學院院士自述‧徐芝綸》，上海教育出版社 1996 年版，第 897 頁。
〔註16〕《中國科學院院士自述‧金善寶》，第 409 頁。

身上看到了要成為學者首先必須是愛國者，也只有熱愛自己祖國和人民的人，才有可能成為對人類有貢獻的學者。』」〔註17〕農學家金善寶 1930 年離開祖國時，就對「民以食為天」、「農業是立國之本」十分讚賞。他決心為這個「天」和「本」出力、效勞，造福於人數最多、生活最苦的祖國農民。他到美國留學的目的，是要親自瞭解國外的農作物育種方法、理論，掌握實際操作技術。最大的願望是能以自己的學識，為發展祖國農業做貢獻，為提高災難深重的中華民族的生活水準而獻身。不少留美生當年就是帶著這種堅定的科學救國的信念負笈海外的。

2、便利的學習條件

中國近代教育制度清末仿傚日本，20 世紀 20 年代後主要學習美國，一些高校的教育體制、課程設置、教學方法等取法美國，這為中國學子到美國學習提供了便利條件。

無論公費還是自費，留美學生在國內所受教育程度都比較好，專業基礎紮實，英語水準較高，為赴美後的學習打下了堅實的基礎。如錢學森 1935年到了美國入麻省理工學院航空系後發現，「當時的上海交通大學完全是按照麻省理工學院的模式辦的，連實驗課程的設置都完全一樣。」有了交通大學的基礎，他「在麻省的學習一點都不費力氣，一年後獲航空工程碩士學位。」〔註18〕

留美學子在美國進入的都是較好的大學，其中芝加哥、伊利諾依、康奈爾、哥倫比亞等 20 所高校中國學子最多。這些學校名師大家薈萃，藏書豐富，設備先進，中國學生受到最好的教育。美國許多傑出的學者教授，把自己的研究心得和學術觀點傳授給中國弟子，在中美教育史上留下許多佳話。正是在這些名師的指導點撥下，中國學生學到了先進的科學知識、科學的研究方法，培養了敏銳的學術洞察力和實事求是的科學態度，為以後的成長打下堅實的基礎。錢學森回憶說：「1936 年 10 月，轉到加州理工學院學習應用力學。我感到幸運的是，加州理工學院的辦學思想在當時是比較先進的，注重培養學生具有雄厚的理論基礎。我不但按學校要求選修了數學課複變函數論和微分幾何，還旁聽了相對論和統計力學等物理理論課。在應用力學大師和航空技術權威馮‧卡門教授的指導下，我在學術上有了較快的成長和發展。我特

〔註17〕《中國科學院院士自述‧顧功敘》，第 665～666 頁。
〔註18〕《中國科學院院士自述‧錢學森》，第 159 頁。

別欣賞馮‧卡門親自主持的每周一次的學術研討會（Seminar）：每次先由一位作 40 分鐘主題發言，然後開展一個多小時的學術討論，最後由馮‧卡門用 15 分鐘作小結。發言者大都觀點明確，思維敏捷，語言精錬；不管是權威、教授或研究生，在研討會上一律平等，做到學術民主。這些學術活動教我怎麼探索未知，也給我提供了鍛錬創造性思維的良好機會。」〔註 19〕

3、刻苦的攻讀精神

由於目的明確，許多留美學子利用良好的條件，刻苦攻讀，奮勇拼搏。1935 年，以公開考試的優異成績被選送到美國俄勒岡農業大學深造的趙善歡回憶說：「我利用這可貴的機會，刻苦攻讀，只用了一年時間，提前獲取了學士學位。緊接著，邁進了著名的康奈爾大學。我對知識的渴求簡直達到了廢寢忘食的境界，利用大學裏先進的儀器設備條件和浩如煙海的文獻資料，忘我地研究和學習。功夫不負有心人，三年內，我取得碩士和博士學位。在康奈爾大學，我感覺最深刻的就是時間不夠。在圖書館裏埋頭苦讀，在實驗室裏認真開展各項實驗，還到各農場去觀察研究。求知欲極為旺盛的我，讀書的內容除了生物科學之外，也涉獵其他許多領域，特別是對心理學和化學，興趣非常濃厚，時常在實驗室裏隨便用點午餐。慢慢地，這已成為我持續至今的獨持生活習慣了。」〔註 20〕農學家馮澤芳在康乃爾大學的三年，潛心研究，從不去電影院和娛樂場所。他常說，我這個留美學生，一不會跳舞，二不會唱歌，三不會打牌，四不會游泳，五不會開汽車，是個十足的土包子。他堅持理論創新必須有實驗為證。寒冷的冬季，繼續在溫室裏栽培棉花。棉株開花吐絮，上面掛滿了記載各項數據的紙片，引得各國學生常在窗外駐足觀看，並戲稱為「聖誕樹」。他充分利用美國實驗室的先進設備，在顯微鏡下仔細觀察棉花細胞遺傳密碼的載體──染色體。功夫不負苦心人，他連獲碩士、博士學位，並得到了頒發給優秀畢業生的金鑰匙。其博士論文《亞洲棉與美洲棉雜種之遺傳學與細胞學的研究》發表在權威的美國《植物學報》上，解開了當時學者都不知何故的中棉與美棉種間雜交很難成功以及雜交成的第一代皆不育之謎，為棉花研究開闢了一個新的方向，引起國際植物學界的重視。以後的中外學者常引用該文獻。

在國內有良好的基礎，又在美國受到良好的教育，再經過自己的艱苦努

〔註 19〕《中國科學院院士自述‧錢學森》，第 159～160 頁。
〔註 20〕《中國科學院院士自述‧趙善歡》，第 423 頁。

力，留美學生多取得突出的學業成績，學習期間獲獎者不乏其人，許多人發表了有價值的文章。物理學家周同慶院士 1929 年以第一名的成績，從清華大學畢業，隨後考取了庚款赴美留學，在美國普林斯頓大學物理系當研究生，師承 K・T・康普頓教授。他回憶說：「在這裏，我接受了導師最正統的物理學研究思想和方法。留學期間，我發表了三篇物理學方面的學術論文：《氫輝光放電管中的振動和移動的輝光放電》（美國《物理評論》，1931 年），《氧化硫分子光譜的新體系》（美國《物理學會會刊》，1932 年），《二氧化硫分子和光譜》（美國《物理雜誌》，1933 年），因成績優異獲得金鑰匙獎。……回國那年，我才 25 歲，便擔任北京大學物理系教授。」〔註 21〕留美學生留學期間多有創建、發現、發明。核子物理學家趙忠堯，1927 年自籌經費赴美留學。1930 年在美國加州理工學院獲博士學位，師從密立根教授。1929～1930 年，曾與歐洲的幾位學者同時發現 γ 射線通過重物質時的「反常吸收」。首先在硬 γ 射線被鉛散射的實驗中發現「特殊輻射」。這是正負電子對產生和湮沒過程的最早實驗證據，是發現正電子的前奏。並先後寫成兩篇論文於 1930 年美國的《國家科學院院報》、《物理評論》上發表。後來，密立根教授在他 1946 年出版的專著《電子、質子、光子、中子、介子和宇宙線》中多處引述他論文中的結果〔註 22〕。核子物理學家盧鶴紱，1936 年畢業於燕京大學理學院，同年入美國明尼蘇達大學拜擅長於質譜儀及其應用研究的泰勒先生為師。他認為，「如果說，後來我取得了什麼成就的話，那得先感謝泰勒教授，是他把我引進了原子核這塊正在開墾的『處女地』。」在泰勒教授的指導下，經專心致志攻讀，終於發現，鋰 7 鋰 6 的豐度比是個令人極其感興趣的問題。經不少名家研究，豐度比的測定結果都大相徑庭，其範圍很大，從 8 到 14 不等，究竟哪個數值對？他決定向名家們提出「挑戰」。終於用親手製造的質譜儀測得了鋰同位素的豐度比，確定為 12.25，從而否定了前人的一系列工作。他的碩士論文《熱鹽離子的質譜儀研究》和實驗的成功，被國際上公認為是一種創舉。這篇論文發表在美國權威的《物理評論》學報上。1942 年，阿斯頓在《質譜和同位素》這部書的第 124 頁上專門有段文字介紹他測得的數據是準確的，把他的研究成果既看作是一種發現，又是一種發明〔註 23〕。地層學家楊遵儀在耶魯研究院 3 年，通讀地質學各分科名著，注重國際上地質學新理論的吸收，認

〔註 21〕　《中國科學院院士自述・周同慶》，第 129 頁。
〔註 22〕　《中國科學院院士自述・趙忠堯》，第 136～137 頁。
〔註 23〕　《中國科學院院士自述・盧鶴紱》，第 35 頁。

真做好科學實驗，瞭解先進的實驗方法，以優異的成績通過研究院綜合考試這一關，順利轉入攻讀博士學位。在讀博期間，一邊加選幾門相關的課程攻讀，一邊主動與導師討論確立專門研究題目，在導師的指導下，他深入到美國、加拿大等地進行實地考察，採集化石標本。1937 到 1939 年暑假期間，都放棄休息，馬不停蹄地奔走於加拿大安大略省、美國密執安州和俄亥俄州的崇山峻嶺之中，採集了大量的古生物化石，尤其是在內華達州查爾斯頓山區勘察了石炭的二疊系，採集到大量腕足類化石，被耶魯大學研究院稱為建院以來古生物化石的重大發現。他以此為題材，集中精力從事論文原始材料的整理及化石鑑定，終於寫成論文並通過答辯。1939 年 5 月，被授予該校哲學博士學位，成為研究地層古生物並獲得這一學位的第一個中國人。

4、深厚的師生情誼

中國留學生的勤奮與刻苦、純樸與坦誠，使其在美國師生中樹立起良好形象，他們與導師、同學結下深厚的友情。楊遵儀院士無限深情地回憶說：「留美期間在耶魯大學研究院三年（1936 年夏至 1939 年夏）有些很值得回憶的事情：……美國師友的情誼給我留下深刻印象，畢生難忘。導師敦巴教授始終給我耐心教導，經常提醒我注意安全和參加校內社交活動，提高英語口語能力，他有問必答，循循善誘。榮譽教授舒克特經常注意我的學習進度，必要時提供經費，如讓克勞德和我出隊採集，實地考察，增長知識。龍韋爾教授建議我去他曾經工作過的查爾斯頓山區，解決存在的地層問題，還介紹當地熟人照顧我。同學克勞德是一個勤奮的窮學生，博學多能，善於思考，會抓重點，喜歡辯論，每令人折服，使我深受感染，望塵莫及。約漢·勞傑斯多才多藝，彈一手好鋼琴，思想活躍，談笑風生出語驚人，堪為益友。劉易斯關心中國抗戰形勢，常和我討論，他尤注意幫助我如何學習、瞭解美國國內問題。1939 年 6 月博士研究生餐會上，事前院領導讓我代表畢業班致詞，劉君幫我修改稿子，還在皮波迪博物館屋頂陽臺聽我試講，此情此景，使我深感友誼的可貴。」〔註24〕自動控制專家張鍾俊也說：「在麻省理工學院時期，我曾聽了維納教授的課程，並經常向他請教。他淵博的知識和深邃的思維方法給我留下了深刻的影響。我的博士學位論文研究了單相凸極電機短路的瞬時分析，其數學模型是一個含周期變化係數的二階常微分方程，要由此求得其響應特性是多年懸而未決的難題。我聯想起天文學中求解 Hill 方程的辦法，

〔註24〕《中國科學院院士自述·楊遵儀》，第 562 頁。

巧妙地求得了它的一個特徵根，由此獲得了這類電機瞬時過程的阻尼係數。
這個係數同時得到了實驗證實，這篇博士學位論文在答辯會上得到很高評
價，被認爲不僅對電機學，即使對數學也是創新。每當我回憶起這次答辯時，
我總是由衷感激母校給我奠定了廣博且堅實的基礎。在取得博士學位後，我
留在麻省理工大學隨葛萊明（Guillemin）教授以複變函數爲工具研究網絡綜
合理論。這方面的研究一直延續到交通大學的電信研究所時期。我採用複頻
率概念來表徵兩埠和四埠網絡的阻抗，並首次討論了正實函數和網絡的物理
可實現性之間的關係。」〔註25〕

5、極高的回歸率

留美學生不僅學業有成，而且大都回到國內。在 1937 年的《清華同學錄》
上，共載有 1152 人，其中歸國者 1131 人，回歸率佔 98.2%。當時中國貧窮落
後，美國經濟文化先進，物資待遇，科研條件都差距很大，但留美生學成後毅
然回歸，這當中的原因在哪裏？植物生理學家湯佩松談到自己的感受時說：「我
一向的想法很簡單：我是一個中國人，當然要回中國去，這是其一；其二是，
我的成長教育，是由『四萬萬國民』的血汗（庚子賠款）哺育出來的，我對這
個『國恩』一生也是報答不完的。但是這兩點現在看來並不全面。中國人在國
外仍能爲國爭光，何必一定要在國內？我現在得到了另一方面的回答：這就是
我現在，以及過去在美國的時期雖然在生活上是愉快的，但我內心一直有這一
靈感：『這不是我的本鄉本土』（1don't belong here）即『不如歸去』的靈感。而
生我之鄉的山山水水總是最可愛的。」〔註26〕每人情況不盡相同，愛國、愛鄉
思想應當說是共同之點，作物育種學家金善寶說，「在美國，許多事教育了我，
使我認識到，祖國的強大關連著數以萬計的海外赤子，關連著每一個中華民族
兒女。我是炎黃的子孫，我愛我的祖國，儘管她還災難深重，在呻吟、掙扎。
我決然離開了生活條件和工作條件都很優厚的美國，投入到祖國的懷抱，決心
爲振興祖國的農業而效力。」〔註27〕留美學子積極回歸，與當時抵抗日本的入
侵亦有很大關係。工程力學家徐芝綸 1935 年赴美，在學習一年得到碩士學位
後，有兩位教授勸他留在該校繼續攻讀博士學位，並保證領取最高獎學金或者
任研究助教。當時因他已聯繫好了轉學哈佛大學，所以答應他們一年以後再考

〔註25〕《中國科學院院士自述·張鍾俊》，第 838 頁。
〔註26〕《中國科學院院士自述·湯佩松》，第 354～355 頁。
〔註27〕《中國科學院院士自述·金善寶》，第 409 頁。

慮。等到一年之後，他在哈佛大學得到第二碩士學位，他們又把他找去，重申前議。當時他想，如果聽從他們的勸告，當然學習和工作的環境都比較好，而且有那兩位教授的賞識，將來也不難往上升。但另一方面，當時西安事變已經過去，國共第二次合作、全面抗日的形勢已經形成，祖國有了一線希望，我們留學生理應馬上回國，共赴國難。因此，就婉言謝絕那兩位教授的挽留，毅然回國，到浙江大學任教〔註28〕。地球物理學家顧功敘也談到，「在海蘭德教授的指導和勉勵下，經過兩年頑強奮鬥，我獲得了地球物理勘探碩士學位，成為第一個系統掌握地球物理勘探理論、方法和技術的中國學子。1937年著名地球物理學家、地震學家古登堡教授邀請我到加州理工學院從事研究工作，雖然工作和生活條件都相當優越，但我時時惦念著受苦受難的祖國和人民，急欲把自己學到的知識和技能用於報效祖國，無法長期安心在國外工作，1938年我奉召回國，以圖實現自己的鴻鵠大志。」〔註29〕昆蟲學家趙善歡說：「由於我在康奈爾大學的學習成績比較突出，畢業後許多教授對我評價頗高，他們以豐厚的待遇希望留任我。那是1939年8月，祖國正在經受著一場深重的災難，日本侵略者踐踏中華河山。我，一個炎黃子孫，毅然辭去康奈爾大學的研究職務，回到了祖國的懷抱。」〔註30〕楊遵儀取得了哲學博士學位後，同樣是在國難當頭，為了對國家民族做點有益的事情，盡自己一份心、一份力的思想指導下，於1939年秋回到了祖國，受聘為中山大學教授。

四、留美學生對中國及世界科技的影響

留美學生注重科學研究，留學期間許多人就取得一些成果，回國後多分佈在高等院校和科研院所，運用所學到的理論、技術、方法，進一步開展科研工作，取得極為豐碩的成果，對促進中國科技的發展產生了積極影響，現代科學的所有門類的進步，幾乎都與他們有關。

1、數學物理學

物理學領域的貢獻最為卓越，湧現出趙忠堯、吳大猷、盧鶴紱、何增祿、錢學森、吳健雄等國際傑出大家。趙忠堯（1902～1998），原子核子物理學家。1948年中央研究院院士，1955年中科院學部委員。浙江諸暨人。1925年東南

〔註28〕 《中國科學院院士自述·徐芝綸》，第897頁。
〔註29〕 《中國科學院院士自述·顧功敘》，第665～666頁。
〔註30〕 《中國科學院院士自述·趙善歡》，第424頁。

大學畢業。1927 年，自費赴美國加州理工學院研究生部深造，1930 年獲博士學位。1950 年排除重重阻撓，將在美國訂購的核子物理實驗器材和加速器部件運回祖國，對解放後國內開始階段的實驗核子物理研究工作的準備起了相當重要的作用。回國後建立了核子物理實驗室和主持了質子靜電加速器的研製，1958 年我國第一臺高氣壓型質子靜電加速器由此建成。歷任中國科學院物理研究所、原子能研究所和高能物理研究所副所長，中國物理學會副理事長、中國核學會名譽理事長。他是核子物理研究的開拓者，也是我國中子物理、加速器和宇宙線研究的先驅和奠基人之一。上個世紀 30 年代，他在美國進行的實驗研究中首先發現：當硬 γ 射線通過重元素時，存在著反常吸收，並產生一種特殊輻射。趙忠堯先生的這些工作，是正電子發現的先驅，他的科學功績，已經被越來越多的物理學家認可，核子物理學的發展不會忘記它的開拓者。李政道先生在紀念趙忠堯誕辰百年大會上曾說：「趙老師本來應該是第一個獲諾貝爾物理學獎的中國人，只是由於當時別人的錯誤把趙老師的光榮埋沒了。我們緬懷趙老師為近代物理學中量子力學的發展、為新中國科技教育事業所做的卓越貢獻，以及他一生為人正直、忠於科學、潛心研究，樸素無華、實實在在的科學精神。」吳大猷（1907～2000），國際著名物理學家，1948 年中央研究院院士。廣東高要人。1929 年畢業於南開大學，留校任教。1931 年獲中華教育文化基金董事會補助金，赴美深造。1933 年獲密執安大學博士學位。1934 年返國任北京大學物理系教授。1946 年受政府之託出國考察，因國內形勢變化而滯留美國。先後任美國哥倫比亞大學研究員、加拿大國家研究院理論物理部主任、美國紐約布魯克林理工學院教授、美國水牛城紐約州立大學教授兼物理系主任。1962 年受聘兼任臺灣中央研究院物理所所長。1983 年起任臺灣中央研究院院長。20 世紀 30 年代，他研究了多種原子分子光譜，研究了苯及其衍生物的喇曼光譜，發現並證明了苯的同位素移動並對此作了正確的解釋。30～40 年代，在我國最早進行了原子多重激發態的研究，較早計算了氦原子雙激發能態；計算慢中子與原子碰撞的散射截面；提出原子碰撞的理論模型和計算方法；研究了氯化乙烯的同分異構體的紅外光譜及分子對稱問題；討論了由分子或電子激發的分子振動、分子振動與轉動的交互作用、分子簡正振動等問題。他有論文百餘篇，專著十餘本，如 1975 年出版的《理論物理》七卷本。它們涉及原子物理、分子物理、核子物理、大氣物理、等離子體物理、統計物理和相對論等多個領域，成績卓著。盧鶴

綬（1914～1997），原子能物理學家，中科院院士。原籍山東掖縣，生於遼寧瀋陽。1936 年畢業於燕京大學物理系。1941 年獲美國明尼蘇達大學哲學博士學位後回國。任中山大學、廣西大學等校教授，上海物理學會理事長，美國物理學會會員等職。主要從事理論物理和核子物理方面的教學與研究工作，擁有很多個世界第一：第一個發現熱鹽離子發射的同位素效應，第一個精確稱量鋰元素豐度比，第一個揭露原子彈的秘密，第一個提出馳豫壓縮基本方程「盧鶴綬不可逆方程」，他也是第一個觀察到核裂變的中國科學家。被譽爲「世界上第一流的原子能物理學家」、「中國核能之父」。1998 年，美國得克薩斯州的休斯頓浸信會學校在校園裏爲盧鶴綬豎起一座雕像，把該校實驗室命名爲「盧鶴綬實驗室」，這是美國人在國內第一次爲中國科學家樹立雕像。何增祿（1898～1979），高能物理學家，中國科學院院士、中國工程院院士。生於浙江省諸暨縣。1928 年畢業於中央大學物理系。1930 年 9 月自費留學美國，進加州理工學院深造，並在該院諾曼・布里奇物理實驗室研究高眞空技術。1932 年 9 月在羅徹斯特大學任助教並研究光學。1933 年 3 月至 8 月又回加州理工學院完成學習，獲理學碩士學位。1933 年 10 月回國，先後在浙江大學、清華大學任教，長達 46 年始終在爲我國高等教育事業竭智盡力。他是我國最早的國際上聞名的高眞空技術專家。在美國研究高眞空技術期間，曾取得了一系列重要成就。正值人們作出種種改進油擴散泵抽氣速率的嘗試時，1932 年他以高超的實驗技巧成功地製成了 4 噴咀和 7 噴咀的擴散泵。泵體的多個噴咀極大地增加了噴咀縫的有效面積，擴大了箱體的尺寸，並增加了狹縫上方的空間，使其阻力減至最小，從而使擴散泵的抽氣速度達到恒定。當他的有關設計以「多噴咀擴散泵」爲題發表時，受到美國物理學界和技術界的廣泛重視。同年，又進一步研究了擴散泵的設計理論，將泵的實際抽速與理想的最大抽速之比定義爲「抽速係數」這一概念，爲擴散泵的理論研究奠定了基礎，對於高眞空泵的設計、製造也具有重要意義，成爲當時美國實驗物理學界傑出的成就。他設計製造的多噴咀擴散泵被人稱之爲「何氏泵」，他提出的「抽速係數」被稱之爲「何氏係數」。這些成就至今仍被有關的高眞空物理著作所證引。何增祿回國後，爲我國教育事業貢獻了畢生精力，爲浙江大學光學儀器專業以後的成長與發展打下了良好基礎，也對剛剛起步的我國光學工業起了促進作用。錢學森（1911～2009），應用力學、航太技術和系統工程科學家，中國科學院院士、中國工程院院士。祖籍杭州，生於上海。1934 年

畢業於上海交通大學，1935 年赴美國麻省理工學院留學，翌年獲碩士學位，後入加州理工學院，1939 年獲航空、數學博士學位後留校任教並從事應用力學和火箭導彈研究。1955 年回國，1956 年 2 月，向國務院提交了一份《建立我國國防工業意見書》，最先為我國火箭技術的發展提出了極為重要的實施方案。同年 10 月，又受命組建我國第一個火箭研究院——國防部第五研究院，並擔任第一任院長。接著，長期擔任航太研製的技術領導。在他的參與下，1960 年 11 月我國發射成功第一枚仿製火箭，1964 年 6 月 29 日我國第一枚自行設計的中近程火箭飛行試驗取得成功。1965 年建議製訂人造衛星研製計劃並列入國家任務，最終使我國第一顆衛星於 1970 年到太空遨遊。在 50 年代初，把控制論發展為一門技術科學——工程控制論，為飛行器的制導理論提供了基礎。還創立了系統工程理論，並廣泛應用。由於在中國航太科技方面的卓越成就，先後獲得國家自然科學獎一等獎、國家科技進步獎特等獎、「國家傑出貢獻科學家」榮譽稱號和「一級英雄模範」獎章。他作為世界級的頂尖科學家，還被國際電工學會授予「小羅克韋爾獎章」，將他正式列入「世界級科技與工程名人」之列。吳健雄（1912～1997），著名女物理學家，中科院外籍院士。江蘇太倉人。1930～1934 年就讀於中央大學物理系，獲學士學位。後赴美留學，獲柏克萊加州大學博士學位。1958 年當選美國國家科學院院士。1975 年當選美國物理學會第一位女會長。她曾用衰變實驗驗證了楊振寧、李政道提出的「弱相互作用下宇稱不守恆向量流理論」，使兩人獲得 1957 年諾貝爾物理學獎。1990 年中科院紫金山天文臺將國際編號為 2752 號的小行星命名為「吳健雄星」。吳健雄被譽為「核子物理的女皇」，是美國研究首顆原子彈的「曼哈頓計劃」中的唯一女性。一生獲得的榮譽、學位和獎勵達 60 多項。

　　數學領域中，江澤涵在拓撲學方面卓有貢獻。江澤涵（1902～1994），中科院院士。安徽旌德人。1926 年畢業於南開大學。1930 年獲美國哈佛大學博士學位。1931 年回國。歷任北京大學教授及數學系主任，西南聯合大學數學系主任，中國數學學會名譽理事長等職。他是中國最早的拓撲學家，主要從事拓撲學的教學與研究，取得系統性的研究成果。研究領域有莫爾斯理論，複疊空間與纖維叢，不動點理論等。30 年代應用莫爾斯理論得到關於調和函數的臨界點的多項成果，並對尼爾森曲面映像理論中萬有複疊的緊化提出了代數講法。40 至 50 年代確立了不可定向流形的可定向雙層複疊的幾個基本性質，並計算了一些重要纖維叢的同調群。60 年代重新研究尼爾森不動點理論，

領導科研集體在尼爾森數的計算和實現方面取得重大突破。從教數十年，培養了如姜伯駒等一大批數學家，對中國教育事業的發展作出了重要貢獻。

2、化　學

化學領域吳學周、邢其毅、袁翰青、時鈞等也大有作爲。吳學周（1902～1983），1948 年中央研究院院士，1955 年中國科學院院士。生於江西萍鄉，1924 年夏畢業於南京高等師範數理化部，同年冬畢業於東南大學化學系。1928年公費赴美留學，1931 年獲加州理工學院博士學位。1932 年曾在德國達摩城高等工業學校任客座教授從事光譜研究，1933 年歸國。歷任中央研究院化學研究所研究員、所長，中國科學院上海物理化學研究所所長，長春應用化學研究所研究員、所長，《分析化學》雜誌主編等職。他是中國化學家從事分子光譜研究的開拓者之一。30 年代從事多原子分子的遠紫外、遠紅外光譜研究，發現了一些新的光譜帶系，闡明了若干典型的重要的多原子分子的結構和化學反應機理。50 年代起重視科研工作與國家建設的結合，同時積極支持基礎研究。親自領導核燃料前後處理中的化學問題的研究；開展超純分析和痕量分析，以及後來的環保分析；主持光譜、波譜、結構化學研究工作；晚年組建了鐳射化學研究室並應用光譜法研究生物活性物質的氧化機理。在領導長春應化所取得重大科研成果的同時，爲中國培養光譜人才和建立光譜基地作出貢獻。邢其毅（1911～2002），中科院院士。生於天津。1933 年輔仁大學化學系畢業，1936 年獲美國伊利諾大學哲學博士學位。1936～1937 年在德國慕尼克大學博士後研究。曾任輔仁大學化學系主任，北京大學化學系有機教研室主任。因參與研究人工合成胰島素獲國家自然科學一等獎。主要研究中國藥物成分及結構；多肽合成方法及胰島素的合成；有機反應及其在工業上的應用；花果香氣的研究及雜環化合物的立體化學等。袁翰青（1905～1994），中科院院士。生於江蘇通州。1929 年於清華大學化學系畢業後去美國伊利諾伊大學，在有機化學家 R.亞當斯指導下做研究生，1932 年獲哲學博士學位。回國後，長期從事有機化學研究、中國化學史研究以及科技情報研究的領導和組織工作。曾發現聯苯衍生物的變旋作用；在立體化學和異構現象的研究、中國化學史的研究、普及科學知識及繁榮科技情報事業等工作中做出了貢獻。時鈞（1912～2005），中國科學院院士。江蘇常熟人。1934 年畢業於清華大學化學系，考取清華公費留美。1935 年至 1938 年在緬因大學和麻省理工學院攻讀造紙工程和化學工程。抗戰爆發後，回國投身化工教育，歷任重慶大

學、中央大學、南京大學、南京工學院、南京化工學院教授、化工系主任。
在化工熱力學、乾燥技術和膜分離技術等領域開展了多方面的學術研究。1985
年以來發表研究論文 200 餘篇，合編《化學工程分冊・氣體吸收》，主編《化
學工程手冊》（第二版）。作爲我國化工教育的一代導師，在學術界享有盛名，
學生遍佈海內外，國內學生中已有 12 位任兩院院士。

3、生物學

生物學方面湧現出俞大紱、殷宏章、袁貽瑾、金善寶、趙善歡、馮澤芳
等科學精英。俞大紱（1901～1993），植物病理學和微生物學家，中科院院士，
近代植物病理學學科奠基人之一。浙江紹興人。1924 年畢業於金陵大學，1928
年赴美國留學，獲依阿華州立大學哲學博士學位。1946～1948 年任北京大學
教授、農學院院長。1948 年選聘爲中央研究院院士。建國後任北京農業大學
教授、校長。育成抗黑粉病小麥、抗莢疫病大豆、抗稻瘟病水稻品種；首創
中國禾本科作物黑粉病菌生理小種的研究；對粟病及蠶豆病害進行了全面系
統研究；對蘋果樹腐爛病、穀子紅葉病的防治做出了重要貢獻；在我國首先
開展赤黴素的研究，培養出優良菌種，研究提出發酵工藝流程及提純技術；
在稻惡苗菌的異核遺傳研究中，提示該菌在自然界中三種不同核型組成的異
核體，闡明異核現象在自然界中是否普遍存在的國際上長期爭論問題，受到
國內外科學界的重視。長期從事穀類作物抗病育種及種子消毒等方面的研
究。主要著作有《蠶豆病害》等，其著述在國內外學術界都有較大影響。殷
宏章（1908～1992），中國生理學家。1948 年中央研究院院士，1955 年中國
科學院學部委員。原籍貴州，生於山東兗州。1929 年畢業於南開大學，1938
年獲美國加州理工學院博士學位。歷任昆明西南聯合大學生物系教授，英國
劍橋大學教授，北京大學教授，中國科學院上海實驗生物研究所研究員，中
國科學院上海植物生理研究所研究員、所長等職。從事植物生理生化研究，
學生時代進行光合作用實驗發現了對植物突然改變光強、光質時，光合作用
也發生瞬間變化，進一步驗證光合作用有兩個光化學反應系統。30 年代後國
際上也發現了這一現象。美國科學家弗蘭奇在光合作用近代史中稱這一瞬間
變化現象是兩個系統學說的先驅。中華人民共和國建立初期，參加領導了抗
菌素的生產和研究；1959 年創建了中國第一個光合作用實驗室，在光合作用
磷酸化的機理、尤其是其中高能中間態的存在和性質方面，取得了重要進展。
利用自己發明的組織化學方法，弄清了磷酸化酶在植物器官和組織中的分

佈；證明植物體內存在磷酸化酶，而光照下由糖變澱粉的過程是與磷酸化有關的；證明葉綠體在光中形成高能態，暗中使無機磷酸轉化爲高能的焦磷酸鍵，這對研究磷酸化機理是一貢獻。1982 年獲國家自然科學獎二等獎。袁貽瑾（1899～2003），醫學、生命統計學、預防醫學家，1948 年中央研究院院士。1927 年獲北京協和醫學校醫學博士，1930 年美國約翰霍浦金斯公共衛生學院公共衛生博士，1931 年生物統計學科學博士，1937 年後任北京協和醫學校教授兼系主任，衛生署流行病預防實驗院院長、衛生部次長，1949 年後世界衛生組織結核病研究所副所長，聯合國兒童基金首席醫事顧問，臺灣大學醫學院客座教授，美國夏威夷大學東西中心聘任訪問教授，中央研究院總幹事，中美科學會委員。1930 年獲公共衛生名譽獎章。金善寶（1895～1997），中國農學家。中國科學院院士。生於浙江諸暨。1920 年畢業於南京高等師範農業專修科。1930～1932 年赴美國留學，先後入康奈爾大學和明尼蘇達大學研究院，獲碩士學位。歷任浙江大學中央大學教授、系主任，南京農學院院長，華東軍政委員會農林部副部長，南京市副市長，中國農業科學院院長，全國科學技術協會副主席等職。他從世界各地收集的 3000 多份小麥材料中選出適合中國條件生長的矮粒多和南大 2419 被大面積推廣，獲得高產；主持春小麥育種工作，先後育成了京紅 1～9 號和 6082 等優質高產品種；對北京春播——高山夏播——南方秋播一年三代加速世代育種方法的研究，加速了新品種的繁殖工作；研究鑒定了從全國徵集到的 5544 個小麥品種，其中云南小麥是世界上獨有的小麥新種，對小麥種類及其分佈的系統研究，爲中國小麥育種打下了基礎。著有《實用小麥論》、《中國小麥區域》等。趙善歡（1914～1998），昆蟲學家。廣東省高要縣人。1929 年進中山大學農學院農業專門部學習昆蟲學，1933 年畢業留校任教，1935 年被選送到美國俄勒岡農業大學深造，獲學士學位，1936 年 9 月轉學康乃爾大學研究院深造，先後獲碩士、博士學位。1939 年回中山大學農學院任副教授、教授。抗戰勝利後被北京大學和臺灣大學借聘爲教授。1952 年後任華南農學院院長。積極籌建實驗室，對水稻害蟲三化螟及稻癭蚊的發生規律和防治進行了詳細的研究，根據三化螟越冬習性及生理特性，制訂了有效的防治措施並大面積推廣應用成功。對魚藤、苦楝、川楝、印楝等殺蟲植物進行了有效成分生物活性及應用方法的研究。深入研究荔枝蝽蟓體內生理變化規律、藥劑對蟲體的滲透性及作用機制，爲確定最佳防治時期提供了理論依據。提出「殺蟲劑田間毒理」的概念，豐富了昆蟲

毒理學理論，並在田間防治害蟲起了指導作用。馮澤芳（1899～1959），中國農學家，中科院院士。生於浙江義烏。1925 年畢業於東南大學。1933 年在美國康奈爾大學獲哲學博士學位。歷任南京中央大學教授兼農學院院長，南京大學和南京農學院教授，中國農業科學院棉花研究所研究員兼所長等職。畢生致力於棉花科研和農業教育。對亞洲棉的形態、分類和遺傳，以及亞洲棉與美洲棉雜種的遺傳學及細胞學，均有深入的研究；30～40 年代主持全國中、美棉區域試驗，開展西南七省棉花區域試驗及雲南木棉的調查研究等；提倡在黃河流域種植斯字棉，在長江流域種植德字棉，以及在雲南推廣木棉。這對於擴大中國棉區，提高棉花的產量和品質起到了積極的作用。他最早在中國從事植棉區劃及棉工業區域的系統研究，提出中國分五大棉區的意見，為科技界所沿用。專著有《中等棉作學》等，把畢生獻給了中國的棉花事業。

4、地　學

地學領域造就出顧功敘、楊遵儀、趙金科等傑出人才。顧功敘（1908～1992），地球地物學家，中科院院士。浙江嘉善人。1929 年畢業於上海大同大學物理系。1934 年入美國科羅拉多州礦業學院地球物理勘探專業學習。1936 年獲碩士學位，成為第一個系統掌握地球物理勘探理論、方法和技術的中國學子。1938 年回國。曾任北平研究院物理研究所研究員。建國後，歷任中國科學院地球物理研究所研究員、副所長，地質部地球地理勘探局副局長，地質部地震局地球物理研究所研究員、名譽所長等。對我國地球物理勘探、地震科學研究和石油等礦產資源的發現及開發作出了較大的貢獻。參與指導完成的大慶油田發現過程中的地球物理勘探工作，1982 年獲國家發明獎一等獎。楊遵儀（1908～2009），生於廣東省揭陽縣。地層學、古生物學家。中科院院士。1933 年畢業於清華大學地學系，1939 年獲美國耶魯大學博士學位，歷任中山大學地質系教授兼系主任，兩廣地質調查所所長，清華大學地學系教授，北京地質學院教授兼系主任。長期從事地質、地層古生物科研和教學工作，是我國老一輩地質學家和國內外知名的的地質科學家，我國古生物地層專業的奠基人之一。60 餘年來，培育了我國幾代地層古生物學人才，發表論文 70 餘篇，出版專著、教材 10 餘種。他對無脊椎古生物的許多門類都有較深的研究，尤其對於二疊、三疊紀地層及腕足類動物的研究，曾兩次主持IGCP 國際研究項目，在二疊、三疊紀界線事件及層型研究上取得許多進展和創新性成果，在國內外地質界產生了重要影響，對我國地質科學及地質教育

事業發展做出重要要貢獻。趙金科（1906～1987），地質學、古生物學家，中科院院士。出生於河北曲陽。1932年畢業於北京大學地質系。1937年被送往美國紐約哥倫比亞大學深造。在美期間，常利用假期獨自一人歷盡艱辛考察美國地質，以擴大視野。留美後期，深切感到一個學地質的不做野外地質調查工作是很難做出成績的。因當時國內學校的教育經費有限，難以開展野外工作，他致函中央研究院地質研究所所長李四光，要求歸國後到該所工作。1939年夏，抗日戰爭血戰正酣，他繞道香港回到祖國。趙金科為我國的地質學和古生物學研究做出了重要貢獻。他在20世紀30年代提出震旦紀地槽呈環狀分佈於極區泛大陸周圍和內部的理論；30年代後期對廣西西部開展區域地質調查，證實地質力學理論闡述的廣西山字型構造的位置及形跡；40～50年代研究頭足類化石和二疊紀地層，取得突破性進展。晚年領導並參與對華南二疊系最高層位長興階的層型以及二疊－三疊系界線層型的專題研究，取得了豐碩成果。多次獲得國家和中國科學院自然科學獎。

5、工程技術學

工程技術領域，有林同炎、徐芝綸、蔡金濤、曾威等。林同炎（1912～2003），土木工程學家。中科院美籍院士。生於福州。1931年獲唐山交通大學土木工程學士學位。1933年獲美國伯克利加州大學土木工程碩士學位。長期擔任美國伯克利加州大學土木工程系教授和全校文學科技教授，美國林同炎公司董事長、總工程師。美國國家工程院院士，臺灣「中央研究院」院士。曾獲美國國家科學獎，美國土木工程師學會首屆預應力混凝土獎和首屆傑出成就獎等。是預應力混凝土理論及設計領域的奠基人之一和世界聞名的土木工程結構大師。在長跨度橋梁和高層建築的抗震結構等方面作出了創造性貢獻。創立了不少預應力理論，並通過實驗和實踐證明其正確性。多部預應力結構、鋼結構及橋梁、房屋系統的專著，被譯為歐亞多種文字，聞名世界。林氏個人成就著作及創新工程得獎近百件。徐芝綸（1911～2000），著名力學家、科學教育家，中科院院士。江蘇江都人。1934年畢業於清華大學土木工程系，1935年考取公費赴美留學，先後獲麻省理工學院和哈佛大學碩士學位。抗日戰爭爆發後毅然回國。歷任浙江大學、中央大學、交通大學等校教授。1952年參與創建華東水利學院，先後兼任教務長、副院長等職。長期致力於工程力學的教學與結構數值分析的研究，著有《工程力學教程》等。是國內最早引進有限單元法解決水利問題的專家。專著《彈性力學》曾獲「1977年

～1981 年度全國優秀科技圖書獎」及「國家教委優秀教材特等獎」。譯有俄、英文力學教材多部。曾積極推動了有限元法在我國的普及與推廣。蔡金濤（1908～1996），電訊工程學家，中國科學院院士。生於江蘇南通。1930 年畢業於上海交通大學，1934 年赴美國留學，1936 年獲哈佛大學科學碩士學位。1937 年回到中國，先後在中央研究院、中央無線電器材公司、浙江大學工作。1960 年調入國防部五院二分院，長期從事火箭、導彈控制系統及無線電技術的研製，主持中近程導彈姿態控制系統的論證研製，領導地地導彈捷聯式慣性制導系統等制導方案的研究，主持兩種地空導彈的方案論證和研製，在導彈制導系統和防空導彈的研製領域作出了貢獻。曾威（1913～），公路及橋梁專家，生於福建省長樂縣。1935 年畢業於天津北洋大學土木系，到美國康奈爾大學研究生院繼續學習，1936 年獲土木工程碩士學位。1938 年獲博士學位後回國，是我國公路科學研究工作的開拓者。在參加編制我國 12 年科學規劃時，提出了把公路路面列為重點之一，促進了我國公路路面的科研工作。對公路橋梁建設，首先把減少鋼筋用量的板、殼結構引用到橋梁上來。為了充分發揮舊有橋梁作用，提高其使用能力，對結構的非線性分析開展了研究；改革開放以來，提出應開展大跨徑橋梁結構設計理論和技術的研究；主張鋼結構橋應有所發展，並親自投入研究工作。對我國公路建設的現代化、發展高速公路和大型橋梁的建設起了推動作用。

五、國民黨政界要人

這一時期的留美學生對新中國影響最大的是科學文化，而對國民黨的影響是產生了一批政治人物。如：曾任臺灣「外交部」部長、國民黨中央常委的沈昌煥，臺灣「財政部」部長徐柏園，臺灣「中央研究院」院長錢思亮，臺灣「中央通訊社」社長馬星野，立法院立法委員李曼瑰，國民黨中央委員王世憲，《中央日報》社社長陶百川等。沈昌煥（1913～1998），江蘇吳縣人。1933 年上海光華大學政治系畢業，1935 年入燕京大學研究院研習國際政治。後赴美深造，1937 年獲密執安大學政治學碩士學位。1938 年任中山大學教授及校長秘書。1940 年後歷任交通部公路總局秘書、外交部禮賓司交際科專員，中國駐印度專員公署二等秘書兼駐新德里總領事。1945 年回國，任蔣介石英文秘書、國民黨中宣部副部長、行政院新聞局局長。去臺後任「外交部」部長，駐西班牙、梵蒂岡、泰國「大使」，「總統府」秘書長。徐柏園（1902～

1980），浙江蘭溪人。1925 年東南大學商學院畢業。1928 年任杭州《民國日報》總編輯、國民黨浙江省黨部書記長等。1929 年爲國民黨「中央派遣黨員留學生」赴美。先後在芝加哥、伊利諾大學、北加州大學研究財政金融及應用經濟理論。1933 年回國，歷任中美合資上海電氣公司副總經理，交通部郵政儲金匯業總局副局長，財政部外匯審核委員，四行聯合辦事處秘書長。1946年任財政部次長。1950 年赴臺後歷任「中國銀行」董事長、臺灣銀行董事長、「財政部」部長等。多次代表臺灣當局出席國際財政與經濟會議。是國民黨中央評議委員。錢思亮（1908～1983），浙江餘杭人。1931 年清華大學化學系畢業，獲庚款赴美留學，入伊利諾大學化學系，先後獲碩士、博士學位，1934年回國，歷任北京大學、西南聯大教授。戰後任經濟部化學工業處處長、北大化學系主任。1949 年到臺，任臺灣大學教務長、校長，「中央研究院」院長，「行政院」原子能委員會主任委員。主要從事有機化學研究，著有《立體化學研究》等。馬星野（1909～1991），浙江平陽人。1931 年赴美國密蘇里大學新聞學院攻讀，1934 年獲新聞學學士後歸國。任教於國民黨中央政治學校，1935 年爲首任新聞系主任，1942～1945 年任國民黨中宣部新聞處長。戰後任《中央日報》社長。1948 年去臺，續任此職。1959 年任駐巴拿馬「大使」。1964 年任「中央通訊社」社長。是國民黨六屆候補中央執委，9～12 屆中央評議委員。李曼瑰（1906～1975），女，廣東臺山人。1930 年畢業於燕京大學中文系，1934 年赴美入密執安大學英文系，1936 年獲戲劇碩士學位歸國。後歷任三青團中央監察會常務監察、新生活運動婦女指導委員會文化組長。1948年任立法院立法委員。次年去臺灣，任臺灣師範大學等校教授。1969 年創立「中國戲劇藝術中心」，1969 年創立「海外影藝推行委員會」。主要劇作有《慷慨》、《花瓶》、《大觀園》等。王世憲（1908～1993），福建福州人。1931 年上海滬江大學畢業。後赴美留學，入南加州大學。1937 年獲公共行政碩士學位回國。任交通部專員。1947 年任立法院立法委員。去臺後任東吳大學教授，續任立法委員，還任「考試院」「經濟部」、「教育部」有關學位考試等方面的委員。是國民黨 13 屆中央委員。著有《人事管理》等。陶百川（1901～2002），浙江紹興人。上海法科大學法學系畢業，嗣赴美國哈佛大學研究院進修政治及法律。投身國民黨文宣系統。歷任上海《國民日報》編輯。1934 年出任上海警備司令部軍法處長，並任中國文化建設協會上海市分會幹事長。抗戰時，任香港《國民日報》社長及重慶《中央日報》總社社長。抗戰後任上海特別

市臨時參議會議員、國民參政會參政員及「國大代表」、「監察委員」。1977 年
自動引退，被聘爲「總統府」國策顧問。高雄事件後，去美國。曾任國民黨
十二屆中央評議委員。1990 年任「國家統一委員會」委員。對兩岸關係的研
究投注相當心力，言論頗有影響力。是國民黨內受人尊敬的長老，也是捍衛
人權、言論自由的先鋒。著有《中國勞動法之理論與實際》、《比較監察制度》、
《陶百川叮嚀文存》。

　　此外，還有長期擔任臺灣駐外「大使」的陳之邁，曾任國防醫學院院長
及榮民總醫院院長的盧致德等。

　　綜上所述，南京政府建立後，至抗戰爆發前的十年中，留美教育取得了
較顯著的成效，經過對留學教育的整頓和伴隨著各項建設事業的興起，留美
人數由下跌而獲得較大發展。此期數千名留美學生的構成中，性別上，男生
佔 84%，女生所佔比例爲 16%且呈上升之勢；費別上，以自費爲主，爲公費
的 4.8 倍；專業上，文理基本持平。美國有著良好的教學科研條件，留美學子
們懷抱科學救國之信念，刻苦攻讀，故成績斐然。回國後多分佈在高等院校
和科研院所，他們運用所學到的理論、技術、方法，進一步開展科研工作，
取得極爲豐碩的成果，對促進中國科技的發展產生了積極影響，現代科學的
所有門類的進步，幾乎都與他們有關。此期留美學生對新中國貢獻最大的是
科學文化，而對國民黨的影響則是產生了一批政治人物。

第三章　起伏不定的留日潮

南京政府成立後的中國近代留日教育，以「七・七」事變為界，分為前後兩個時期：1927 至 1937 年為南京政府留日教育，1937 至 1945 年為日偽政權下的奴化留日教育。本章謹將前一時期作以闡述。

一、兩起兩伏的歷程

人數時漲時落，起伏不定，是中國近代留日教育的顯著特點之一。南京政府留日教育同樣如此。1927 至 1937 年期間的留日人數，據日華學會《留日中華學生名簿》統計，如下圖：

1927～1937 年中國留日學生數

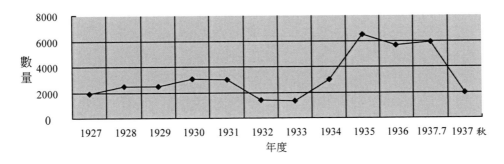

從圖中不難看出，這個時期的留日人數經過兩次較大起伏：1927 至 1930 年平穩上升，1930 至 1933 年出現下降；1933 年至「七・七」事變前呈現猛升，「七・七」事變後發生陡降。

1、1927～1930 年的平穩上升

這個階段的留日人數由 1924 人增加到 3049 人，究其原因：一是國民黨政權建立後，爲鞏固其統治的需要，亟需各種專門人才，故在發展高等教育的同時，亦重視了對外出國人員的派遣。二是一些革命青年因不滿於國民黨的反動統治而負笈國外。如著名的醫學、生理學家，中科院院士沈其震回憶說：「1923 年母親爲庸醫所誤逝世後，我開始選擇了『治病救人』、『科學救國』的道路，到上海考入同濟大學醫學院。1925 年我起草抗日傳單，參加震驚全國的『五卅』大遊行，隨後大革命浪潮掀起，參加了反對軍閥孫傳芳等鬥爭。1927 年蔣介石發動『四‧一二』大屠殺，我極爲不滿，乃東渡日本，入東京帝國大學醫學院攻讀博士學位。」〔註 1〕另一位中科院院士農學家陳鳳桐也說：「1924 年大革命爆發後，我參加了國民革命軍，在晉察綏一帶進行革命活動。1927 年大革命失敗，我在友人的幫助下，於 1929 年秋考入日本青山農業大學專門部，學習農業經濟。」〔註 2〕三是因國內戰爭影響，優良大學有限，中學畢業生升學頗感困難，故家產殷實者多赴日讀書。

以上幾種原因，造成留日人數連續幾年較平穩增長，而以 1929 年上半年增長較快。《中央日報》1929 年 10 月 9 日報導說：「據中國留日學生監督處調查，現在在日者有學生三千餘人，今年九月新來日學生約有千餘名，現尚絡繹不絕，人數特別增加，爲近年來罕有之現象，其中以中學畢業生及私立大學畢業生爲最多。現東京專爲中國留日學生補習日語之東亞高等預備學校、成城學校及第一外國語學校，各班皆滿，後來者有向隅之歎。」

2、1930～1933 年留日人數的下降

在 1930 年中國留日學生超過 3000 人之後，自該年下半年人數出現下降，其主要原因，先是在於銀價暴跌，後則由於日本對中國的武裝侵略。日本實行的是金本位制，中國則是銀本位制，中國銀元對日元的匯率，1929 年後大幅度下降，詳見下表：

〔註 1〕 中國科學院學部聯合辦公室編：《中國科學院院士自述‧沈其震》，上海教育出版社 1996 年版，第 382 頁。
〔註 2〕 《中國科學院院士自述‧陳鳳桐》，第 396 頁。

中國銀元 100 元對日本金元換算表

年月日元	1929	1930	1931
1	102	74	46
2	99	72	42
3	102	69	46
4	99	69	46
5	97	67	44
6	96	54	44
7	93	54	46
8	90	56	44
9	87	58	46
10	84	57	48
11	81	56	51
12	79	52	49
平均	92	61	46

　　從表中可知，1931 年 2 月降到最低點，銀元 100 元只能換取日元 42 元，只有 1929 年初的 2/5。加之國民黨新軍閥連年混戰，各省留學經費被挪作軍費，造成官費學生經費無著，自費學生不少經費中斷，使其陷入困境。據當時報載：「我國留日學生因銀價跌落，日金高漲，私費學生很難維持，中途輟學歸國者甚多」。加之戰事影響，「以致有資產之家庭，無法接給，貧寒之學生更難籌措，現歸無川資，不歸無學費，徘徊歧路，進退維谷，已成絕境，故意志狹隘之青年，受此刺激輒患精神病。雲南學生金崇齡，家爲巨富，自備斧資留日，已有數載，家庭接濟素爲充裕，今因金貴，致不能維持，家庭方面數月未寄分文，而借諸同鄉，皆被拒絕，求救於留學生監督處，亦無結果，受痛過深，成爲神經病，無錢醫治，乃由日本員警將金押送歸國，因無人照料，及至上海，自投長江而死。近數日內，留日學生中亦因受經濟之壓迫，發生神經病者，數近十人，日本員警又擬將彼等押送歸國云。」〔註3〕

　　正是在金貴銀賤的影響下，不少留日學生被迫棄學歸國，據 1931 年 2 月 3

〔註3〕　《留日學生受銀賤影響，歸無川資不歸無學費》，《中央日報》1930 年 9 月 25日。

日《中央日報》報導：「官費留日學生學費生活無著，陷入困境；留日自費生因標金暴漲，難籌學款，無法維持紛紛歸國。」尤其是之後不久接連發生的日本武裝侵華事件，使留日學生大大減少。「九‧一八」事變發生後，百餘名東北籍學生立刻返迴天津，其他省份的也從 19 日起全部罷課。9 月 23 日大岡山的東京工業大學的全體中國學生，首先決議一致歸國。26 日東京都內 17 校代表齊集於神田青年會館，決定採取一致行動。29 日大阪、京都、仙臺、名古屋、長崎等地留日學生也參加了集會，並組織了中華留日學生會，爲請求歸國旅費，派出代表 130 名向中國駐日公使館請願。10 月 8 日留日學生監督處發給部分學生歸國船票，10 日有 19 人返抵上海，12 日、15 日亦陸續有人歸國〔註4〕。至10 月底中國留日學生大部回國。據 10 月 14 日的《中央日報》報導：「我國留日學生，此次以東省問題，憤慨異常，全體一致決議退學，並先推派代表孫寶剛、李昊，於日前先行來京，晉謁中央當局，接洽善後辦法。茲悉我國留日官費自費學生，在士官學校肄業者，全體計有二千三百餘人，已由日啓程返國，預計十五日可以抵滬。」至 1931 年底，在南京政府教育部安排下，留日學生除一部分陸續轉入國內大學或轉赴歐美留學外，大多忍辱負重，重返日本。次年初再因上海戰火，留日學生相率群聚於留學生監督處，請求發給歸國旅費，監督處支付 660 名學生每人 20～240 元，使他們踏上歸國之途〔註5〕。至此留日學生幾乎全部返國，1932 年底留日學生數降到最低點。

3、1933～1937 年 7 月留日人數的激增

上海戰火平熄後，一些留日學生又重返日本，同時混雜了一些新來的學生。1933 年留日人數日益增多，1934 年更節節上升，當時報載：「自去年秋季則陸續東渡者，頗不乏人。至今春以來，忽然其數倍增。尤以九、十兩月間，中國與滿洲之留日學生一躍而增加千名，實造成近年來之新紀錄。將來尚有激增形勢。」〔註6〕1935 年 3 月增至 3700 人〔註7〕，7 月又增至 4500 人〔註8〕，10 月末至 6500 人，11 月達 8000 人〔註9〕。此後人數雖有所下降，但1936 至 1937 年仍維持在五、六千人之間，成爲又一個高峰期。正當日本帝國

〔註4〕 〔日〕實藤惠秀：《中國人留學日本史》（中譯本），三聯書店 1983 年版，第102 頁。

〔註5〕 《中國人留學日本史》，第 103 頁。

〔註6〕 《留日學生激增——彙況低落爲最大原因》》，《申報》1934 年 11 月 5 日。

〔註7〕 《關於留學教育問題》，《留東學報》創刊號 1935 年 7 月。

〔註8〕 《留日學生突增二千人》，《留東新聞》1935 年第 5 期。

〔註9〕 《中國人留學日本史》，第 449 頁。

主義加緊侵華之際，爲什麼中國青年反而群趨東瀛呢？其主要原因是：

　　第一，從思想因素看，廣大青年出於愛國義憤，爲抗日而需要研究日本。「九・一八」後各方對日本的注意加強了，日本熱成爲世界性趨勢，中國更是如此。許多青年對國民黨的妥協政策不滿，相信中日大戰必然爆發，爲了救國需要深入瞭解日本，考察其實際情況。青島市政協文史委員會特邀研究員祝鏡如回憶說：「我於 1933 年夏畢業於天津新學書院……接著考入濟南齊魯大學理學院化學系，感到日本帝國主義在自 1931 年『九・一八』事變以來，竟對我國明目張膽地鯨吞蠶食！……中華的錦繡河山，大塊大塊的土地竟被日帝侵佔了！抗日戰爭迫在眉睫，我實在不能安心再在大學繼續學習了……因此我爲了貫徹孫子兵法上所說『知己知彼，百戰不殆』的教導，便決心到日本去轉學軍事，尋求『知彼』，以應抗戰的準備。」〔註10〕這種心態在當年留日學生中具有很大的代表性。

　　第二，從經濟因素看，主要受當時日元貶值的影響。1931 年銀元跌到最低點後，從 1932 年起又逐漸回升，1935 年 5 月銀元 100 元換日元 146 元，爲最低價時的三倍半，之後雖略有下降，但一直穩定在 100 以上。日元的貶值，造成留學日本費用的降低，甚至較國內求學便宜。廣東省政協委員魏中天曾回憶說，他在福建事變失敗後逃到上海，這時日本留學的一位朋友寫信告訴他「在東京的生活比上海還便宜，勸我到日本去留學。我想，這是好辦法，一來可以避開反動派的追捕，二來可以取得『留學生』的資格。」〔註11〕當時報載：「二三年以前，日本金一百元須以中國國幣二三百元方能兌換，最近則以七八十可兌日金百元。其相差甚遠，故與其上海攻學，不如東渡反爲合算，蓋較之二三年以前，可減少消費力三倍故也云。」〔註12〕

　　第三，從社會因素看，廣大青年失學失業，爲尋找出路而出國。1933年開始，國內大學畢業生失業風潮迭起，與此同時，國民黨政府加緊文化「圍剿」，禁燬進步書刊，在失業危機和知識恐慌的情況下，青年學生紛紛湧向日本。當年留日學生監督周憲文在談到這方面的原因時也指出：「國內失業恐慌，大學畢業後即失業，稍有資產者，即借求學之名，以免失業之苦。」

〔註10〕祝鏡如：《爲「知彼」留日學軍》，山東政協文史委：《留學生活》，山東人民
　　　　出版社 1992 年版，第 217 頁。
〔註11〕魏中天：《我的留日生活的片斷回憶》，《留學生活》，第 300 頁。
〔註12〕《留日學生激增——彙兌低落最大原因》，《申報》1934 年 11 月 5 日。

〔註 13〕人民郵電出版社原社長秦寄萍老人在回憶 1936 年赴日留學的動機時曾直言不諱地說：「當時的想法主要是到那裏鍍鍍銀，將來回國找個好的工作。」〔註 14〕自晚清以來，留日學生的社會地位始終低於歐美留學生，但留歐留美費用較高和資格要求較嚴，故就多數有志於出國的青年只好東渡扶桑，鍍金難成而去鍍銀了。

第四，從政策方面的因素看，留學日本限制不嚴。1933 年南京政府教育部頒佈的《國外留學規程》提高了留學資格，對自費留學由高中學歷改為專科以上學校畢業者，方可領取留學證書，據此領取出國護照得以出國。但留學日本無需護照，同時沒有留學證書照樣可在日本學校入學，故這一規定只對限制留學歐美有效，這樣，使好些有出國願望而不具備留學資格者，一起湧往日本。

第五，從政治和外交因素上看，由於偽滿洲國的建立和日本對華文化侵略的加緊。吸引中國青年留學，是日本政府近代以來為侵略中國而實行的一項對華政策，隨著偽滿政權的建立和對華侵略的擴大，為培養親日奴化人才，以鞏固其殖民統治，便通過傀儡政權，大量派遣學生赴日。據日華學會的統計，偽滿留日學生，1932 和 1933 年各 311 名，1934 年上升為 749 名，1935 年 1133 名，1936 和 1937 年更激增為 1805 名和 1939 名，幾乎佔中國留日學生的 1/3，這對留日高潮的形成無疑起了推波助瀾的作用。

4、七七事變後留日學生的陡降

1937 年盧溝橋事變爆發後，中國駐日大使館及主管留日事務的留日學生監督處旋告關閉，南京政府所轄留日學生幾乎全部輟學歸國，並不再返回續學，至此南京政府留日教育劃上了句號，剩下的只有偽滿留日學生。教育部根據該部出國留學生登記所編製的《歷年出國留學生數》表冊，1938～1946 年每年留日學生皆為零，之後中國近代留日教育便進入奴化教育時期，除偽滿外，關內先後成立的偽政權也都向日派遣留學生，同時淪陷區青年學子自備資斧赴日求學者也頗有人在。

二、留日學生概況

1927～1937 年究竟有多少人留日，尚無精確數字，上述日華學會《留日中華學生名簿》統計，係每年日本在校中國留日學生，而新增加多少，未見

〔註 13〕《周憲文談留日生近況》，《中央日報》1935 年 7 月 21 日。
〔註 14〕秦寄萍：《留日見聞瑣憶》，《留學生活》，第 47 頁。

到令人信服的材料。按說檔案材料是比較可靠的，但有時也不完全如此。國民政府教育部檔案 1929～1937 年留日學生分別爲 1025、590、83、227、219、347、447、496、49 人，合計爲 3483 人〔註15〕。但它僅就所發留學證書者而言，而大量無留學證書的學生沒有被包括在內。那麼究竟有多少人留日呢？上述日華學會的統計數字，11 年間在校留日學生相加總數爲 36784 人，因留日學生大多數在日時間較短，或集體返回，或中途退學，如果平均二年，則留日學生應爲總數的 1/2，即 1.8 萬人以上，但考慮到不少人歸國後又重返日本，如將其重複部分扣除，大約在 1.5 萬人左右。還有另種估算辦法，11 年間在校留日生 36784 人，平均每年 3344 人；11 年間畢業人數 3171 人，平均每年 288 人，即畢業生是在校生的 8.6%。此時的留日學生，如正常的話，一般先學日語半年，然後入大學攻讀三年而畢業，理工科需要經過實習，即共需三年半至四年，第四年將要畢業的留日學生，應佔全體在校人數的 25%，而實際畢業人數只有 8.6%，亦即 1/3 的人畢業，另有 2/3 轉到短期學校肄業或中途退學返國。那麼按留日人數是畢業者的三倍來計，應有留日學生近萬人。如果考慮到 1935 年之後高峰期間留日的五、六千人皆未畢業而返國，那麼留日學生總數也在 1.5 萬人左右。

就費別而言，公費佔極少數，絕大部分是自費。而究竟各有多少，同樣未見可靠數字。根據南京政府教育部檔案，1929～1937 年留日公費生分別爲 2、34、4、2、8、7、3、15、0 人〔註16〕，合計 75 人，顯然這是很不全面的，實際數字肯定要比這多得多。如 1935 年 7 月留日學生監督周憲文答記者採訪時說：「截止現在共計 4 千餘人……其中官費生僅二百餘人。」〔註17〕1937 年 6 月另一任留學監督陳次溥在返國述職時講：「留日學生現約五千名，其中官費生不滿二百名」〔註18〕，約佔 4%。若以此爲計，那麼公費生將在 600～700 人左右，餘下的約 95%，計 1.4 萬人左右則爲自費生。據南京政府教育部檔案，1929～1937 年共有留日自費生 3408 人〔註19〕。不過這只是領取留學證書者，而尚有數倍於此的自費生未有此證明而出國。

〔註15〕中國第二歷史檔案館編：《中華民國史檔案資料彙編》第五輯第一編教育（一），江蘇古籍出版社 1994 年版，第 396 頁。

〔註16〕《中華民國史檔案資料彙編》，同上，第 394～395 頁。

〔註17〕《周憲文談留日學生近況》，《中央日報》1935 年 7 月 21 日。

〔註18〕《留日學生監督陳次溥返國述職》，《中央日報》1937 年 6 月 18 日。

〔註19〕《中華民國史檔案資料彙編》第五輯第一編教育（一），江蘇古籍出版社 1994 年版，第 394～395 頁。

　　就省別而論，據 1929 年 12 月留日學生監督處統計，留日學生總數 2635 人，其中廣東、遼寧最多，分別爲 450 和 427 人；其次爲浙江 243 人，江蘇 225 人，江西 215 人；再次四川 176 人，湖南 148 人，湖北 113 人，福建 114 人；另外吉林 78 人，廣西、雲南各 55 人，黑龍江 54 人，河北 49 人，安徽 48 人，山東 46 人，山西 43 人，河南 31 人，陝西 26 人，貴州 16 人；其他省份則較少：甘肅 8 人，新疆 6 人，熱河 4 人，綏遠 2 人，東省特區 2 人，哈爾濱 1 人〔註20〕。1931 年 6 月寰球中國學生會調查留日學生統計，在 3064 人中，各省多少排列秩序仍大體如此〔註21〕。僞滿洲國成立後，東北留日學生則有較大幅度增加，1935 年 7 月留日學生監督周憲文曾談到，學生總數「以東省籍爲最多，河北、福建、廣東次之，湖北湖南又次之，其餘各省人數甚少。」〔註22〕

　　留日學生分佈地點及學校，主要集中於東京。據上述寰球中國學生會調查，1931 年 6 月，在 3064 人中，東京高達 2503 人，約佔 82% 左右；其次爲京都 64 人，長崎 55 人，廣島 45 人，福岡 43 人，戶畑 41 人，仙臺 39 人，千葉 31 人，奈良 28 人，札幌 24 人，名古屋 23 人，大阪 16 人，神戶 12 人，鹿兒島 9 人，其餘一些地方則零星幾人〔註23〕。分佈學校共 108 所，最多者是東亞高等預備學校和陸軍士官學校，分別爲 323 和 293 人；其次爲早稻田大學 226 人，明治大學 206 人，成城學校 191 人；再次爲東京高等 135 人，東京鐵道局教練所 128 人，日本大學 119 人，東京工業大學 115 人，第一外國語學校 105 人；其餘 32～95 人之間的有 12 校，10～29 人的有 24 校，不足 10 人的有 62 校〔註24〕。

　　就專業而論，以習社會科學者爲最多。據留日學生監督處 1929 年底統計，在 2635 人中，學自然科學者 669 人，社會科學者 855 人〔註25〕。另據上述寰球中國學生會 1931 年 6 月統計，在 3064 人中，法科 465，經濟科 386，軍事科 339，工科 238，文科 232，鐵道科 143，理科 138，醫科 136，農科 81，美術 51，航科 23，音樂 13，其他 819 人〔註26〕。

〔註20〕《留日學生最近統計》，《中央日報》1929 年 2 月 21 日。
〔註21〕《中華民國史檔案資料彙編》第五輯第一編教育（一），第 399 頁。
〔註22〕《周憲文談留日近況》，《中央日報》1935 年 7 月 21 日。
〔註23〕《中華民國史檔案資料彙編》第五輯第一編教育（一），第 398 頁。
〔註24〕《中華民國史檔案資料彙編》，同上，第 399～401 頁。
〔註25〕《留學生最近統計》，《中央日報》1929 年 12 月 21 日。
〔註26〕《中華民國史檔案資料彙編》第五輯第一編教育（一），第 398 頁。

　　就留學前的學歷而論，主要是中學畢業生。上述 2635 人中，大學畢業者 195 人，專科畢業者 88 人，修業者 55 人，專門學校畢業者 125 人，修業者 29 人，中學畢業者 1780 人，修業者 47 人，小學畢業者 26 人〔註27〕，中學畢業者幾乎佔 70%。據 1930 年 3 月 14 日《民國日報》報導，環球中國學生會調查，去年留日學生共 2485 人，有三分之二在國內中學畢業。另據 1935 年留日學生監督稱：「留日學生中，大學畢業者佔 11.8%，專科學校畢業者僅佔 12.7%，其餘 75.5%是大學專科學校肄業生及中等學校畢業或肄業生。」〔註28〕

　　就性別及年齡論，在上述 2635 人中，男子 2383 人，佔 90%以上；女子 252 人，不足 10%〔註29〕。年齡「由十幾歲起到 50 歲止，參差不齊……其 40 至 50 歲者，則多屬國內失意政客，借讀書以作消遣，並非真正以求學爲目的。」〔註30〕

　　就到日後的入學情況而言，以入日本專門部者爲最多。日本大學有預科、本科及專門之別，官立大學預科名爲高等學校，該校畢業入大學本科須經考試，且非經該校畢業者，不能報考本科；私立大學之預科，名爲高等學院，其入本科亦須經過考試，但較官立學校容易。而私立大學復多設有專門部，該部畢業可投考本科，至其課程，多與本科相同，且有教授相同，課本一致者，然其畢業，僅有投考本科或入研究科之資格，而不能與本科畢業生相同得直接進入大學院。我國留日學生，日語水準較低，一般抵日初進日語補習學校，修業期限不一，然最長者不過半年，然後由留日學生監督處介紹投考學校。官立學校對我國學生限定名額，考試甚爲嚴格，私立大學本科亦難考進；至各學校專門部，則持以廣招徠之旨，較爲容易，故中國留學生以入專門部者爲最多。而中國大學畢業生來日求學最爲困難，蓋日本各大學之大學院，收納我國學生無一定辦法，或經考試，或由介紹，各校不一，即同一學校而各科亦不一致。因日人多愛小惠，各大學教授亦然，故欲入某大學之大學院者，必先認識其校之教授，且時往拜訪，以敦厚感情，最後送以豐富之禮物，贈以我國之特產，可請其介紹，不經考試，即行入學。也有爲避免他人口實計，仍予以試驗者，此種落第者甚少，甚至幾無一人；若由正道而行，則學校當局，必以無定額，拒絕要求。至進士官學校或其他軍事學校，其手

〔註27〕　《留日學生最近統計》，《中央日報》1929 年 12 月 21 日。
〔註28〕　《關於留學教育問題》，見《留東學報》創刊號 1935 年 7 月。
〔註29〕　《留日學生最近統計》，《中央日報》1929 年 12 月 21 日。
〔註30〕　《周憲文談留日生近況》，《中央日報》1935 年 7 月 21 日。

續更爲奇特，凡投考者，須有我國高級軍官之介紹書，方可報名，其錄取標準，不問成績優劣，而以介紹人勢力之大小爲比例，於是平均分配，各派皆有，及至進校，仍授以平泛之知識，凡重要課程，則不准我國學生聽講，有時且或專爲我國學生放假，以免參與上課〔註31〕。1937 年初報載：「某軍事機關據報，日本陸軍士官學校當局對於我國留學生之態度，自一‧二八後，更形惡化。在一‧二八以前，凡入學學生必須先到各地聯隊見習 4 個月，此 4 個月之實際生活給予我國留學生影響甚大，且其軍隊情形亦可略得梗概。在一‧二八以後，聯隊見習即行停止，最近中華隊學生竟全部遷入陸軍經理學校舊址，與士官學校完全隔離，此無非當局對我留學生教育之缺乏誠意，此後留學士官學校學生，更無所得矣。」〔註32〕

三、留日學生的管理

南京政府對留日學生的管理機構主要是留日學生監督處。1928 年 9 月 10 日，大學院院務會議通過《管理留日學生事務規程》十八條。12 月由大學院改名而來的教育部將該規程略作修改補充，公佈了二十一條。其中規定，「留日學生事務除應呈由教育部長核准及關涉外交事宜，應商承駐日公使辦理外，均由留日學生監督處主持辦理。」留日學生監督處對於公自費學生賫送留學證書請求批明入國日期，應詳加查核，注明年月日，蓋章發還，並隨時呈報教育部備案。「應將各類留學生」切實調查，於每年 5 月編製姓名、籍貫、學校、學科、年級、成績表冊，呈報教育部。「對於畢業學生請求發給證明書時，應將該生之畢業證明及在學年限切實查核，發給證明書，並彙案呈報教部。」還規定，「各省得派經理員管理各本省之留學事務。」〔註33〕

我國留日學生監督處，爲管理留日學生及留日事務之機關，各國無此機關之設立，此係我國留學教育制度上之特異點。因各國派遣留外學生，無我國之多，其學務故甚簡單，且被遣派者概爲大學畢業生，皆能自治，無管理之必要，故無專理留日學務機關之設置。留日學生監督之職務地位，甚爲重要，辦事亦頗容易，「然歷任監督，皆無良善之成績，其原因皆由於舞弊，蓋監督處所辦之事務，就機關言，上爲教育部，下爲經理員，與其同等者爲日本文部省東方文化事業部及吾國各教育廳是也。就事業之性質而言，爲決定

〔註31〕 《我國留日學生近況》，《中央日報》1930 年 2 月 27 日。
〔註32〕 《日陸軍士官學校對我國留學生待遇如此》，《中央日報》1937 年 1 月 29 日。
〔註33〕 《教育部修正管理留日學生事務規程》，《民國日報》1928 年 12 月 29 日。

序補庚款之人選，介紹來日新生入學，管理在日學生及處理各省教育廳之代辦事務或咨詢問事項，故監督處之地位，介於中日教育機關之間，易於作弊，以朦雙方」〔註34〕。南京政府第一任留日學生監督姜琦，1928 年 9 月 17 日在東京宣誓就職，時任中國駐日公使汪榮寶曾致詞云：「昔日留東學務，令人不滿之處固多，而舉凡大者，不外爲學費缺乏，法制未備二事，若再追溯兩者之由來，便不能不視爲內亂頻乘，省自爲政之結果，今南北統一矣，上舉弊端自可逐漸消除。」〔註35〕然而結果並非如此。姜氏曾留日多年，對於留東情形極爲明瞭，本可勝任此職，可因舞弊而被迫辭職。應教育部之命，不領日本文化事業部津貼，而他實際上按月領受，時經半年而被發覺。另外庚款補助費，除各省所得定額外，尚有 11 名，以教育部選派國內國立大學及高等專門學校畢業生，赴日研究，可補此項。但實際上教育部派遣者幾無一人，多由監督處內職員或監督處私人補得。繼任者王克仁雖力圖改革，但積弊太深，頗難除去，且對日學務，素不明瞭，一切事業甚難進行，不久便向教育部辭職〔註36〕。隨後劉燧昌、黃霖生、周憲文、陳次溥先後擔任此職。

　　從報刊資料中可知，這個時期歷任留日學生監督先後主要進行了以下幾個方面的工作：

　　第一，呈請教育部，介紹入學須考驗日語。1929 年 11 月駐日留日學生監督處上呈教育部：「查近來由國內新來東之學生，其中多不問自己日語程度何若，一經到處報到登記，即請介紹入學；其中曾在日人在國內所經營之學校畢業，已有日語素養者，固不乏人；然不解日語，勉強插入私立大學專門部等肄業者，實居多數，如此情形，非俱個人學業無益，即於國家體面亦有關係，似非予以限制不可。茲擬今後對於凡新來東之留學生，從報到登記之日起算，非經半年留東學習日語，不准介紹入學；同時於請示介紹入學時，須經職處考驗日語程度合格後方准介紹入學。」教育部以「該處所稱留日新生多數不解日語自係實情，所擬限制送學辦法，亦屬切要，決定自即日起所有留日新生抵日，均須經監督處考驗日語程度，合格後方准介紹入學；其中不解日語者，應從報到登記之日起，留東學習日語半年，再行到處定期受試。」〔註37〕隨後教育部佈告留日新生抵東，均須經監督處考驗日語。

〔註34〕《留日生監督處亟宜改革》，《中央日報》1930 年 9 月 25 日。
〔註35〕《駐日留學生監督姜琦宣誓就職》，《民國日報》1928 年 9 月 27 日。
〔註36〕《留日生監督處亟宜改革》，《中央日報》1930 年 9 月 25 日。
〔註37〕《教育部准駐日監督處呈》，《中央日報》1929 年 11 月 16 日。

第二，姜琦擬具留日學生入學辦法。針對留日學生到東後入學的困難，有的無校可進，以致進退維谷，1930 年 1 月，時任留日學生監督姜琦，擬具留日學生入學方案及意見書，呈請教育部核示。其辦法為：1、國內大學畢業生：（1）國立大學畢業生，欲入日本帝國大學大學院或私立大學大學院者，應請日本文部省准予無試驗入學。（2）私立大學畢業生欲入日本帝國大學大學院國立大學大學院者，應請日本文部省准予試驗入學。2、國內大學修業者：欲入日本帝國大學或私立大學本科者，應請日本文部省仿照歐美辦法，按照該生已修業年限，准予試驗入學。3、國內高級中學畢業生：欲入日本官私立各高等學校者，應請各學校按照各生學力之高下，准予插入各校第三學年或第二學年第一學期，至於有預科之專門學校，准予直接入本科。4、國內專門學校畢業：應請日本文部省准予試驗入各大學本科第一學年並得入各專門學校之研究科。5、廢止現在各校一年級制特設預科。6、東京工業大學三年特設預科應改為二年制。此類特設預科，暫照舊存立，但亦應以收容中國高級中學畢業生為原則；今後應請廢止第一學年級提高程度，改由與各高等學校第二部第二學年級同程度辦起〔註38〕。教育部 1 月 11 日將該方案批准，並函請駐日公使汪榮寶協商日本政府，請由日本外務省商同文部省斟酌辦理，然經數月仍無結果，後「九‧一八」事變發生，中日關係日趨緊張，此辦法遂被擱置。

第三，周憲文向教部續商留日生減低資格。對於自費留學生資格，1929年曾規定高中以上學歷，1933 年通過的《國外留學生規程》提高為專科以上畢業，留學費用亦須一次籌足。而我國留日學生，獨可毋須領取出國護照，致無留學證書者亦可往日本求學，此種學生超過登記者數倍。他們赴日之後，既無證書與護照，監督處不承認其為留學生，即不能介紹入學，於是一般無留學證書之學生，咸請日人介紹入學。此種情形殊非善策，於是留日監督周憲文 1934 年 9 月初由日歸國向教育部報告留日學生情形，認為「考其原故，實為資格過嚴所致」，故向教育部提議「擬減為高中畢業生之資格，使一般學生得到留學機會，若此則私行赴日留學之學生，亦可逐漸減少，並於留日學生之本身，亦可得政府一重保障。」〔註39〕經周力爭，教育部允試辦一年。

第四，陳次溥整頓學風取締不良分子。1933 年之後，留日學生激增，尤

〔註38〕《駐日留學生監督處擬具留日學生入學辦法》，《中央日報》1930 年 1 月 12 日。
〔註39〕《周憲文向教部續商留日生減低資格》，《中央日報》1934 年 10 月 4 日。

以 1935 年暑期爲最。人數既多，流品益雜。這年 8 月周憲文因母病辭職照准，派陳次溥繼任。陳氏爲日本東京高師畢業生，歷任中學教員、大學教授職，9月到任後對於過去各種流弊銳意整頓，主要是：首先，監督處統一介紹入學權。向來監督處不准介紹入學者，日本各文化團體可爲設法，自陳氏履任後，即統一介紹權，其不許介紹者，即無學校可進，使一些資格不合學生被迫歸國。其次，監督處布告整頓學風。日本當時跳舞廳，喫茶室、咖啡館、麻雀場等，先後林立，觸目皆是，我國學生每年消耗在此類娛樂場資金據日人統計，約有 300 萬金之譜，而以國內富商大宦之子弟，涉足尤多，因此揮金如土，喫醋爭風之事，時有發生，耗財傷身，並損國譽，識者痛之。10 月 16 日監督處曾遵部令，發表「端品勵學」布告，並查得數人，召往訓誡，使此風稍戢。再次，驅逐僞造證書學生回國。留日學生監督處發現僞造證書頗多，除隨時扣留查究或面加訓誡外，向全國教育行政機關與國內各大學中學彙集證書形式，及一切印鑒，俾便核對。故作僞者斂跡不少，但仍有不法之徒繼續作僞。如東京專修大學學生葉澤之等，私製廣州大學畢業證書 20 張，蠱惑青年，從中漁利，並串通黃某、李某等，兜售行騙，卒被發覺，拘入警署，將爲首之葉澤之開除學籍，並於 10 月 28 日押送神戶登輪歸國，其餘從犯及行使諸人，從寬發落，仍許留東察看。東京警視廳當局，此後對於我國留學生作奸犯科而爲不正當入學者，決意屬行取締，由該廳外事科與外交、教育兩部洽商辦法〔註40〕。

四、留日生的愛國反日鬥爭

　　這一時期日本加緊了對中國的侵略，中日關係日趨惡化，日本當局對留日學生的控制更緊，中國學生被捕被逐事件不斷發生。留日學生因身處日本，對日本政府的侵華策劃和日本國民由潛意識中反映出來的輕視中國的心態感受極深，因而更能激起愛國心和民族意識，展開了一次又一次的反日鬥爭。

　　1927～1928 年日本帝國主義爲阻止國民軍北伐，挽救奉系軍閥在中國北方的統治，先後三次出兵山東，並於 1928 年 5 月 3 日製造了震驚中外的「濟南慘案」，對此留日學生奮起鬥爭。1928 年 4 月 17 日日本決定二次出兵山東，消息傳出後，留日學生異常憤慨，遂由學生總會發起召集僑日各界大會，以

〔註40〕《監督處統一介紹入學權，整頓學風取締不良分子》，《中央日報》1935 年 11月 15 日。

示反對，並邀請各團體組織對日外交後援會，以爲永久抗日總機關。該會於 4 月 20 日成立，執行委員宋希濂、劉南峰等 7 人，假座青年會爲會所，對於反日出兵積極進行，如派代表與日本在野各政黨接洽，並印日文宣言，散發日民眾等等。其時陸軍士官學校中國學生 200 餘名積極反日出兵，該校當局極爲恐慌，遂呈請田中內閣開除 25 名學生學籍，迫令退學回國。外交後援會聞訊，復睹日報載山東日軍準備作戰，於是憤懣之情益不可遏，遂於 4 月 29 日召集第二次反日出兵大會。會所假座青年會，到會僑胞數百人，慷慨激昂，異常悲壯。當由大會提議示威遊行。自青年會出門遊行約一里餘，日本員警數百名突來包圍，即被捕 70 名，皆爲學生。外交後援會當即派人前往警署交涉，詎日警拒不接見，復由南京政府殷特派員向日外務省交涉，大部被放出。被捕者均被毆辱，至 5 月初仍有 7 人被關押。外交後援會爲此事派常務委員兼秘書長劉南峰返國〔註 41〕。劉與士官學校退學學生 25 人於 5 月 4 日抵滬，次日報告市黨部，並往國民政府呈請交涉。劉並頃以其對日主張，通電全國，提出實行經濟絕交，斷絕文化往來，普及軍事訓練等〔註 42〕。士官學校退學學生也以留日陸軍學校國民革命軍學生團的名義，對全國發出反日宣言，指出「日本帝國主義侵略吾國的歷史，罄竹難書，但從未有如今回之明目張膽」，「我們繫念祖國潮蕩起來的熱血，掩蔽了一場虛榮，我們本著良心的主張，摧毀其任何觀念，所以我們雖距卒業之期僅月餘，我們願拋棄那張不能抵抗炮火的文憑，而與日本帝國主義表示不兩立」，「我們堅抱著我們的初衷回國來喚醒我們的同胞」，號召全國同胞「起來奮勇的一齊向日本帝國主義進攻！打倒慘無人道的日本帝國主義！實行中日經濟絕交！」〔註 43〕

濟南慘案後，留日學生對日軍暴行極度憤慨，其中有即將畢業的日陸軍士官學校學生 16 名，原由馮玉祥保送，於 5 月 7 日向校長提出退學志願書。該校當局鑒於學生之激昂，亦頗爲憂慮，於 8 日召集退學學生代表 3 人，到校長室訓話，勸阻退學，而學生方面意志堅決，未因日人勸阻而改變態度〔註 44〕。日學校當局之所以與前不久除名 25 人具有截然不同的態度，一是看到上述措施並未消除中國學生反日行爲；二是此種做法，遭到日本輿論的譴責。

濟南慘案後日本自知理虧，必遭留日學生的反對，因而加強了對他們的重

〔註 41〕 《日本帝國主義壓迫我留學生的大暴舉》，《中央日報》1928 年 5 月 5 日。
〔註 42〕 《留日學生對於拯救國難的主張》，《中央日報》1928 年 5 月 11 日。
〔註 43〕 《國民革命軍學生團反日宣言》，《中央日報》1928 年 5 月 22 日。
〔註 44〕 《留日學生犧牲學業以赴國難》，《中央日報》1928 年 5 月 16 日。

重監視，集會言論之自由剝奪盡淨，留日學生們不得不採取秘密的方式加以活動。如中國留日鹿兒島七高與高等農林兩校之學生及一部分中國青年，於 5 月 8 日晚在該市某處集會，堅決反對日本出兵，翌日即以該項決議分報全國專門學校以上之校長及學生，表示抗議〔註 45〕。再如留學九州帝國大學及各高等專門學生百餘人，借歡迎新來同學爲名，集合九州留日同學開會，秘密推舉代表楊祖詒、裘千昌、吳家振回國報告一切。3 人於 5 月 16 日抵滬，18 日向上海各處報告，指出「田中此次毅然出兵，係襲用曩年倒郭松齡之故技，田中對我國以無外交可言，主張直接行動，謂對待中國，必須用武力壓迫，此次謬然出兵，實欲佔領山東，保存一切不平等條約與在華之特殊勢力，一方面幫助殘餘軍閥延長中國內亂，又以我國向來之排日運動不過憑著五分鐘熱度，蓋悍然不顧」。爲此，希望「排日運動必須由政府提倡，堅持而久，一方面獎勵國貨，現在所最緊要者爲指導民眾運動」，「希望多數忠實同志專做下層工作」〔註 46〕。

另外，留日學生繆序賓、黃志餘等電呈國府，針對日本積極備戰之政策，請求注重軍事訓練。指出此次日本出兵濟南，慘殺同胞，悍然不顧公理，甘冒天下之大不韙，不惜破壞東亞和平之大局，以逞其軍閥蠻橫之野心，實行帝國主義侵略之政策，蓋其處心積慮，由來已久，非一朝一夕矣。歐戰結束以來，「日本陽則贊成裁軍，陰則積極擴張軍備」，「其目的究爲何國，究爲何事，明眼人自能知之。惜我國人昧於識見，猶做其和平之夢」，「當我各校廢止兵式操之時，正日本各校猛力於軍事訓練之日」，「今者困難已至，至我國民臥薪嘗膽之日，亡羊補牢，未可云晚」，擬懇國府委員會議交大學院「通令全國所屬各中等以上學校於最短期間一律增加兵式操及軍事訓練一科，一面令知中央黨部指導民眾組織團體，受軍事訓練，俾全國國民均有軍事上之常識。」〔註 47〕

反日出兵山東風潮剛剛平息，1929 年 10 月日本當局又以防止共產黨爲中東路事件舉行遊行示威爲藉口，出動大批員警，逮捕留日學生 200 餘人，「我國留日學生宿舍被武裝員警強迫搜查，上至屋頂，下至地板，無微不至，殘暴日警竟有強令婦女脫去內衣，施行極無恥的侮辱。被捕同學，用粗繩捆綁，不許發聲，偶有詰問，則拳足交加。近更變本加厲，非但繼續逮捕，更用非刑，以對在獄同學，竟有遍體傷痕不堪嚴刑幾至暈死者。這種全無人道的日本當局的對付我同學，直接雖是留日學生遭此不幸，間接即我民族的奇恥大

〔註 45〕《留日學生犧牲學業以赴國難》，《中央日報》1928 年 5 月 16 日。
〔註 46〕《我國留日學生橫遭壓迫》，《中央日報》1928 年 5 月 20 日
〔註 47〕《留日學生對於拯救國難的主張》，《中央日報》1928 年 5 月 11 日。

辱。我留日學生觀此情形，義不忍坐視，乃有多人回國，成立『後援被捕留日學生歸國團』，從事各方面呼籲。」〔註 48〕

尤其是 1931 年九一八事變爆發後，留日學生憤慨臻於極點，次日全體宣佈罷課，至 10 月底幾乎全部歸國。他們回國後進行了一系列反日愛國活動，主要是：首先，向當局請願抗日。10 月 17 日、26 日留日學生代表兩次向南京政府及其教育部請願，反對不抵抗主義，要求立即對日宣戰；反對壓迫民眾，促進和平統一；嚴懲主持東北獨立運動的賣國賊；從速取消一切不平等條約，實行強硬外交等。其次，向民眾宣傳抗日，啓迪救國。他們在歸國之際，即發表告各界同胞書，揭露日本侵略滿蒙陰謀，喚醒全國民眾，團結起來抵抗外侮，隨即奔赴救亡第一線，特別是組織宣傳隊深入農村。再次，組織日本研究會，探討救國之策。該會下分政治、經濟、外交、社會、軍事 5 部，並出版《暴露》三日刊，將日本對華國策及各種陰謀等方面的信息和研究所得發表出來，以供國內參考。留日學生的愛國熱忱及救國宣傳，得到了國內各界人士的同情和支持，對提高國內民眾的民族意識，增強愛國之心無疑產生了良好的社會效果。

如前所述，1934 年出現新的留日高潮，然而由於中日關係的日趨惡化，留日學生的處境更爲艱難，公開的抗日活動是不可能的，因此他們轉而採取合法形式諸如成立社團、出版報刊、組織學術研究等。1936 年初統計，留日學生中各式各樣的團體多達 90 個，他們以學術研究的形式從事對敵情國情的探討，將其所得通過刊物公之於眾，1932 年至抗戰爆發留日學生出版的刊物，據不完全統計就有 29 種之多〔註 49〕。這些刊物有的在日本編輯，在上海發行；有的在日本編輯、印刷出版，寄回國內發行，成爲留日學生影響國內的重要媒介。如創刊於 1935 年 7 月的《留東學報》，在東京、上海、南京、北平、西安等地設有特約經銷處，據 1936 年 6 月統計，其銷售份數近萬，主要向國內發行。有人回憶道：「那時出版的刊物，旗幟鮮明，立場堅定，充滿愛國救亡熱情，敢於揭露黑暗面，受到廣大讀者的熱烈歡迎，在國內外文化界都發生了很大影響。刊物一到上海，立時銷售一空。」〔註 50〕

〔註48〕《被捕留日學生歸國成立後援被捕學生歸國團》，《中央日報》1929 年 10 月 30 日。
〔註49〕詳見實藤惠秀：《中國人留學日本史》（中譯本），三聯書店 1983 年版，第 420〜421 頁。
〔註50〕中國社會科學院文學研究所編：《左聯回憶錄》下，中國社科出版社 1982 年版。第 705 頁。

　　由於從事抗日活動，留日學生被捕被逐人數大增，如創刊於 1935 年 6 月的《留東新聞》，其全體幹事在 1937 年 1 月 12 日，都以推動抗日活動為由，受到日本政府的檢舉，不久被驅逐回國。1937 年 5 月「左聯」東京支部的 7 名留日學生分別被日本政府以反日作家的「罪名」遣送歸國。6 月 12 日日本又大肆逮捕編譯社負責人王孔昭、石寶珊等十幾人。13 日東京各大報均大事宣傳，誣其為中國政府調查有關日本軍事秘密。東京早稻田、由野澀橋杉並等區，遍佈電網，嚴加防範。我方駐日大使館留學監督處、東京黨部及留日學界，連向日本警視廳交涉，要求釋放，日方均置諸不理。經十五六日嚴刑拷問，切實調查，始證明該數青年學生不過富有愛國抗日意志，並無其他，乃遂加以「抗日救國」的名義，將王孔昭等 6 人分別驅逐歸國，彼等分期在平滬漢粵各地招待新聞記者談話，藉以說明日本對留日同學壓迫之慘狀，並為東京繼續被捕同學鄭克強等十餘人呼籲營救〔註 51〕。留日學生與日本當局的對立日趨尖銳，終於在盧溝橋事變後，中國留日學生除東北籍外幾乎全部陸續歸國投入了抗日戰爭。

　　1927～1937 年間，留日學生面對日本的對華侵略，他們或憤然歸國，請願遊行，或組織團體，創辦刊物進行宣傳，把耳聞目睹和研究所得通過書籍、報刊、信件等媒介傳入國內。這些活動，對揭露日本侵略罪行，提高國民的愛國意識，對政府改變對日政策都起過一定作用，其功績是值得肯定的。南京政府對其愛國活動雖未予以全力支持，但也沒有像清末民初中國當局那樣，站在留日學生的對立面，勾結日本帝國主義予以鎮壓與制裁，相反，每當留日學生遭逮捕，往往由中國駐日公使或留學生監督出面與日方交涉。其原因並非有的學者指出的那樣在於南京政府對國外學生運動鞭長莫及難以控制，而主要在於日本對華侵略的步步升級所引起的中日民族矛盾的上升和階級矛盾的下降，在反對日本侵華方面，南京當局與留日學生之間存有某種程度的一致性。

五、留日名人

　　此期的留日學生眾多，有影響者也不乏其人。

1、自然科學家

主要有數學家李國平、醫學生理學家沈其震、醫學家承淡安、農學家陳

〔註 51〕《留日學生又一批被逐回國》，《中央日報》1937 年 7 月 6 日。

鳳桐等。李國平（1910～1996），中科院院士。廣東豐順人。1933 年畢業於中山大學。1934 至 1936 年在日本東京帝國大學研讀，1937 至 1939 年任中華教育文化基金研究員。1940 年後任武漢大學教授，中國科學院武漢數學物理研究所所長。主要從事函數論、數學物理等方面的教學和研究工作。在半純函數、唯一性問題、有理函數表寫問題、整函數理論應用、解析函數逼近、數學物理與系統科學等研究中獲多項突出成就；在函數論研究方面取得一系列突出成果；在發展中國教育事業、培養科學人才方面作出了重要貢獻。沈其震（1906～1983），中國科學院院士。原籍湖南長沙，生於四川重慶。先後就讀於同濟大學醫學院、中山大學醫學院。1927 年留學日本，獲東京帝國大學醫學院醫學博士學位。1931 年回國，在天津開診所，創辦《醫學知識雜誌》。1937 年參加新四軍，組建新四軍軍醫處，任處長、衛生部部長。1943 年到延安，任中央軍委衛生部第一副部長；他募集醫藥器材，為解放區輸送了大批急需物資，動員了大批科技人員到解放區工作。中華人民共和國成立後，歷任大連醫學院院長、中央研究院院長、中國醫學科學院院長等職。承淡安（1899～1957），中科院院士。江蘇江陰人。1932～1933 年前往日本考察針灸，1934～1935 年再次赴日交流中醫學。歷任江蘇省中醫學校教授、校長等職。從事中醫內科和針灸教學研究工作，1930 年創辦針灸學研究社，參加研習者數千人，遍及朝鮮、日本、越南、新加坡等國，1933 年社中附設針灸講習所，1935 年成立了針灸專科學校；制訂了較為全面的針灸治療傷寒的方法。在理論方面有很高的造詣，如對《傷寒論》、經絡、腧穴、針法等均有精闢論述。陳鳳桐（1897～1980），中科院院士。河南內鄉人。1921 年畢業於河北省保定甲種農校。1929～1931 年入日本東京農業大學專門部研究農業經濟。1933 年轉入北平大學農學院農業經濟系，後輟學投身抗日戰爭，1936 年加入中國共產黨後組建雁北游擊支隊並任政委。1949 年後歷任華北農業科學研究所所長、中國農業科學院黨組書記兼副院長、中國科協副主席等職。40 年代在民主根據地組織進行農業科學研究，培育和改進了小麥、水稻、玉米和穀子良種，家畜良種繁育，護林和造林等工作。創立了「晉察冀邊區自然科學界協會」，創辦了《自然科學界》刊物。50 年代後對控制蝗蟲災害、小麥鏽病、豬牛的傳染病做過許多工作，擇紅壤改良利用、三葉橡膠和木薯等亞熱帶作物在贛南引種栽培做了一些研究工作。著有《農業推廣和普及科學思想》、《農業科學工作如何結合實際》等。

2、社會科學家

著名者有文藝理論家、文學翻譯家、文藝活動家周揚，現代詩人、評論家胡風，表演藝術家、作家王瑩，文藝理論家林默涵，歷史學家何幹之，「中國民俗學之父」鍾敬文，詩人、作家、翻譯家林林，經濟學家朱紹文，中國民族舞蹈的開拓者吳曉邦等。周揚（1908～1989），中科院院士。湖南益陽人。1928 年畢業於上海大夏大學後留學日本。1930 年回國，次年加入中國左翼作家聯盟後成爲「左聯」的實際領導人，曾任中共中央左翼作家聯盟黨團書記，中共上海中央局文委書記，主編過「左聯」機關刊物《文學月報》。抗日戰爭爆發後，於 1937 年秋到延安。曾任陝甘寧邊區教育廳長，文協主任，魯迅藝術學院院長，延安大學校長。1946～1949 年，任中共晉察冀中央局、華北局宣傳部長。建國後，歷任文化部副部長，全國文聯副主席，中國作家協會副主席，中共中央宣傳部副部長，中國科學院哲學社會科學部委員，中國社會科學院副院長、研究生院院長。是中共第八屆中央候補委員，十一屆中央委員，中顧委委員，第一至三屆全國人大代表，第一至五屆全國政協常委。被人稱爲三十年代左翼文藝的宿將，四十年代解放區文藝的組織者，五十年代文藝鬥爭的領導者，六十年代毛澤東文藝思想的代言人，七十年代末八十年代初思想解放的先驅。主要論著有：《表現新的群眾的時代》、《新的人民的文藝》、《堅決貫徹毛澤東文藝路線》等；翻譯作品有：《安娜·卡列尼娜》、《生活與美學》。出版有《周揚文集》（5 卷本）等。胡風（1902～1985），湖北蘄春人。1925 年考入北京大學預科，後轉入清華大學英文系，1925 年接受共產黨的影響，回鄉參加革命，失敗後，輾轉流離。1929 年赴日本留學，1931 年獲日本慶應大學英文系本科學籍，1933 年因參加左翼文化運動被日本軍警驅逐回國，曾任「左聯」宣傳部長，與魯迅交往較多。1934 年開始專業寫作生涯，抗戰爆發後，主編《七月》雜誌，培養了一批詩人作家。50 年代蒙冤受批入獄。著有詩集《野花與箭》、《爲祖國而歌》和文學理論《文藝筆談》等。王瑩（1913～1974），蕪湖人。1927 年入湖南湘雅醫院護理學校學習，1929年加入中國共產黨，相繼入中國公學、復旦大學文學系學習。1932 年起先後在上海藝術劇社、明星影片公司等任演員。1934 年赴日本學習戲劇、電影。1935 年回國。1937 年，和洪深、金山、冼星海等組成「抗日救亡演劇二隊」，輾轉 15 個省市抗日前線。1942 年她受周恩來秘密派遣，赴美國留學，做統戰工作。1955 年回國，加入中國影協，擔任北京電影廠編劇，「文革」期間慘遭

迫害含冤而逝。王瑩學識廣博，多才多藝，從 30 年代初起就在文壇上享有盛譽。她以清新雋永的文筆撰寫了許多散文、遊記和影評，頗受知音者的賞識，素有「文藝明星」之稱。林默涵（1913～2008），中國文藝理論家。福建武平人。1935 年到日本學習。次年回國，先後在進步報刊《生活日報》、《讀書與出版》、《世界知識》和《國民周刊》任編輯，並開始用筆名「默涵」撰文。抗戰爆發後，曾在上海青年救國服務團和第八集團軍戰地服務隊作抗日宣傳工作，後到武漢任《全民抗戰》編輯。1938 年到延安馬列學院學習。1940 年參加編輯《中國文化》。1941 年主持華北書店編輯工作。1943 年調《解放日報》編輯副刊，在該報上發表不少短論和雜文。1944 年冬調重慶《新華日報》。抗日戰爭勝利後到上海，後赴香港參與編輯國統區出版的共產黨機關刊物《群眾》，和共產黨領導的文學刊物《大眾文藝叢刊》。這期間的政論、雜文和文藝論文結集出版的有《在激變中》、《浪花》和《獅和龍》。中華人民共和國建立後，任中共中央宣傳部副部長、文化部副部長、中國文學藝術界聯合會副主席等職。他的論著具有觀點鮮明、論證嚴密的特點。何幹之（1906～1969），廣東臺山人。1929 年入日本早稻田大學和明治大學經濟科。「九‧一八」事變爆發後回國。在 30 年代的主要學術成就是參加中國社會性質和社會史問題論戰。論證了中國是一個半殖民地半封建社會，批駁了那種認為中國已是資本主義社會的觀點。抗日戰爭時期，先後在陝北公學、華北聯合大學、延安大學和華北大學從事教育工作，並擔任重要領導職務。出版了《近代中國啓蒙運動史》、《中國社會經濟結構》、《三民主義研究》、《魯迅思想研究》等專著。其中《近代中國啓蒙運動史》是中國最早系統論述鴉片戰爭以來近代思想運動歷史發展的著作之一。尤其對洋務運動、戊戌維新運動、五四新文化運動及其代表人物作了比較客觀的實事求是的評價。1950 年以後任教於中國人民大學。主編的《中國現代革命史》，史論結合得當，被高等教育部規定為全國高等學校教材，並譯成俄、英、越等國文字，在國外發行。鍾敬文（1903～2002），廣東海豐人。早年先後在中山大學、浙江大學任教，編輯《民間文藝》、《民俗學集鐫》等。1934 年到日本早稻田大學研究院研究民間文藝和民俗，1936 年回國。抗日戰爭開始後從事救亡工作。自 1949 年 5 月起，執教於北京師範大學。從事民間文藝學、民俗學研究 70 年，為建立具有中國民族特色的民間文藝學和為培養這方面的理論隊伍作出了貢獻，在國際學術界享有很高的聲譽。其代表作有《鍾敬文民間文學論集》（上下）、《新的驛程》、《民間文

藝學及其歷史》等。林林（1910～2011），福建詔安人。1934年留學早稻田大學，參加「左聯」東京分盟。發表詩歌、評論、散文，翻譯海涅的詩、高爾基的文學論文，1936年回上海，參加文化界救亡協會工作。1949年之後，從事文化宣傳、組織工作，曾任中國駐印度使館文化參贊，中國對外友協副會長。出版詩集《印度詩稿》等。朱紹文（1915～），江蘇人。在上海念完高中後，1934年赴日留學。至1945年，先後畢業於日本東京第一高等學校、東京帝國人學經濟學部畢業；1945年從東京帝國大學研究院畢業。1946年任上海滬江大學城中商學院教授。1950年任中國人民銀行金融研究所專門委員。1979年起，任中國社會科學院經濟研究所研究員。多年從事經濟學、外國經濟思想史、外國經濟史和日本經濟的研究。主要代表作有：《經典經濟學與現代經濟學》、《現代日本經濟分析》等。吳曉邦（1906～1995年），生於江蘇太倉。北伐戰爭中任葉挺團見習排長。1929～1936年先後三次赴日本學舞。「9.18」事變後，一度回國，在上海創辦「吳曉邦舞蹈學校」、「曉邦舞蹈研究所」，舉行了第一次舞蹈作品發表會。1937年後參加抗日救亡演劇隊，期間創作了《義勇軍進行曲》、《大刀舞》、《遊擊隊員之歌》等一批抗日舞蹈節目。1945年抵達延安，在「魯藝」任教。新中國成立後，當選為全國舞協副主席，並先後兼任中國青年藝術劇院舞蹈團團長、中央民族歌舞團團長、中國舞蹈藝術研究會主席等職。1956年創建「天馬舞蹈藝術工作室」。「文革」後，任中國舞協主席、全國文聯常委、《舞蹈藝術》雜誌主編、《中國民族民間舞蹈集成》主編等職。一生創作了《饑火》、《思凡》、《醜表功》、《平沙落雁》、《迎春》、《秋怨》、《虎爺》、《寶塔牌樓》等18個膾炙人口的新舞蹈節目。著有《新舞蹈藝術概論》、《舞蹈新論》、《談藝錄》、《舞蹈續集》、《舞蹈學研究》等專著。

3、國民黨將領

此期留日學生，有少數成為國民黨軍事將領，如抗日名將鍾毅、陸軍中將宋希濂等。鍾毅（1899～1940），廣西扶南人。在抗日戰爭期間，奉命轉戰豫鄂皖三省。1939年冬，在隨棗戰役中，率部擊敗日軍滕田師團，因戰功榮獲多次嘉獎。1940年5月，日軍集中5個師團的兵力，向我軍進攻，鍾毅率部在掩護友軍退卻時，遭敵反撲。在棗陽東蒼苔鎮浴血奮戰中身負重傷，舉槍自盡殉國，終年41歲。宋希濂（1907～1993），湖南湘鄉人。1924年考入黃埔軍校，參加兩次東征，北伐中任營長。1927年冬赴日，入千葉陸軍步兵學校和參謀學院學習，因進行反日活動一度被捕，1930年5月回國。曾任71

軍軍長，第 11 集團軍總司令，新疆警備總司令，華中剿匪副總司令兼第 14 兵團司令。歷經重要戰役數十次，曾獲青天白日勳章，有「鷹犬將軍」之稱。1949 年 12 月在川康邊境沙坪被人民解放軍俘虜，後作爲戰犯接受改造。1959 年大赦。當選爲全國政協常委，致力於祖國和平統一事業。1980 年赴美探親，後定居美國。

4、共產黨軍政幹部

有些留日生加入共產黨，投身革命，成爲重要軍政幹部。如朱程、陳子谷、陳辛仁等。朱程（1910～1943），祖籍浙江蒼南，出生於溫州礬山。早年就讀溫州商業學校，後考入黃埔軍校，1934 年，被派往日本，入東京鐵道學院，專攻鐵路管理學。在日期間，曾翻譯《日本政治機構與軍部制之基礎》一書，提請國人警惕日本軍國主義者侵略、征服中國的野心。1937 年 5 月，爲參加抗日救亡，未待畢業提前回國。歷任華北抗日民軍司令員、冀魯豫軍區第五分區司令員等職。由朱德介紹加入共產黨，被其譽爲「鐵軍將才」。1943 年在山東曹縣對侵華日軍作戰的「王廠戰鬥」中和 30 餘人與敵同歸於盡，壯烈犧牲。陳子谷（1916～1987），廣東汕頭人，幼年被賣於泰國華僑富商，後回國內讀書，1934 年留學日本，參加「左聯」，因日本員警的迫害回國，先到延安，進入陝北公學學習革命理論。後到新四軍工作，任團政治處敵軍工作股長。1940 年以葉挺軍長秘書的名義到泰國募捐 4 萬元，加上自己繼承祖父遺產所得 22 萬元，解決了新四軍三個月的全部費用，被葉挺譽爲「富貴於我如浮雲」的赤子；「皖南事變」時被俘，獄中對敵鬥爭十分英勇。在茅家嶺暴動中逃出，而且是這次暴動的組織者之一。建國後曾任北京地質學院黨委書記。陳辛仁（1915～2005），正部級幹部。生於廣東省普寧縣。1933 年考入中國大學英文系，並立即參加北平「左聯」領導機構的恢復工作，主持「左聯」研究部。1934 年春，北平黨組織及「左聯」等組織受到國民黨憲兵的破壞，組織聯繫中斷，遂東渡日本，找到中國在東京新建立的「左聯」支部組織。1935 年秋，回上海參加文化界黨小組及文藝界救亡組織活動。1938 年夏，奉調到皖南新四軍政治部任對敵工作部科長，後任團政治處主任、中共淮南區黨委宣傳部長。中華人民共和國成立後，任福建省政府副主席、駐外四國大使、文化部副部長等職，以自己淵博的學識、進步的思想，爲中國的抗日戰爭和文化發展作出了卓越貢獻。另外，新中國外交奇才喬冠華也是留日學生，後又留德。

第四章　留德教育的興盛

在近代留學史上，中國學子負笈德國佔有重要地位，其高潮主要是北洋政府晚期和南京政府前期的 20 世紀 20～30 年代。本章茲將南京政府時期的中國留德教育情況作以簡略述評。

一、發展歷程

中國青年負笈德國，始於晚清，主要是在洋務運動期間，爲建立近代海軍的需要，到那裏學習軍事及造船技術。1870 年中國就派有留學生去德國，學習「船堅炮利」的軍工技術。1877 年李鴻章也曾派七名士官去德國學習軍事。不僅學科單一，而且人數少，最多不過幾十人，影響不大。

一戰後，中德兩國結束敵對狀態，1921 年 5 月簽訂了《中德協定》，這是中國第一次與西方列強之間在平等和互不歧視的基礎上簽訂的。在這一年，德國政府把瓦德西從中國掠去的北京天文臺的儀器歸還中國。從此兩國處於平等地位，德國政府把在華的發展重點轉向文化和經濟領域，積極吸引外國留學生便是其中的政策之一。根據 1922 年《中德協定》的附加交換書規定，德國同意接受中國學生入德國高等學校或從事實踐教育，中國學生可以直接前往德國。德國的豐富文化、戰後重建的熱情及成績，對許多中國青年具有吸引力；加之戰后德國通貨膨脹嚴重，馬克大幅度貶值，外國人在德生活等費用大爲減少，刺激了外國學生流向德國，連原在歐美的中國學生，如林語堂等也轉到這裏。中國人之所以選擇留學日本，很大程度上是因爲日本地近費廉。而眞正要求學問，還是要到西洋各國。至於哲學一門，當然更是黑格爾、馬克思（KarlMarx）的故鄉德意志最爲發達，這對一些信仰者更具有吸引力。有人統計，僅 1924

年的柏林一地，就有中國留學生近千人。1925 年後，德國的通貨膨脹得到控制，馬克回升，物價和生活費用居歐洲之首，中國學生開始減少。1925 年爲 232 人，1926 年爲 214 人，1926 至 1927 年爲 193 人〔註 1〕。

南京政府建立之初，無暇顧及文化教育，留學政策仍依從前，在德的中國留學生人數繼續呈下滑趨勢，1927 至 1928 年爲 174 人，歐洲經濟危機爆發的年代 1928 至 1929 年降到 153 人〔註 2〕。1929 年訓政開始後，南京政府重視了留學教育，經過對留學政策的修改，隨著中德關係的密切，進入 30 年代後，留德人數有所回升，形成了民國留德史上第二個高潮期。據國民政府檔案統計，從 1929 年至 1940 年總共派出 722 人留德，其人數僅據留法生之後。詳見下表：〔註 3〕

1929〜1940 年中國留德人數表

年份	1929	1930	1931	1932	1933	1934	1935	1936	1937	1938	1939	1940	合計
人數	86	66	84	64	68	61	101	117	52	22	0	1	722

與此同時，居留德國學生數在抗戰爆發前的幾年也大幅度上升：1934 年約 400 人，1936 年爲 500 人，1937 年爲 700 人〔註 4〕。留德學生增加的原因，大體有這樣幾個方面：

一是留學政策中重視理工科的導向和德國理工科發達。南京政府建立後，亟需建設人材，鼓勵學習理工科。在這一政策的導向下，許多青年自然把注意力投向理工科方面最爲擅長的德國。分析化學家梁樹權院士在談到當年他去德國留學的原因時說：「爲什麼我到德國求學？30 年代美國大學化學系學生要修法、德兩語，目的是能閱讀該兩種語言的文獻。我在燕大預科時學了兩年法文，大學又讀了一年。並且用法文還能寫一頁作文。因此我有意再

〔註 1〕 丁建弘：《視線所窺，永是東方——中德文化關係》，周一良主編：《中外文化交流史》河南人民出版社 1987 年版，第 134 頁。
〔註 2〕 丁建弘：《視線所窺，永是東方——中德文化關係》，同上，第 134 頁。
〔註 3〕 據《抗戰前後歷年度出國留學生之留學國別表》製，見第二歷史檔案館編《中華民國史檔案資料彙編》第五輯第二編，教育（一），江蘇古籍出版社 1997 年版第 892〜893 頁。
〔註 4〕 李喜所主編《五千年中外文化交流史》第四卷，世界知識出版社 2002 年版，第 437 頁。

學德文。第二個理由是我大三讀物理化學的美國課本（好像是 Farrington 等編寫的），書中所引文獻，德文居多，使我感到不懂德文是不易在化學界立足，遑論出人頭地。到了作畢業論文遇到德文文獻，只得請導師爲我口譯。此外，當時諾貝爾化學獎以德國學者居多，使我極爲推崇德國科學。於是我下了決心非學會德文不可。」〔註5〕後來成爲測量與遙感專家的王之卓，1934 年考取中英「庚子賠款」公費留學的測量專業赴英國留學，1935 年獲英國 D.I.C 文憑。因當時的測繪科學德國最先進，於是他和夏堅白、陳永齡二位同窗轉去德國柏林工業大學〔註6〕。

　　二是留德學生社會聲譽高，故來「鍍金」者多。季羨林先生曾說，那時候有兩句名言：「畢業即失業」；「要努力搶一隻飯碗」。一個大學畢業生，如果沒有後門，照樣找不到工作，也就是照樣搶不到一隻飯碗。如果一個人能出國一趟，當時稱之爲「鍍金」，一回國身價百倍，金光閃爍，好多地方會搶著要他，成了「搶手貨」。「到德國來鍍的金是 24K 金，在中國社會上聲譽卓著，是搶手貨。所以有條件的中國青年趨之若鶩。這樣的機會，大官兒們和大財主們，是決不會放過的，他們紛紛把子女派來，反正老子有的是民脂民膏，不愁供不起紈絝子弟們揮霍浪費。蔣介石、宋子文、孔祥熙、馮玉祥、戴傳賢、居正，以及許許多多的國民黨的大官，無不有子女或親屬在德國，而且幾乎都聚集在柏林。」〔註7〕

　　三是南京政府的親德政策和國內興起的法西斯主義思潮，擡高了德國在不少人心目中的地位。蔣介石建立起南京政府之後，爲鞏固其統治，需要新的精神支柱。在比較了各種主義後，認爲法西斯主義最適合中國。1928 年 7 月 18 日，他在《三民主義爲中國唯一的思想》的講話中說：「現在主義的派別很多，有狹隘的國家主義，有在中國不適合的共產主義，有在千萬年以後或能實現的無政府主義，這些主義都不適合於中國建設之用。」1931 年 5 月 5 日於南京召開的國民會議開幕詞中，蔣介石公開亮出了法西斯主義的旗號，鼓吹法西斯主義是「進化」，並且是「進化階段中統治最有效能者」。「九·一八」事變後，民族危機日趨嚴重，使不少人感到要振興中國來抵抗日本帝國主義的入侵，應該效法推行法西斯主義取得成效的德國。正是有了這樣一種社會

〔註5〕　中國科學院學部聯合辦公室：《中國科學院院士自述·梁樹權》，上海教育出版社 1996 年版，第 287 頁。
〔註6〕　《中國科學院院士自述·王之卓》，第 501 頁。
〔註7〕　季羨林：《留德十年》，中國人民大學出版社 2005 年版，第 1、第 37 頁。

基礎，在思想領域裏掀起了一股宣揚法西斯主義的惡浪，出現了全國性的法西斯主義的狂潮。爲得到法西斯主義的「眞經」，蔣介石在大造宣傳攻勢的同時，組織了各種考察團前往德國、意大利，並派人前去受訓。如 1934 年春，派鄭介民等以軍事考察團的名義前往歐洲，主要考察德、意兩國。

四是蔣介石爲了內戰的需要，在大量聘請德國軍事顧問的同時，也增加了軍事留德生的派遣。30 年代國民政府聘請了以德國國防軍頭子塞克特爲首的軍事顧問團和以德國員警所長布隆保爲首的一批法西斯軍官，如參謀本部、陸軍大學、測量總局、交通司、軍醫署、航空署、兵工署、軍需署、騎兵旅、軍官學校、炮兵學校、工兵學校、步兵學校、工兵補充隊、稅警特務團、八十七師、八十八師等均有德國法西斯分子充當顧問，幫助對中央軍的訓練。受此影響，加之「九‧一八」後中日關係惡化，增加了軍事留德學生的派遣，將陸軍留學的重心由日本轉至德國。陸軍主要是入德國的各兵種和參謀大學深造，如邱清泉 1934 年被派往柏林陸軍大學學習，1937 年返國後擔任教導總隊參謀長，後經歷次提拔，晉升爲兵團總司令。除陸軍留學生外，這個時期軍政部還派遣了一批海軍學生赴德國學習魚雷快艇；海軍部在 1929 ～1938 年間派遣了 20 人留學德國，學習海軍。如 1935 年 12 月海軍魚雷學校派第一期畢業生黃震白、胡敬端赴德學習快艇戰術。次年 8 月，續派黎玉璽、齊鴻章、崔之道、汪琦、將瑜、王思華、李頓謙、傳洪讓等赴德國學習快艇戰術和魚雷。他們於 1936 年底及 1937 年春攜同各批魚雷快艇返國。1937 年 7 月，令在英國留學的海軍學員郎闊澄、黃廷樞、韓兆霖 3 人，轉赴德國留學，並增派林遵、齊熙 2 人同時赴德學習。1939 年 7 月林遵、黃廷樞，12 月韓兆林等先後回國。1937 年 4 月，海軍部長陳紹寬隨帶海軍少將林獻炘、少校周應聰、上尉林遵三隨員參加英皇加冕並考察歐美海軍狀況。盧溝橋事變後，速回備戰，留下林遵赴德學習。與此同時，派海校第六屆航海班練習生邱仲明、林濂藩、何樹鐸、劉純巽、廖士爛、歐陽晉、劉震、嚴如平、蔣菁、王國貴等 10 人，赴德國學習潛艇，1939 年 7 月先後回國。1937 年 10 月，又派王致光、林惠平、徐振騏等赴德國監造潛水艇。1938 年 1 月，派海校中校科員王榮瑛赴德國監造潛艇，並派海軍學員高光祐、陳瑞昌、程法侃、林祥光、程璟、蘇鏡潮、李孔榮、、陳爾恭 8 人赴德國學習潛艇。與此同時，又派留意學員龔棟禮、薛奎光、陳慶甲、劉永仁、高舉、陳兆棻 6 人轉赴德國學習潛艇。這一批留德學員，除李孔榮因車禍殞命，王榮瑛於 1939 年 12 月回國

外，其餘林祥光、龔棟禮等一行於 1939 年 7 月學成回國。據《中華民國海軍通史》一書所提供的數字，筆者繪成下表：

1928～1938 年南京政府所派海軍留學人數表

年度 人數 國家	英國	德國	美國	日本	意大利	合計
1929	25		3			28
1930				8		8
1931	10					10
1932	4					4
1933			3			3
1934	8				6	14
1935	10	2	1			13
1936	8	8				16
1937	3	19				22
1938		15				15
合計	68	44	7	8	6	133

從中可看出，在這段時間內，人數最多的是英國，共 68 人，其次是德國，為 44 人；不過這 44 人全是 1935～1938 年間派出的，遠遠超過英國，同期英國僅為 21 人。

五是德國政府大力吸引中國留學生的政策。出於加強德國在華影響的目的，德國政府希望有更多中國學生留德。1936 年 2 月，德國駐華大使陶德曼親自在國民黨中央電臺發表講話，介紹德國的大學情況，歡迎中國學生前往留學〔註8〕。為此，德國還與中國互換留學生，吸引中國青年前往。

抗日戰爭開始後，留德教育由盛轉衰，留德學生大多撤回國內，而赴德者寥寥無幾，1937 年為 52 人，1938 年為 22 人，1939 年未有，1940 年僅 1 人，後赴德留學完全中止。第二次世界大戰爆發後，留在德國的中國學生約 200 餘人。他們中的一些人輾轉回國，或到北歐謀生，大多數則進入德國工廠作工，也有少數人被德國法西斯抓進集中營，遭受迫害。戰爭期間，中國留學生的學

〔註8〕《全國學術工作咨詢處月刊》第 2 卷 2 期，1936 年 2 月。

習和生活都非常困難，如季羨林在哥廷根大學習梵文、俄語，公費每月 800 元，合 54 美金，因經濟困難，兼任該校中文講師，月收入 130 馬克，還難以維持生活。戰後留德學生陸續撤回，至中華人民共和國成立前夕，留德學生有 200 人左右。之後，他們中的絕大部分毅然回歸，到 1950 年，滯留海外的僅 50 人。

二、留德途徑

南京政府時期中國學子的出國留德途徑，大體有以下幾種：

（1）公費留學

如地質學家李春昱，1934 年春，參加了家鄉河南省公費留學考試，初試及格後，到南京教育部復試，考取留學英國。當時丁文江考慮中央地質調查所精通德語的人很少，特別是從事構造、礦床的地質人員無人懂德語，就建議他改去德國留學，到大地構造權威史蒂勒（Stille）教授門下進修。他接受了丁的建議，更換了留學證書。到德國柏林後，因語言不通，困難很大。雖然導師史蒂勒可以用英語給他講課，但他考慮為了留學的長期需要及回國後的工作著想，下定決心學好德語。這段時間他減少了聽地質課的次數。最初史蒂勒懷疑其貪玩廢學，但當他突擊幾個月學成德語，去史蒂勒家和他用流利的德語交談時，才疑團頓釋，對他的這種精神大加讚揚。1937 年 6 月，以「最優等」的成績取得柏林大學理學院博士學位〔註9〕。

（2）庚款留學

庚款留美生絕大部分派往美國，也有極少數去了德國和其他國家。如後來成為國際數學大師的陳省身就是清華庚款留德。19 世紀的時候，數學最好的國家是德國。陳認為，要念數學的話，一定要留學，在中國不能夠學他所需要的東西。可是留學呢，家裏沒錢，因此在南開畢業之後，就考清華研究院。這個研究院有個規定，成績好的學生可以派出國。清華的留學生大部分都去美國留學，但他感覺，美國沒有歐洲好，數學最好的國家是德國，就要求去德國，學校批准了。

（3）交換留學生

1937 年中德雙方曾決定交換留學生 6 人，30 年代中期留德的季羨林、喬冠華等人就是作為同德國學術交換處的交換研究生赴德留學的。季羨林回憶

〔註9〕《中國科學院院士自述・李春昱》，第 571 頁。

說：「正當我心急似火而又一籌莫展的時候，眞像是天賜良機，我的母校清華大學同德國學術交換處（DAAD）簽訂了一個合同：雙方交換研究生，路費製裝費自己出，食宿費相互付給：中國每月三十塊大洋，德國一百二十馬克。條件並不理想，一百二十馬克只能勉強支付食宿費用。相比之下，官費一個月八百馬克，有天淵之別了。」〔註10〕

（4）獎學金留學

如李國豪1938年9月作爲洪堡學者和一位同濟同學金經昌一道，搭乘意大利客輪到威尼斯，然後乘火車經過瑞士到達德國達姆施塔特。洪堡基金是爲紀念德國偉大的自然科學家和科學考察旅行家亞歷山大・馮・洪堡於1860年在柏林建立的。1923年之前，洪堡基金僅資助德國學者到外國進行科學考察，1925年後，這項基金轉爲支持外國科學家和博士研究生在德國學習。李國豪院士回憶說，「當時洪堡獎學金是一年1000馬克，分九個月發，每個月110馬克。我找了一間比較便宜的房子，離達城工業大學約三公里。房東是一個靠政府救濟金度日的六七十歲的老姑娘。一位姓余的同學送給我一輛自行車，解決了我日常交通問題。後來，它還成了我旅遊和逃難的忠實旅伴。」〔註11〕

（5）私人資助

如王炳南，1925年在中學讀書時加入共青團，次年又成爲一名共產黨員，不久擔任乾縣第一位黨支部書記，組織領導農民開展抗糧抗稅的鬥爭。地方反動政府將他視爲眼中釘，幾次欲剪除之。在家鄉難呆下去，便來到西安。1929年其父生死之交的西北軍將領楊虎城出資讓他出國留學。他先赴日本而後來到德國柏林大學就讀，專攻政治學。

（6）自費留學

如陳仲凡，原在北京大學上學，因思想激進，參加「一二・九」學生運動，到南京請願，被國民政府裝入麻袋，押解回北平，後被學校開除，經北大校長蔣夢麟介紹自費去德國柏林大學學習，聞抗戰爆發，從柏林回國，參加抗日救亡工作，後爲河南大學等校教授。他在《我參加革命前的求學和教書生涯》中回憶說：「被開除後，我仍住在北京，我父親到北京要帶我回家，在他所辦的小學中工作。我給他說，我誓死也不回去，我只有兩條路可走，

〔註10〕季羨林：《留德十年》，中國人民大學出版社2005年版，第11頁。
〔註11〕李國豪：《我的德國導師》，《天津日報》副刊，第6版2002年8月25日。

那就是或到東北當義勇軍或自費到德國留學（這是受北大教授賀麟的影響而想出的）。我父親把我帶不回去，又恐怕我真的要當義勇軍，就答應我回去和我七叔商量。過幾天，他就失望地回家了。正在這時，不知從哪裏寄來 1800 元錢，還有一封信，信上說：他很同情我們九位被開除的學生，因而寄來 1800 元來救濟我們。據我推測，這是蔣夢麟玩的花樣，他想讓我們離開北京，故而寄錢給我們。我分得 200 元錢，就把一部分錢寄到上海寰球學生會，請代辦出國手續，出國保證書上是要求胡適簽字蓋章的。到這年寒假出國手續完全辦妥後，我才離開北京回家。1933 年春節前我回到家鄉，我對我父親和我七叔說，我的出國手續已辦妥了，要他們給我準備錢，這時我七叔力勸我父親讓我出國留學，並且說：只要我願意上進，以至於傾家蕩產在所不惜。我父親本來不反對我到外國去，又聽我七叔這一說，就給我準備了 1500 元錢。我於這年三月間到了上海，在那裏購了船票，四月初離開了中國，四月底到了德國柏林。在那裏補習了六個月的德文，這年冬季我進入柏林大學哲學系學習。」〔註12〕

（7）他國轉學

如第二屆庚款留英學生陳永齡、夏堅白、王之卓，原指定的專業是大地測量，而英國各大學中均無培養大地測量的專門學院，他們均暫入倫敦大學帝國學院土木工程系學測量，獲得該院特許工程師文憑。然後於 1935 年 8 月，轉學德國柏林工業大學測量系學習，仍屬庚款留學基金資助，在德國測量界名師指導下，皆獲得博士學位。

三、學習生活概況

這些留德學生主要集中在柏林、慕尼黑、耶拿、達姆施塔特、布倫瑞克、漢諾威、哥廷根等城市的大學和工科高等學校學習。無論是學理工，還是學人文社會科學，大都受到德國最好的教育。德國許多傑出的學者教授把自己的研究心得和生平絕學毫無保留地傳授給中國弟子，表現出學術無國界的高尚敬業精神。如後來為新中國的核科學技術發展作出重大貢獻的著名核子物理學家王淦昌、何澤慧，30 年代分別在德國柏林大學和高等工業大學學習，受到德國第一流物理學家的指導，為他們後來的核研究打下了良好基礎。30

〔註12〕陳仲凡：《我參加革命前的求學和教書生涯》，
http://news.henu.edu.cn/xq/wangshi/2.htm。

至 40 年代在哥廷根大學學習梵文和比較語言學的季羨林更是受到西克教授、瓦爾德施米特教授等梵學和比較語言學大師們的悉心教誨，耳提面命，成為中德文化交流史上的佳話。季羨林回憶說：瓦爾德施米特教授「已經在世界梵文學界頗有名聲。可是選梵文課的卻只有我一個學生而且還是外國人。雖然只有一個學生他仍然認真嚴肅地講課，一直講到四點才下課。這就是我梵文學習的開始。」〔註 13〕教吐火羅文的西克教授「已經早越過了古稀之年。他是我平生所遇到的中外各國的老師中對我最愛護、感情最深、期望最大的老師。一直到今天，只要一想到他，我的心立即劇烈地跳動，老淚立刻就流滿全臉。」〔註 14〕

　　當時德國大學是比較自由的。只要中學畢業，不需考試，願入哪個校、系，選什麼課，悉聽尊便。季羨林就是在這樣一種自由的氣氛中，第一學期選了希臘文，另外又雜七雜八地選了許多課，每天上課 6 個小時，用意是練習聽德文。獸醫學家盛彤笙院士回憶說：「1934 年我考取公員赴德國留學，德國的大學全是國立的，學制完全相同，他們歷來的傳統是鼓勵學生頻繁轉學，以便接近各校教授的不同風範，聆聽他們不同的學術觀點。我先後在慕尼黑、柏林、漢諾威等地學習，並獲得了柏林大學醫學博士和獸醫學博士學位。留德四年期間，使我有機會聆聽了許多名教授的講課和手術表演，大大開闊了視野，他們嚴謹的治學精神和對我不厭其煩的教誨使我至今感激難忘。」〔註 15〕

　　德國學風，一向謹嚴求實，對學生要求較高。學理工的不僅要學習理論知識，還要在工廠、礦山等地方工作實習，邊學習邊工作邊研究；學人文社會科學的則要掌握多門語言，也很不易。尤其要獲得博士學位，除主系外，還要修習兩個副系課程，論文要求就更高。據季羨林先生講，德國大學對論文要求十分嚴格，看學生的能力，主要是通過論文。論文題目一般都不大，但必須有新東西才能通過。而中國留學生大都學習努力，刻苦鑽研，表現出強烈的求知欲望和頑強的拼搏精神。因此，博士論文通過率還是很高的，許多論文還受到德國著名學者的高度評價。中國學生以自己的勤奮和聰明才智贏得德國師生的尊重。據國民政府 40 年代的調查，大部分留德生「均真正埋頭苦幹，多數同學能在德工作者，皆受人相當敬重」。半個世紀後，新中國分析化學家梁樹權認為，「我仍覺得 30 年代德國之行非常值得。首先我學到刻

〔註 13〕季羨林：《留德十年》，中國人民大學出版社 2005 年版，第 48～49 頁。
〔註 14〕《留德十年》，第 92 頁。
〔註 15〕《中國科學院院士自述‧盛彤笙》，第 453 頁。

苦鑽研的精神，培養了實事求是、客觀描述的作風。又擴大了眼界。系主任是諾貝爾獎獲得者。每星期六的 seminar 的講演人，也有諾貝爾獎獲得者，我聽過荷蘭 Debye 教授的講演。Seminar 的內容可說是化學前沿或最新知識。」德國教學十分重視實驗，他回憶說：「化學是實驗科學，沒有實驗可以說就沒有化學。假說、理論重要，它們起引導作用。但假說、理論對不對，要靠實驗證明。德國大一化學名為實驗化學，課堂做許多示範表演，皆由系主任或名教授擔任。講師只能教高級課程。魏蘭（GeheimratProf·Dr. H·Wieland，1877～1957，獲 1927 年諾貝爾化學獎）在授課時曾將一支玫瑰花浸入液氮，取出擲向學生座位，花墮地碎裂。……大一物理課同樣有示範表演。齊格勒（Karl Ziegler,1898～1973,與 Natta 分享 1963 年諾貝爾化學獎）說得更明確『沒有實踐的理論是空的。不要迷失於那些幽茫的理論，做實驗吧！』」〔註 16〕

　　不少留德學生抱著為中國人爭氣的精神刻苦鑽研。古植物學家斯行健 1928 年 9 月到柏林大學從師於著名古植物學家高騰（Gothon）教授學習、研究古植物。他回憶說，「我初到國外，有一次在車上，有一個國家的學生指著另一個國家學生的背說『豬』，我聽了很受刺激，激發我一定要比其他各國的學生學得好，工作做得出色。為了進一步充實自己，我跑遍了歐洲各國。」〔註 17〕1931 年在柏林大學獲得博士學位，學位論文《中國裏阿斯期植物化石》亦發表。1932 年在瑞典做了兩本古生物誌，一本集刊。他是文思來了不能停筆，非把文章寫好才行。有一次論文寫好，在朋友勸說下外出郊遊，剛出門就暈倒了。他這樣拼命努力工作就是要為中國人爭氣。著名流體力學家、力學教育家陸士嘉，1938 年，克服重重困難，進入了德國哥廷根大學學習。當時，聞名世界的近代流體力學奠基人 L·普朗特教授在該校執教。她想到祖國正在遭受日本帝國主義的轟炸、蹂躪，學航空將來能對祖國有貢獻，便毅然選擇了航空科學，並決心做普朗特教授的研究生。但是，普朗特教授從來不接受女研究生，也不願意接收處於落後地位的中國學生，當然就更不願意接收中國的女研究生了。因此，她理所當然地被拒之門外。年輕的陸士嘉抱著「外國人看不起中國，我就一定要為中華民族爭口氣」的信念，向普朗特勇敢地提出考試要求，並表示：「如果我考試成績不好，我決不乞求。」面對這位有強烈民族自尊心的倔強而聰慧的中國姑娘，普朗特只得同意她參加考試。陸士嘉的考試成績之好使普朗特深感意

〔註 16〕《中國科學院院士自述·梁樹權》，第 287 頁。
〔註 17〕《中國科學院院士自述·斯行健》，第 704 頁。

外，於是他破例地收了一名中國學生。陸士嘉成為普朗特正式接收的唯一的一位中國留學生並且是一位女博士生，同時，也是這位著名教授的關門弟子。普朗特教授是一位正直的不贊成納粹行為的知識分子，他被陸士嘉的愛國思想和刻苦頑強的學習精神所感動。他們之間幾十年來一直保持著良好的友誼。陸士嘉在哥廷根大學學習時，正值第二次世界大戰之際，該校的空氣動力研究所對中國留學生有種種苛刻的限制，尤其在實驗技術方面更是嚴格保密，加上生活條件艱苦，需不斷戰勝許多作為一個隻身在異國他鄉的女孩子所意想不到的困難。儘管如此，她並不沮喪，用嚴密的理論方法處理了一個複雜的流體力學問題，所得結果竟然與空氣動力研究所的實驗結果完全吻合。至此，完成了《圓柱射流遇垂直氣流時的上卷》的論文，獲得了哲學博士學位。其卓越才能受到導師的稱讚，還獲得了洪堡獎金。她的成功為中國人民爭了光，也為中國婦女爭了氣。

　　除為了國家刻苦學習外，許多留學生具體進行一些愛國活動。王炳南在德留學期間，繼續從事革命工作。他是中共德國支部的負責人，組織在法國和其他歐洲國家的中國留學生建立抗日小組，編印了《中國出路》和《抗日救亡》雜誌，進行革命宣傳工作。他還廣交各階層朋友，有科學家、革命家；有產業工人、司機、學生；著名的共產國際領導人季米特諾夫也是他的朋友。與德國各界人士的廣泛接觸，開闊了他的眼界，鍛鍊了他的口才和交往能力，這為他日後成為新中國外交的行家裏手，奠定了基礎〔註 18〕。留德學生中除中共組織外，還有其外圍進步組織。盛彤笙院士回憶說，「在德國留學期間我加入了共產黨的外圍組織『反帝大同盟』，參加過盟內的各種秘密會議和活動，並用節省下來的公費捐贈給共產黨在巴黎出版的《救國時報》。1938 年夏，我與陳超人同學一起參加了在蘇黎世舉行的第十三屆世界獸醫會議，在閉幕式上我發表講演，譴責日本帝國主義者對我國的侵略和破壞，呼籲各國獸醫界對我國獸醫事業給予支持，受到了與會者的熱烈鼓掌。」〔註 19〕喬冠華 1935 年先來到柏林，德國學術交流中心建議他去哥尼斯堡大學，但喬自己很有主見，拒絕了德方的建議，選擇了杜賓根大學，並於 1935 年秋季學期在哲學系註冊。杜賓根大學是黑格爾的母校，學校圖書豐富，還有馬克思、恩格斯、列寧的很多著作。他在這裏讀了不少馬列理論，還對著地圖學習了克勞瑟維

〔註 18〕丁曉禾主編：《中國百年留學全紀錄》（三），珠海出版社 1998 年版，第 1044 頁。
〔註 19〕《中國科學院院士自述‧盛彤笙》，第 453 頁。

茨的《戰爭論》。他十分關心國內的局勢，1936年專程去了一次柏林，參加中國留學生舉行的抗日救國活動。他組織創辦了《抗戰時報》，聲援東北的三千萬日寇鐵蹄下的苦難同胞〔註20〕。陳仲凡教授回憶說：在柏林大學，我學的主要科目是哲學史、康德哲學、黑格爾哲學。雖然我留德的時期正是希特勒當政時期，但我從不聽法西斯教授的課，不讀法西斯主義的書，就連希特勒的《我的奮鬥》到處都有，我也未讀過。我記得我曾買過一本克里克著的《政治教育》，但讀了幾頁就不願讀下去。在柏林大學求學時，課外我也讀一些馬克思、恩格斯著的小冊子，同時也讀了一些列寧的著作。從到柏林的那年，就在中國學生會認識了江隆基（後任北京大學副校長），經過幾次接觸，他知道了我在北京大學的歷史，就介紹我加入反帝同盟，我記得我曾與王炳南、劉瀟然同組，批判研究過舊三民主義，同時我也參加了由留學柏林的中國進步學生所組成的抗日救國會，還記得曾參加過《救亡》刊物的印刷工作。在此期間，我曾與另外一些人，代表進步學生為了留德同學劉光德（後任北京工學院副院長）被德國警察驅逐出境的事向駐德大使程天放交涉〔註21〕。

　　留德學生在德國學得了先進知識，也和德國人民建立了深厚感情。李國豪教授對其德國導師回憶道：「我先後參加了勒洛教授和克勒佩爾教授帶領的專業參觀旅行。每次都有助教和學生共十多個人參加。勒洛教授帶領我們到漢堡參觀鐵路。參觀後，我們幾個中國留學生請他到中國飯館喫飯，並跟他去看一家夜總會。他那時六十多歲，但是還帶著尖頂的紙帽子，翩翩起舞。」「我的工作室在克教授的隔壁，大約二十平方米，只我一個人用。室內掛有一塊黑板，克教授常常在快下班時到我工作室來，利用黑板和我討論問題。有時候，就一起去飯館喫晚飯。戰爭初期的一個暑期，克教授有時在上午十點多鍾會叫我一起去達城的大湖游泳。在聖誕節和我的生日，克教授總是非常客氣地請我到他家裏喫飯。他不僅把我當做科學助手，而且當做朋友，以使我這個漂泊異國的游子得到一些溫暖。」「勒洛教授也頗有師生之情，有時請我和段其燧及金經昌到他家裏喫飯。有一個曾經在山東濟寧工作過的德國醫生，住在大學附近。他在中國大使館於法蘭克福舉行的一次招待會上和我們認識之後，非常熱情，常常請我們三個中國留學生到他家裏，和他的夫人

〔註20〕丁曉禾主編：《中國百年留學全紀錄》（三），珠海出版社1998年版，第1042頁。
〔註21〕陳仲凡：《我參加革命前的求學和教書生涯》，
　　　　http://news.henu.edu.cn/xq/wangshi/2.htm。

一起做中國飯喫，還拿出從中國帶回來的皮蛋、紹興名酒等來作招待。有一對德國夫婦，我在羅藤堡旅遊時認識的，後來竟然從柏林給我寄生日蛋糕。這些都表明，德國人，特別是曾經訪問過中國的，都對中國很友好。」〔註22〕

　　季羨林先生在《留德十年》中，多次談到女房東歐樸爾太太。他們共同生活了整整 10 年，共過安樂，也共過患難。在這漫長的時間內，她爲他操了不知多少心，確實像母親一樣。回憶起她來，就像回憶一個甜美的夢。他說：「她是一個平平常常的德國婦女。」「然而，同她相處的時間越久，便越覺得她在平常中有不平常的地方：她老實，她誠懇，她善良，她和藹，她不會吹噓，她不會撒謊。她也有一些小小的偏見與固執，但這些也都是平平常常的，沒有什麼越軌的地方；這只能增加她的人情味，而決不能相反。同她相處，不必費心機，設提防，一切都自自然然，使人如處和暖的春風中。」他回憶說：「我在生活方面的所有需要，她一手包下來了。……我每天在研究所裏工作了一整天之後，回到家來，能夠喫上一頓熱乎乎的晚飯，心裏當然是美滋滋的。對女房東的一番情意，我是由衷地感激的。」「晚飯以後，我就在家裏工作。到了晚上 10 點左右，女房東進屋來，把我的被子鋪好，把被罩拿下來，放到沙發上。這工作其實是非常簡單的，我自己盡可以做。但是，女房東卻非做不可，當年她兒子住這一間屋子時，她就是天天這樣做的。鋪好床以後，她就站在那裏，同我閒聊。她把一天的經歷，原原本本，詳詳細細，都向我『彙報』。……有時還繪聲繪形說得眉飛色舞。我無話可答，只能洗耳恭聽。她的一些婆婆媽媽的事情，我並不感興趣。但是，我初到德國時，聽說德語的能力都不強。每天晚上上半小時的『聽力課』，對我大有幫助。我的女房東實際上成了我的不收費的義務教員。這一點我從來沒有對她說，她也永遠不會懂的。『彙報』完了以後，照例說一句：『夜安！祝你愉快地安眠！』我也說同樣的話，然後她退出，回到自己的房間裏。我把皮鞋放在門外，明天早晨，她把鞋擦亮。我這一天的活動就算結束了，上床睡覺。」「其餘許多雜活，比如說洗衣服、洗床單、準備洗澡水等等，無不由女房東去幹。……我就像一個小孩子一樣，在她的照顧下愉快地生活。」〔註23〕

　　一戰後的最初幾年，歐洲經濟凋敝，國內所給經費又很少，留德生也著實過了一段苦日子。20 年代後期和 30 年代，情況有所好轉。1931 年國家公

〔註22〕李國豪：《我的德國導師》，《天津日報》副刊，第 6 版，2002 年 8 月 25 日。
〔註23〕季羨林：《留德十年》，中國人民大學出版社 2005 年版，第 101～103 頁。

費派出的留德生，每月經費 350 馬克，1935 年增加到 800 馬克，這種官費生在德國可以過很舒適的生活。相比之下，中德間交換的留學生，所給經費要少得多，如清華與德學術交換處的交換生，月費只有 120 馬克，只夠勉強支付食宿費用。自費生除少數官宦子弟，絕大多數留學生的生活就更苦了。他們在緊張學習之餘，還要四出打工為生計奔波。

留德學生的主流是好的，當然也有一些紈絝子弟，情形則截然相反了。季羨林先生初到柏林時，就親見他們遊手好閒的情景：談話，不是怎樣去跳舞，就是國內某某人作了科長、司長了；既不用上學聽課，也用不著說德語，留德幾年，只需會「早安」、「晚安」、「謝謝」、「再見」四句簡單用語，語言之功即畢矣，以至季羨林曾動念頭要寫一部《新留西外史》。當然，這種人只是極少數而已。

四、留德學生的影響

德意志認真嚴謹的學術作風和縝密精到的思維方式，使得在留德學生中湧現出一批突出的大家，對近現代中國產生重大影響。

1、造就了一群卓越的科學家

這是最主要的方面，他們中不少成為新中國的兩院院士。新中國成立後 1955 年、1957 年、1980 年三次選出的 469 位中國科學院學部委員中，有留學經歷的 389 人，其中 44 人是留德生，佔有留學經歷學部委員的 11.3%，僅在民國時期留美留英生之後居第三位〔註24〕。而在 44 名民國留德經歷的學部委員中，南京政府時期出國的，至少有 38 人，佔 86.4%。他們中有為我國核武器的研製和核科學技術的發展做出重大貢獻的核物理學家王淦昌、何澤慧；「為新中國的氣象、地球物理、空間科學事業的開拓和奠基都是功績卓絕」的氣象學家趙九章；我國古植物研究的先行者和奠基人古植物學家斯行健；當年博士論文稱著德國而被名為「懸索橋李」，後為武漢長江大橋的建造提供了重要理論指導的橋梁力學專家李國豪；我國第一個獲得博士學位的航測專家被稱作「中國航測之父」的王之卓；精確測定珠峰高程第一人的天文、大地測量學家陳永齡；我國航空航海生理科學奠基人生理學家蔡翹；領導亞洲大地構造的研究，其成果博得國際上好評的地質學家李春昱；將畢生貢獻給

〔註24〕李喜所主編：《五千年中外文化交流史》第四卷，世界知識出版社 2002 年版，第 444 頁。

醫學科學事業，爲人民大眾免除疾病困擾的熱帶病學家和醫學寄生蟲學家鍾惠瀾。還有著名的鋼鐵冶金學家李文採，冶金學家靳樹梁，數理邏輯學家、計算機科學家胡世華，昆蟲學家蔡邦華，等等。

　　數學物理學部：王淦昌、何澤慧、胡世華等。王淦昌（1907～1998），核物理學家。1929 年畢業於清華大學。1934 年獲德國柏林大學博士學位。歷任第二機械工業部第九研究設計院副院長、副部長兼原子能研究所所長及名譽所長、部科技委員會副主任、中國科協副主席等職。1955 年被選聘爲中國科學院學部委員。早年提出了用雲室來研究高能射線性能的新方法。40 年代初提出通過輕原子核俘獲 K 殼層電子釋放中微子時產生的反衝中微子的創造性實驗方法。在十一國聯合原子核研究所工作期間，領導首次發現了反西格馬負超子。首次觀察到在基本粒子相互作用中產生的帶奇異誇克的反粒子。在中國第一顆原子彈和第一顆氫彈研究試製中作出了突出貢獻。1964 年提出用激光照射氘、氚而產生中子的設想，並於稍後獲得實驗證明。爲後來的慣性約束聚變獲取核能做出了開啓性工作。何澤慧（1914～2011），物理學家，中科院院士。生於蘇州。1936 年從清華大學畢業後到柏林高等工業學校攻讀研究生，1940 年以精確測定子彈速度的新方法的論文獲該校工程博士學位。1945年在德國皇家學院從雲室中首先發現正負電子幾乎全部交換能量的彈性碰撞現象。1946 年底，在法國約里奧‧居里實驗室與錢三強及另外兩名法國研究生發現了核裂變的三分裂現象。她還首先觀察到四分裂現象。1948 年回國。研製出我國自製的分別對質子或電子靈敏的核乳膠，還在中子物理與裂變物理實驗研究、固體徑跡探測技術、空間科學、宇宙射線等方面作出重要貢獻，並擔任了原子能研究所與高能研究所的組織領導工作。和錢三強被讚譽爲「中國的居里夫婦」。胡世華（1912～1998），著名數理邏輯學家、計算機科學家。北京市人。1932～1936 年在北京大學數學系、哲學系學習並畢業。1936 年在奧地利維也納大學和德國敏思特大學研究數理邏輯、基礎數學，1939 年獲博士學位。1941 年回國，先後任重慶中央大學、北京大學教授，中國科學院數學研究所研究員等。1949 年參加中國民主同盟，1954 年加入中國共產黨。1980年當選爲中國科學院學部委員，並任數理學部計算機科學學科組組長。他很重視數理邏輯與計算機科學的聯繫，即使身處逆境，甚至在「文革」中被批時，也不中斷科研。他的許多學生參加了計算機科學和工程技術方面的工作，如今已成爲我國數學界和計算機界的高級研究人員。

　　生物學部：蔡翹、鍾惠瀾、蔡邦華等。蔡翹（1897～1990），生理學家。廣東揭陽人。1925 年畢業於美國芝加哥大學研究院，獲哲學博士學位。1930 年起先後在英國倫敦大學、德國法蘭克福大學從事研究工作。曾任中央研究院院士、復旦大學、中央大學醫學院教授。新中國成立後，歷任南京大學醫學院院長、第五軍醫大學校長、軍事醫學科學院研究員、副院長。1955 年被選聘爲中國科學院學部委員。1925 年發現了視覺與眼球運動的中樞部位，被國際同行稱爲「蔡氏核區」。1939 年在成都建立我國第一個生理學研究所。三四十年代對甲狀旁腺的功能、感受器的現象、肝糖元異生機制等課題有較深入的研究。致力於航空航海醫學研究，是我國航空航海生理科學的奠基人。1978 年起指導神經生物學研究。著有《生理學》、《生理學實驗》、《航空與空間醫學基礎》等 11 本專著。培養了如馮德培、童第周等國內外許多著名學者。鍾惠瀾（1901～1987），熱帶病學家和醫學寄生蟲學家。原籍廣東梅縣，生於葡屬東帝汶。1929 年北京協和醫學院畢業，獲美國紐約州立大學醫學博士學位。1934 年，奉派去歐美考察熱帶病，並在德國漢堡熱帶醫學與衛生學院參加研究工作。1935 年底回國後繼續在協和醫院內科及熱帶病研究室工作，在生物學、寄生蟲學、微生物學、流行病學、免疫學、熱帶醫學等方面有豐碩科研成果。從三十年代起曾先後獲得英國倫敦熱帶醫學及衛生學皇家學會會員、美國實驗醫學及生物學會會員、蘇聯科學院通訊院士、巴西政府授予獎章、美國熱帶醫學及衛生學學會榮譽會員、德國熱帶醫學及寄生蟲學會會員等稱號。1956 年他被選爲中國科學院生物地學部委員，1957 年北京蘇聯紅十字會醫院移交給中國，並改名爲中蘇友誼醫院，周恩來總理指名他出任院長。他是一個將畢生貢獻給醫學科學事業，爲人民大眾免除疾病困擾的醫生。蔡邦華（1902～1983），著名昆蟲學家。江蘇溧陽人。1923 年日本鹿兒島高等農林學校動植物科畢業，回國後任北京農業大學教授。1927 年又赴日本東京帝大農學部從事研究。1928 年任浙江大學教授。1930 年至 1932 年赴德國進修，先後在德意志昆蟲所，慕尼黑大學應用動物研究院從事研究。後歷任浙江昆蟲局局長，浙江大學農學院院長，中國科學院動物研究所副所長、一級研究員。1955 年中科院學部委員。從事昆蟲研究五十餘年，共發表 114 篇科學論文。其主要研究成果包括螟蟲的發生，防治與氣候的關係、實驗生態的研究、蝗蟲分類、五倍子、松毛蟲和白蟻的研究。在昆蟲分類研究方面從事於直翅目、同翅目、鱗翅目、鞘翅目、等翅目五個科目的研究，爲我國所產昆蟲種

類增添了新屬、新亞屬、新種團、新種和新亞種共達 150 個以上，並寫出了我國自己的《昆蟲分類學》上、中、下三冊。

地學部：趙九章、斯行健、陳永齡、王之卓、李春昱等。趙九章（1907～1968），氣象學、地球物理學和空間物理學家。浙江吳興人。1933 年畢業於清華大學物理系。1938 年獲德國柏林大學博士學位。曾任清華大學西南聯大教授、中央研究院氣象研究所所長、中國科學院地球物理研究所所長、全國人大常務委員會委員。1955 年被選聘爲中國科學院學部委員。是中國動力氣象學的創始人。所著《信風帶主流間熱力學》是我國眞正把數學和物理引入氣象學的第一篇論文。首先提出行星波斜壓不穩定概念，這是現代天氣預報的理論基礎之一。50 年代及時提出地球物理科學要數理化、工程化和新技術化，對我國地球物理科學的發展有重大指導意義。與涂長望院士等合作共同組建我國聯合天氣預報中心和聯合資料中心，爲我國天氣分析預報和氣象資料的發展奠定了基礎。指導開創了我國數值預報研究、雲霧物理研究、人工降水試驗、海浪研究和人氣紅外實驗研究。也是我國空間科學研究的創建者，1958 年帶領科研人員開始火箭探空的艱苦創業，並以此爲基礎開展衛星的預研工作。主持了我國第一顆人造衛星總體方案的制定和實施，及時組織解決了測軌、選軌問題，贏得了時間，節省了投資，並主持制定了我國衛星系列規劃工作。也是我國空間物理的奠基者，在學科設置、觀測系統建立、理論和實驗及人材培養等方面作出重大貢獻，爲我國空間物理事業的發展打下良好的基礎。著名物理學家葉企孫對其這一高足曾贊許道：「他聰明勤奮、博學多才、品學皆優，畢業後留系任教，次年考取高空氣象學的留學名額，我薦引他師從竺可楨一年，去德國深造後返清華大學任教，得以朝夕相處。他爲新中國的氣象、地球物理、空間科學事業的開拓和奠基都是功績卓絕。他向周總理倡議發射中國自己的人造衛星，得到批准並委他主管這一重大工程。正當他大展宏圖發揮才幹之際，『文化大革命』來臨，他受盡誣陷迫害而離開人間，壯志未酬，眞乃中華的一大損失！」〔註25〕斯行健（1901～1964），古植物學家。浙江諸暨人。1926 年畢業於北京大學地質系。1928 年 9 月到柏林大學從師於著名古植物學家高騰教授學習、研究古植物。1931 年獲德國柏林大學哲學博士學位。曾任中國科學院古生物研究所研究員、所長。1955 年被選聘爲中國科學院學部委員。長期從事古植物研究，對古植物的分類和演化、地層

〔註25〕《中國科學院院士自述・葉企孫》，第 32 頁。

劃分對比以及植物地理分佈等都有深入系統的研究和新創見。以數十年精力投入基礎描述工作,曾描述了 3000 多種標本,創立的新種約 100 個,是我國古植物研究的先行者和奠基人。主要論著 140 餘部、篇。其中《中國古生代植物圖鑒》及《中國標準化石──古生代及新生代部分》兩書,對我國地質勘探工作有重要指導意義。陳永齡(1910~2004),天文、大地測量學家。北京人。1931 年交通大學畢業。1939 年獲德國柏林理工大學工學博士學位。先後在西南聯大、同濟大學、中山大學、嶺南大學及華南工學院、武漢測繪學院任教授,1959 年任國家測繪總局總工程師兼測繪科學研究所所長。1980 年當選爲中國科學院學部委員。主持制定了我國大地測量法式。1965 年制定測量珠穆朗瑪峰海拔高程的技術方案,經測定其高程爲 8848.13 米,被世界公認爲是最可靠的數據,他成爲精確測定珠峰高程第一人。70 年代推動採用衛星多普勒定位技術,初步建立了我國地心坐標系統。80 年代建議採用全球定位系統(GPS),使我國大地測量事業進入新的時代。王之卓(1909~2002),航空攝影測量與遙感專家。河北豐潤人。1932 年畢業於上海交通大學。1939 年在德國柏林工業大學獲工學博士學位。曾任上海交通大學工學院院長、校長,青島工學院教授,武漢電力學院教授,湖北省政協副主席、人大常委會副主任。1980 年當選爲中國科學院學部委員。40 年代發表了《航測垂直攝影光束仿射性變換》,對當時立體測圖技術有重要價值。50 年代針對外國專家的山區相對定向公式不足之處,提出了精度更高的公式。從理論上對航測成圖方法和空中三角測量的誤差進行了分析,推演出各種方法的精度估算公式,爲生產提供了理論根據。60 年代初第一次在中國提出了解析法空中三角測量加密理論與方案。80 年代指導完成了國家重點科研項目《全數位化測圖系統》。是我國第一個獲得博士學位的航測專家,從上世紀 40 年代開始引領我國航測事業,充實完善了航空攝影測量理論,並以豐碩成果贏得世界聲譽。被稱作「中國航測之父」。還培養了多名航測方面的「院士學生」。李春昱(1904~1988),地質學家。河南汲縣人。1928 年畢業於北京大學地質系。1937 年獲德國柏林大學博士學位。曾任中央地質調查所所長,1949 年後任東北地質礦產調查總隊隊長,華北地質局總工程師,中國地質科學院地質研究所研究員。1980 年當選爲中國科學院學部委員。早年與譚錫疇在四川盆地和川西高原進行長期地質礦產調查,後又領導並參加四川地質工作,預測的中山煤礦,後經鑽探證實。40 年代領導了前中央地質調查所工作。50 年代領導陝西煤田地質勘探

工作。60 年代參加組織領導全國區域地質調查工作，有諸多貢獻。70 年代初以來倡導並參加中國大陸的板塊構造研究，與他人一起於 1973 年首次在中國發現混雜堆積，並見到藍閃石片岩，肯定了古生代以來的板塊構造運動。建議並主持參加 1：500000 亞洲地質圖的編製，領導亞洲大地構造的研究，其成果博得國際上好評。

　　技術科學部：李國豪、李文採、靳樹梁等。李國豪（1913～2005），橋梁力學專家。廣東梅縣人。1929 年考入同濟大學，1940 年和 1942 年先後獲德國達姆施塔特工業大學工學博士和特許任教博士學位。同濟大學教授、校長、名譽校長。1955 年被選聘爲中國科學院學部委員。1994 年被選聘爲中國工程院院士。博士學位論文《懸索橋按二階理論實用分析方法》稱著德國而被名爲「懸索橋李」。研究解決了武漢長江大橋的振動問題。著有《桁梁扭轉理論——桁梁橋的扭轉、穩定和振動》等。領導和進行工程抗震和抗爆面研究，主編了《工程結構抗震動力學》等。《關於樁的水平位移、內力和承載力分析》研究成果順利解決了寶山鋼鐵廠同類問題。李文採（1906～2000），鋼鐵冶金學家。湖南永順人。1931 年畢業於上海交通大學。1939 年在德國 Dresden T·H 獲工學博士學位。冶金工業部北京鋼鐵研究總院高級工程師。1955 年被選聘爲中國科學院學部委員。1949 年後，參加上海區的重工業企業的接管工作，整頓了上海的各鋼鐵廠，成立了上海國營鋼鐵公司。還規劃了滬、杭、寧的電力網工程。1954～1958 年期間，配合各大鋼鐵聯合企業的礦石、煤焦、耐火材料檢驗等方面的基本建設工程的需要，組織領導了大量的試驗研究工作，首次在我國半噸轉爐試驗了純氧頂吹，煉成合格鋼水一百餘爐，進行過真空下鑄鋼和連續鑄錠試驗；完成了型焦（熱壓焦）的實驗室試驗工作；參加了太原鋼鐵廠和福州的型焦半工業性試驗；在首鋼、包鋼、淄博硫酸廠、湛江鋼廠進行熔融鐵礦用炭還原製取鐵水的試驗，都得到了預期的結果。在綜合利用我國礦產資源和鋼鐵工業技術改造方面，向有關部門提出許多建議。靳樹梁（1899～1964），冶金學家。河北徐水人。1920 年畢業於北洋大學。東北工學院院長、教授，1955 年被選聘爲中國科學院學部委員。參加拆遷漢陽和六河溝鋼鐵廠至大渡口，以及組建威遠鋼鐵廠。1943 年因改進高爐爐頂布料裝置獲中國工程師學會論文獎，並先後獲幾項發明專利。1949 年後在恢復鞍鋼和本鋼生產中，深入實際，卓有成效。在任東北工學院院長期間，經常到工廠研究解決生產中的問題，如領導本溪高爐結瘤的研究，領導總結高

爐強化經驗，研究高爐降料理論，提出「風口區焦炭運動規律──袋式效應」、懸料機理、造渣理論等。領導教研室開展攀枝花釩鈦磁鐵礦高爐冶煉的科學研究，取得突破性成就。

在科學家中，特別值得一提的是中科院首屆外籍院士、國際級數學大師陳省身（1911～2004）。浙江嘉興秀水縣人。1930 年畢業於南開大學，1934年畢業於清華大學研究院，其後赴德國漢堡大學深造。他曾任教於西南聯合大學、美國普林斯頓大學、芝加哥大學和加州大學伯克利分校，是美國國家數學研究所、南開數學研究所的創始所長。他開創並領導著整體微分幾何、纖維叢微分幾何、「陳省身示性類」等領域的研究，是有史以來惟一獲得世界數學界最高榮譽「沃爾夫獎」的華人，被稱爲「當今最偉大的數學家」，被國際數學界尊爲「微分幾何之父」。2004 年 11 月 2 日，經國際天文學聯合會下屬的小天體命名委員會討論通過，將一顆小行星命名爲「陳省身星」，以表彰他對全人類的貢獻。

2、培養出少數社會科學家

留德學生中攻讀人文社會科學的不多，但也培養出如語言學教育家和梵文學者季羨林，詩人馮至等著名人才。季羨林（1911～2009），語言學教育家和梵文學者。山東清平人。1934 年畢業於清華大學西洋文學系。1941 年獲德國哥廷根大學哲學博士學位。1946 年回國。後任北京大學教授、東方語言文學系主任、副校長等。是第六屆全國人大常委、第二至五屆全國政協委員。對印度中世語言形態學、原始佛教語言、吐火羅語的語義、梵文文學等研究均作出重要貢獻。在印度中世語言形態學方面，全面而系統地總結了小乘佛教大眾部說出世部律典《大事》偈頌所用混合梵語中動詞的各種形態特徵，著《〈大事〉偈頌中限定動詞的變位》（1941）一文。在原始佛教的語言問題方面，論證了原始佛典的存在是無可置疑的，它所使用的語言是中世印度東部方言古代半摩揭陀語。主要譯著有《原始佛教的語言問題》、《印度簡史》、《中印文化關係史論文集》、《印度古代語言論集》、《關於大乘上座部的問題》、《羅摩衍那初探》、《天竺心影》、《朗潤集》、《季羨林散文集》等，翻譯了《沙恭達羅》、《優哩婆濕》、《羅摩衍那》、《安娜·西格斯短篇小說集》、《五卷書》等，散文集有《賦得永久的悔》。主編有《四庫全書存目叢書》。馮至（1905～1993），河北涿州人。1930 年以河北省教育廳公費名額赴德留學，先後在海德堡大學和柏林大學攻讀德國文學，兼修美術史和哲學，獲得哲學博

士學位，1935 年回國，成爲「五四」以來傑出的詩人、散文家和學者，被魯迅譽爲「中國最爲傑出的抒情詩人」，先後被聘爲瑞典皇家文學、史學、文物研究院院士，曾獲聯邦德國歌德學院「歌德獎章」、民主德國高教部授予的「格林兄弟文學獎」等。

3、成長起一批政治人物

如傑出的新中國外交家喬冠華、王炳南，著名的國民黨軍事將領邱清泉、蔣緯國、桂永清等。喬冠華（1913～1983），江蘇鹽城人。畢業於清華大學。1933 年留日，1935 年留德。抗戰一爆發，喬氏立刻離德返國，投身至抗日救國的熱潮之中，歸國後尤以評論國際時事著名。他先在余漢謀的四路軍總部任參謀；廣州淪陷後，赴香港任《時事晚報》主筆。寫的社論切中時弊、影響頗廣，且頻繁發表，一周至少四次。1939 年，經廖承志介紹，加入中國共產黨；香港失陷後，於 1942 年 9 月經韶關、桂林轉赴重慶，入《新華日報》社負責國際述評，此後《新華日報》的國際新聞版大放異彩，喬本人也被譽爲「第一小提琴手」。做文章固然是喬氏的拿手好戲，從其著作《國際評述集》、《從慕尼黑到敦刻爾克》等中都可品味出才子風采；但更展示他才子魅力的卻是在外交舞臺上。建國後曾先後任中央人民政府辦公廳副主任、中蘇友協總會理事、外交部亞洲司司長、新聞總署國際新聞局局長等職。在多邊外交場合中，縱橫捭闔，國際外交界名噪一時。尤其是 1971 年擔任聯大第 26 屆大會的中國代表團團長期間更展現出他作爲外交家的卓越風采，爲國人贏得了榮譽。王炳南（1908～1988），陝西乾縣人。1929 年留德。1936 年春，中共駐共產國際代表團委派其回國，利用他與楊虎城將軍關係，做爭取十七路軍抗日的統戰工作。王回到西安，多次與楊虎城促膝長談。當楊爲躲避蔣介石令他「剿共」的威逼，藉故暫避西安到上海治病時，王隨後也到了上海，經杜重遠介紹，與張學良建立了經常性的聯繫，成爲張、楊之間溝通意見、攜手團結的牽線人，爲推動西北地區「三位一體」抗日民族統一戰線的形成、西安事變的爆發及和平解決作出了巨大貢獻，毛澤東、朱德曾致信予以高度讚揚。1938 年中共中央南方局成立了對外宣傳小組，王具體負責，工作有聲有色，依靠在德國留學積纍的經驗，廣交朋友，收集各方建議，及時做好疏通工作。周恩來感激地說：「炳南不但是我的左右手，他還是我的耳朵和嘴巴呢！」新中國誕生後即任外交部辦公廳主任、部長助理，協助周恩來籌組創建外交部，可說是外交部元老之一。1955 年至 1970 年中美大使級會談長達 15 年，王作爲中方首席代表參加了前面的 9 年。1955 年達成

的協議是 15 年中的唯一的一份協議，這個協議，使錢學森、張文裕、林蘭英、林同驥等一批著名科學家得以回國。1964 年出任外交部副部長。「文革」結束後，任對外友好協會會長、黨組書記。逝世後中共中央給予他的評價是「無產階級革命家，傑出的外交家」。邱清泉（1902～1948），浙江永嘉人。黃埔軍校第二期畢業，在軍中素以「驕橫」著稱。1933 年到德國工兵學校柏林陸軍大學學習機械化部隊理論，1937 年返國後擔任教導總隊參謀長，後經歷次提拔，晉升爲兵團總司令。從抗戰初期開始，邱就在中國最早的機械化部隊中任職，歷任第 200 師副師長、新 22 師師長、第五軍副軍長、第五軍軍長。第五軍是國民黨軍的第一支機械化軍，戰鬥力頗強，抗戰中打過多次惡仗，是國民黨軍嫡系「五大主力」之一。解放戰爭中爲三大「王牌兵團」之一的第二兵團中將司令員。死後被國民黨追認爲陸軍上將。蔣緯國（1916～1997），原籍浙江奉化，生於上海。東吳大學理學院物理系畢業後，1936 年底赴德國，先到柏林大學學習德文四個月，並在一德國貴族老夫人處隨習禮儀三個月。又先後以中國陸軍少尉階，在德隨侍中國軍事專家蔣百里、德國第七軍團司令官封·瑞謝芳將軍各三、五個月，並在裝甲部隊見習。1937 年秋，入德國南部阿爾卑斯山北麓山地兵師第九十八團服役，接受嚴格軍事訓練，從二等兵逐步升至班長、教導連連長。曾隨德軍參加德奧合兵及進軍捷克蘇臺德區的兩次戰役。1938 年冬服役畢，入慕尼黑軍校，除軍校正課及操作外，並精習騎術與劍道。1939 年夏末畢業，獲任德陸軍少尉，即奉命到德國東部邊境步兵第八師報到，準備參加對波蘭作戰。途中，接蔣介石電令離德回國。途經美國，奉國內命令先至美陸軍航空兵戰術學校接受空軍戰術教育。在麥克斯威爾基地畢業後，又奉命至美陸軍裝甲兵中心見習約四個月，當時美軍正命該中心指揮官查非中將籌組裝甲兵學校與裝甲兵部隊，蔣緯國即參與其事。1940 年冬，學成返國。先後任步兵排長、連長、營長、團長，裝甲兵司令部上校參謀長、少將副司令。去臺後，先後任裝甲兵司令、戰爭學院院長、三軍大學校長、聯勤總司令、練訓部主任、國家安全會議秘書長及總資政等職，晉升爲中將、上將軍銜〔註26〕。著有《軍制基本原理》、《國防體制概論》和《弘中道》等。晚年與李登輝臺獨路線格格不入，並因此而受排擠，所住房屋被拆除，成爲「無殼的蝸牛」；總統府資政身份被取消，自嘲爲「無業游民」。桂永清（1900～1954），江西貴溪人。黃埔軍校一期畢業，後爲少將旅長。1930 年被選送德國步兵學校深造，1934 年回國，授陸軍

〔註26〕巴人：《蔣緯國生平》，《民國春秋》1997 年第 6 期。

中將。1940 年爲駐德使館武官、駐英使館武官兼軍事代表團團長。後當選爲國民黨六大中央執行委員，曾任海軍總司令。去臺後，特授陸軍上將，先後任「總統府」參軍長、「國防部」參謀總長。

五、留德學生之特點

留德學生較之留學其他國家的學生，大體有以下特點：

首先，學生的來源集中。因爲當時國內一般學校都注重英文，開設德文的不多，以德文爲主的更少，僅有同濟、同德等少數幾校。故留德學生主要集中在畢業於這幾所學校的學生，不像英美留學生來源那樣分散。

其次，所學專業，主要爲醫學、化學、機械工程和軍事學科。據 1937 年的統計，在 700 名留德學生中，50%學習化學、機械和電機，40%學習醫學和陸軍，其餘只有 10%學習文科〔註27〕。另據袁同禮的統計，自 1907 至 1961 年間，中國留德學生共有 732 人獲得博士學位，其中最多的是醫學博士，其次是數理化和工程學博士〔註 28〕。這種狀況是和當時德國上述學科在國際上的先進地位相符合的，也和民國以來知識分子中流行的「科學教育」、「科學救國」思想相呼應，當然也和國民政府注重理工科的留學政策的驅動相關聯。

第三，民族觀念較強。德國人有著強烈的國家民族觀念，德國是國家主義的發祥地，最早提倡國家主義的代表人物約翰·哥特利勃·費希特就是德國著名的唯心主義哲學家。國家主義雖爲資產階級民族沙文主義的發展打下了思想基礎，但在反對外國侵略促進國家統一方面，有一定的進步作用，中國留德學生也深受他們的感染。那時留美學生相互之間以講英語爲榮，留德學生對此十分反感；留英學生對國內政治比較冷漠，而留德學生則傾向參與。

第四，軍事留德生比留日生程度高而影響小。與清末民初留日學生相比，30 年代軍事留德學生的程度要高得多。前者大多在日本接受初級軍事教育，入陸軍大學的人數甚少；後者大多是現役軍官入德國的各兵科和參謀大學深造。據 1929 年 4 月 10 日國民政府明令公佈的《陸海空軍留學條例》的規定，派遣留學員生必須具備的資格爲：學員，曾在本國正式軍事學校畢業，學術優秀，合於留學學校之程度；現充軍職；通留學國之文字語言，能直接聽講；年齡在 25～35 之間。學生，年齡在 20～25 歲，精通留學國語言文字能直接

〔註27〕《我國留學生之狀況》，《興介日報》1937 年 3 月 5 日。
〔註28〕轉自王奇生《中國留學生的歷史軌迹》，湖北教育出版社 1992 年版，第 85 頁。

聽講；高中以上畢業或具有同等學歷及曾受過軍事教育；品行端謹，確無不良嗜好〔註29〕。留德學生的程度雖高於清末民初，而影響卻不如留日學生大。清末民初，正處於政權新舊交替之際，回國留學生恰逢其會，容易致顯；而30年代回國的留學生擔任軍中要職的只是鳳毛麟角。

　　另外，在社交和團體方面，留德學生遠遜於留美學生，這與當時德國大學的學風有很大關係。

〔註29〕《陸海空軍留學條例公佈》，《盛京日報》1929年4月18日。

第五章　留英教育的進展

英國是老牌資本主義國家，高等教育發達，學術先進，名家薈萃，是中國學子嚮往之處，故中國人留英的歷史較早，但因門閥過高，留英教育未出現過大的高潮，國民政府時期亦呈現出較不穩的態勢，並形成與留日、留美、留法教育等不同的特點。

一、平穩的留英教育歷程

近代中國學子到英國正規大學學習，最早要算黃寬，他於 1849 年從美國孟松學校畢業，入英國愛丁堡大學學醫。之後又有王韜、何啓、伍廷芳等先後負笈英國。洋務運動時期，從 1875～1900 年，福州船政局先後選派 79 人赴歐，其中到英國學海軍者 34 人，加之出使英國大臣前後攜帶留英學生 6 人，共計 40 人。20 世紀之初，各地積極選派學生出國，其中前往英國的，如 1903 年兩江總督張之洞從江南水師學堂選派 8 人到英學習駕駛管輪；1904 年山西選派 23 名舉人留英學習路礦；1905 年江蘇選派 6 人、廣東選派 2 人赴英；1911 年浙江招考 20 人分赴英、德、法、比四國。據清政府駐歐各國留學生監督呈報，1908～1910 年前後中國留歐學生總計約 500 人，其中留英官費生 124 人。民國初年，中國派出留英學生大約一百三四十人。具體是，1912、1913 年，臨時稽勳局兩次派出 51 名留學生，其中英國十幾名。同時交通部也派出留英學生 15 名，各省派出官費留英生近百名〔註1〕。

〔註 1〕　王煥琛主編：《留學教育》第 3 冊，臺灣，國立編譯館 1980 年版，第 1524～
　　　　 1527 頁。

　　第一次世界大戰後，中國留法、留德學生增長很快，而留英人數卻增加不多，1921 年中國留英生約有 200 人，1924 年有 250 人，1927 年有 300 人〔註2〕。這主要與英國大學門閥太高和留英費用昂貴有關。英國許多學校貴族氣甚濃，不僅收費高，而且不承認中國大學的畢業資格，還有的甚至拒收中國學生。致使許多學子轉向他國。如周恩來當年抵英後因愛丁堡大學費用過高而改往法國勤工儉學〔註3〕。

　　進入 30 年代後，留英人數有所增加，1934～1936 年人數鼎盛時，留居英國人數達 500 人〔註4〕。從 1929 年起，除二戰期間的幾個年份外，中國每年要派出幾十人乃至上百人的留英學生。詳見下表：

1929～1946 年中國留英學生人數表

年份	29	30	31	32	33	34	35	36	37	合計
人數	49	16	25	56	75	121	102	86	37	
年份	38	39	40	41	42	43	44	45	46	
人數	40	26	0	3	46	1	156	1	41	881

　　1929～1946 年這 881 人的留英隊伍，人數居留日、留美生之後而排在第三位。主要是庚款留英和互換留學生的出現，使留英學生增加了 300 多人的隊伍。

　　在庚子賠款中，英國分得 5462 萬中國海關兩，折合英鎊 759 萬金鎊，佔賠款總數的 11% 以上。英國庚款的退還，受美國之影響，動議於 1922 年 12 月，此後中國逐期付去的庚款，即由英國提存於倫敦滙豐銀行。1925 年英國國會正式通過「退還中國賠款案」。1930 年中英兩國正式換文，決定成立庚款董事會，並確定了與美國不同的庚款用途：將退還的全部庚款設置基金，供充中國建築鐵路和經營其他生產事業，然後以所得利息興辦文化教育事業。文化教育事業中，規定留學費用佔 15%。1931 年中英兩國根據換文成立了中英文教基金董事會，成員包括朱家驊、賀耐（William W・Hornell）、馬錫爾 Robert Calder Mashall）、王家楨、宋子良、葉公綽、陳其採、李書華等 15 人，

〔註2〕《留英學報》發刊詞，1927 年第 1 期。
〔註3〕李喜所主編、元青等著：《五千年中外文化交流史》第 4 卷，世界知識出版社 2002 年版，第 290 頁。
〔註4〕《留英制度之商榷》，《教育雜誌》第 25 卷第 10 期，1935 年 10 月。

朱家驊、賀耐分任正副董事長。董事會從 1933～1946 年先後舉行了 9 次庚款留英考試，共選拔 193 人，其中除第七屆受戰事影響而留學加拿大，少數留學德國、美國外，大部分赴英。

　　1942 年後，同盟國之間爲加強文化聯繫，決定互換留學生。這年英國文化委員會設置了 10 名留學生獎學金名額，英國工業協會資助了 31 名中國工科學生赴英國實習。1944 年英國上述機構再次贈送 65 名留英研究生和 69 名實習生名額〔註5〕。

　　40 年代後期，受二戰的影響，英國大學的教學條件大受損害，加之戰後青年軍人復員後群返學校，因此無力再接納大批外國留學生，故中國留英者很少。不過直到民國末期，中國學子負笈英國者仍賡續未絕。1947～1949 年3 年中，未見精確的統計，筆者從《中國留學生大辭典》（南京大學出版社 1999 年版）「中國留學生年表」統計，除不詳者外，3 年留英學生分別是 19 人、8 人、5 人，合計 32 人。當然實際人數要多得多，如已知 1946 年留英 41 人，而該書只 20 人。按此推算估計有六七十人。再加上 1927、1928 年的數字，這樣南京政府時期的留英學生不下於 1000 名。

　　中國學子樂於前往英國，主要在於英國學術發達，且具有良好的學風。當年李四光主張女兒李林去英國，就在於他認爲在做學問方面，英國人比美國人要踏實。

　　英國高等教育發達，三四十年代全國共有大學 17 所，其中英格蘭有 11 所，蘇格蘭有 4 所，威爾士有一所聯合大學 4 分校，北愛爾蘭有 1 所。中國留學生到英留學，主要集中於英格蘭和蘇格蘭兩地。英格蘭最著名的大學是劍橋大學和牛津大學，它們都創建於 13 世紀，是英國最古老的高等學府，也是世界上聲望很高的綜合大學。牛津、劍橋大學以實行導師制與全部學生住校聞名於世，而英國其他大學教學方法多採用講演式。倫敦大學是英在校學生最多的大學，學術水平極高，擁有許多著名的學院。蘇格蘭其他大學如曼徹斯特大學、利物浦大學、里茲大學、謝菲爾德大學等多因地方工農實業等方面的需要而設置，分別以不同的專業而聞名。蘇格蘭共有大學四所：愛丁堡大學、聖安德魯斯大學、格拉斯哥大學、愛伯丁大學，其中愛丁堡大學是英國最古老和最著名的大學之一，下設各學院，培養出大批的著名學者。「英國大學每年分三學期，上課時間甚短，倫敦大學及其他大學約 30 周，劍橋則

〔註5〕　王煥琛主編：《留學教育》第 4 冊，臺灣，國立編譯館 1980 年版，第 2127 頁。

只有 20 周，三四個月之暑假，爲學生眞正讀書及研究時期，高等級學生（碩士、博士生）可得教授之許可，假內在實驗室繼續工作，得益甚巨。」〔註6〕

中國留英生主要分佈於劍橋、牛津、曼徹斯特、利物浦、倫敦、愛丁堡、伯明翰、里茲、西非爾、格拉斯哥等大學和部分專科學院、學校，其中 30 年代後的庚款留學生和 1942 年後的留英研究生則主要負笈劍橋、牛津、倫敦、愛丁堡等享有盛譽的著名學府。由於南京政府的提倡及出於充實大學理工師資的考慮，留英所學專業理工科佔了絕大多數，在 193 名庚款生中，學理工的佔 148 名。

二、中國學子在英所受學術之影響

英國學術發達，人才薈萃，對中國學子治學方法的養成、學術方向的奠定產生重要影響，對其科研水平的提高、卓著成果的獲得起了不可低估的作用。

1、治學方法的養成

英國各大學治學方法不同，各具特色。以倫敦大學爲代表的大部分大學主要實行講授制，同時設有輔導（Supervison）一人，由教師充任，對學生學習情況予以指導；另有研究會（Seminer）與討論班（Class），由學生提出短篇論文或口頭報告，集體研究討論，這就要求學生在讀書或研究中善於提出問題。不過倫敦大學研究生較多，要求學生有較強的獨立治學能力。牛津、劍橋均實行導師制，「每星期（或兩周）有一二小時的討論，由導師提出問題與研究方法，以備學生質疑，即論文及讀書報告等，均在討論之列。討論時只一二人參加，接觸發言之機會甚多。故一般學生常可不參加教授之講演，但非出席導師討論會不可，因導師最易明悉其學習情況也，如導師得人，學生之受益無窮，遠非集團聽講可比。」〔註7〕無論採取何種教學方法，都同樣注重自由思考，導師對學生的研究工作亦從旁協助，但不加干涉，崇尚學術自由，注重實驗。好的導師對學生治學精神的養成起到關鍵作用。

費孝通先生回憶說：「英國大學裏教師們怎樣去教他們的功課，完全由他們自己作主，他們願意怎樣教就怎樣教，很有點八仙過海各顯神通的味道。以我自己接觸到的來說，大家熟悉的羅素也在倫敦經濟政治學院開過課，他是登臺念講稿，一字不漏，講完一課程就出一本書。我就聽過他的『權力論』。

〔註 6〕 鍾道贊：《英國教育印象》（二），《教育通訊》，復刊第 5 卷第 3 期。
〔註 7〕 同上。

我也旁聽過一門邏輯課。這位教師的名字忘了，但是我的印象很深，因爲有點像我們的小學裏，許多公式要學生大家一起念，還要指著學生的名字站起來答覆問題。」費孝通的導師馬凌諾斯基「不喜登臺講課而善於搞席明納，……席明納簡單的可以譯作討論會，但是討論會這個名稱還傳達不出它的精神，所以用這個音譯的名詞。」〔註8〕席明納每次大體有個方向來提問題，事先安排一兩個主要發言人。馬凌諾斯基從不作大段發言，而是隨時插話，引導思路。組織別人互相啓發，互相辯論。費孝通印象最深的是「在示範地表演出一個人怎樣去分析問題，怎樣去發展自己的思想」，「在爭論新問題的過程中，他用他自己的思索，帶動學生們的思索。這一點是使學生們最佩服他的地方。也就是通過這個方法，把他的立場、觀點灌輸給了學生。」〔註9〕除了參加席明納之外，學生還可「登堂入室」，到他家裏參加他的著述生活，就像師傅在作坊裏帶徒弟，不光能看到有什麼作品，而且知道這作品是怎麼做出來的。他有時也徵求學生的意見，這樣說成不成，那樣說好不好，一字一句全不放鬆。這使費孝通認識到大眾場合的席明納，是創造思想成品的一個步驟，單靠這個步驟還是完不成成品。直到進入老師書房，參加修改著作，才有機會看到一個學者創造思想成品的完整過程。要眞正讀懂一本書，瞭解這本書的寫作過程是最重要的。馬凌諾斯基從來沒有指定什麼書要學生讀，念書在他看來是每個學生自己的事，他也從不來考問你任何書本上的知識，但是當他追問一個人在調查時所觀察的「事實」時，卻一點也不饒人，甚至大發雷霆。在費孝通寫論文時，寫完一章就到他床前去念，有時他突然從床上跳起來，說哪一段寫得不夠，哪一段說得不對頭。馬凌諾斯基所用的方法不只是靠說服，而是通過社會生活，學術實踐，並且用他自己作具體的榜樣，「潛移默化」地從思想感情上逐漸浸染進去。這種特殊又切中傳道解惑之要害的教學方法，使費孝通深受其益，就是在這種情境中學會探討問題，分析材料，闡述思想的，並成功地寫出了博士論文——《江村經濟》。

從事科學研究需打好基礎，任美鍔院士的留英導師是格拉斯哥大學地質系主任、著名構造地質學家、英國皇家學會會員 E.B.Bailey 教授。他在談到對自己的影響時說，在「Bailey 教授的指導和幫助下，我選讀了地質系的一些基

〔註8〕　費孝通：《留英記》，鍾叔河，朱純編：《過去的學校》，湖南教育出版社1982年版，第581～582頁。
〔註9〕　費孝通：《留英記》，同上，第588頁。

礎課，如構造地質、岩石學等，還參加了地質系的一次野外考察。這樣，就使我具備了比較紮實的地質學基礎，使我後來能夠較快地跟上地貌學的新發展，能較好地適應地貌學各方面的工作，並取得一些研究成果。」〔註10〕

治學首要爲博，其次爲專，也就是對自己的研究領域有精深的理解。黃昆教授在談到當年他年輕的導師莫特時說：「我初和他接觸時十分驚奇地發現，他只對他當時研究的問題感興趣，和他談更廣的問題他不感興趣。我後來才領悟，正是由於他的這種專注的治學特點，才使他能在十年之中在幾個不同的領域取得重大成就。他治學的另一個鮮明特點是，儘管他有深厚的數學理論修養，但最善於抓住問題的物理實質提出形象的模型，以最簡單的數學方法概括結果。他的這些治學特點不能不對我有很深的影響。」〔註11〕

錢榮堃先生在倫敦大學經濟學院學習三年，他晚年回憶說：「倫敦經濟學院是英國的著名學府，師資力量很雄厚，英國的著名經濟學家哈葉克、米德、希克斯都在那裏任教，他們都得了諾貝爾經濟學獎。我的導師賽由斯教授是很有名的貨幣銀行學家，我翻譯過他的名著《銀行學新論》」，「這三年不僅使我在掌握西方學習方法過程中受益匪淺，而且使我在與世界一流經濟學家的接觸中得以站在學科的前沿地帶，切身感覺國際經濟學術。」〔註12〕

英國一些導師善作啓發，能夠使學生在掌握大量資料的基礎上，對自己立論和思維方法有所體會，以此思路來研究問題，取得了突出成績。幾乎每一個留學生都從自己的導師那裏學到了獨到的治學方法，而他們之間根本的共同點是畢生不懈、虔誠而務實的追求眞理的態度，這也是留英學生始終自持並誨之以人的治學精神。

2、學術方向的奠定

中英庚款留學生的成果首先表現在學位的獲得，大多數人獲得了碩士以上的學位，少數獲得了兩個博士學位。更重要的是，留學英國爲其畢生的研究奠定了良好的基礎。留學期間的研究成果是他們一生中取得成果最突出的時期之一，也確定了他們一生主要致力的研究方向。翻開這些留學生的歷史，會發現他們歸國後的研究多爲留學時研究課題的繼續，他們在中國所開

〔註10〕中科院學部辦：《中國科學院院士自述·任美鍔》，上海教育出版社1996年版，第535頁。
〔註11〕《中國科學院院士自述·黃昆》，第173頁。
〔註12〕錢榮堃：《漫漫求索路悠悠南開情——八十自述》，《南開學報》1999年第5期。

創的新領域正是他們留學時所從事的專業。原中國科學院院長盧嘉錫的累累
碩果，與 1937～1939 年留學英國倫敦大學、師從薩格登的經歷密切相關。
在那裏，他獲得了博士學位，成爲我國最早的核化學家之一，後在薩格登的
推薦下去美留學，從此確立了以結構化學作爲研究方向。戴傳曾院士留英時
在卡文迪許實驗室從事研究，利用實驗室的迴旋加速器，開展有關核物理實
驗的探索，取得了國際上研究削裂反應的首批成果，成爲我國核科學研究的
開拓者之一。許寶騄先生一生中主要的貢獻是在多元分析和極限定理兩方
面，這與他在倫敦大學學院高爾頓實驗室做研究生和統計系實習數理統計的
經歷是分不開的。許多留英生由於研究成果突出，被吸收加入英國皇家學
會，獲得了各大學的獎學金，一些留學生的研究成果在權威雜誌上發表後轟
動一時，留學生歸國後能產生多大影響，與他們的留學成果密切相關〔註13〕。

3、科研水平的提高

在英國優秀的高等學府，有著優良的研究環境，是學術人才密集的地
方。能與這些科學家合作，一方面證明中國留學生自身擁有非凡的實力，另
一方面也有利於中國留學生提高科研水平，英國學術界濃厚的切磋風氣使他
們的才華得到充分發揮。曾任四川大學校長的數學家柯召，1935～1937 年留
英，獲曼徹斯特大學博士學位，他認爲英國的培養方式和美國不同，著重培
養研究生的獨立工作能力。不要求讀學分，全校的所有課程，隨意時都可以
去選聽，不記成績。可是對學生論文，要求很高，規定要在著名雜誌上發表
後才能答辯。他回憶說：「在英三年，我寫了多篇論文，在數學雜誌上刊出。
當時曼徹斯特大學有安道什、達文波特、馬勒等第一流數學家，得益匪淺」。
安道什一生「發表過千餘篇數學論文，是前無古人的，他也是和別人合作寫
出論文最多的一個人，我和他亦合作過幾篇。」〔註14〕物理學家彭桓武也是
與科學界精英合作的突出代表之一。1938 年他到愛丁堡大學做玻恩的研究
生，兩年後獲得博士學位。1941 年 8 月起到愛爾蘭都柏林高等研究院從事研
究，與 W・海特勒和哈密爾頓合作進行介子理論方面的探索，得到了當時名
揚國際物理學界的、以作者三人姓氏縮寫爲代號的、有關介子的 HHP 理論。

〔註13〕劉曉琴：《二十世紀三四十年代的中英庚款留學生述論》，《天津師大學報》
　　　　2000 年第 5 期。
〔註14〕《中國科學院院士自述・柯召》，第 149 頁。

在長期與這些世界級物理學家的合作中，彭桓武的工作能力和對學術問題的見識與判斷能力逐步提高。海特勒回憶都柏林研究院的情景時說：「同事中最受熱愛的一個是中國人彭桓武。……經常的興致結合著非凡的天才，他成爲同事中最有價値的一個。」〔註15〕留英學生由於研究成果突出，學業優良，在得到學位後往往被挽留在英繼續工作一段時間。優良的實驗設施和與科學界精英合作的優越條件，奠定了他們回國後在科學界的頂尖地位。

4、卓著成果的獲得

留英學生的主流以學業爲重，讀書極爲刻苦，並取得相當耀人的成就。數學家柯召的英國導師是著名的數學家莫德爾。他一到學校，莫德爾教授就交給他一個研究課題——《閔可斯基猜想》，並對他說：「兩星期後你來見我。」柯召接過了這個課題，14 天就像一霎那，一溜煙就過去了，可他未有所獲，只好硬著頭皮去見導師。莫德爾正和另一位著名的數學家哈代教授研究問題，莫德爾問柯召：「怎麼樣？」柯召搖了搖頭。哈代對莫德爾說：「這個問題你研究了三年都未解決，叫人家兩個星期怎麼行？」莫德爾哈哈大笑：「年輕人思想活躍，要給他們多出點難題。」柯召何懼難題！他就是爲解決難題而從遙遠的中國來的啊！他一頭又鑽進了書房，通宵的燈光伴隨著他度過了多少不眠之夜。經過深沉的思考，科學的推論，緊張的運算，終於用智慧攻克了這個科學難題。兩個月後，柯召將他撰寫出的論文《關於表二次型爲平方和的問題》交給了莫德爾。莫德爾看完論文後說：「祝賀你，論文寫得很好，兩年後你就可以拿到博士學位。」事後不久，在倫敦數學會舉辦的學術報告會上，26 歲的柯召登上了講臺。會場裏頓時騷動起來，人們在低語：「中國人！」柯召作完學術報告後，哈代教授走上前，和他親切握手說：「你是外國學者在我們講臺上最年輕的一個，我祝賀你成功！」在以後的日子裏，柯召用他的勤奮和智慧又解決了不少數學難題。在 40 年代，柯召解決了不定方程中的著名問題——Erdo's 猜想；在 60 年代，解決了 100 多年數學界都沒有解決的難題，即著名的「正定二次型的類數和不定方程」中的卡特蘭問題，柯召的解被稱爲「柯式定理」；與「柯式定理」相聯繫的是在國際上受到高度讚賞的一種富有創造性的方法「柯式方法」。

〔註15〕科學家大辭典組：《中國現代科學家傳記》（一），科學出版社 1991 年版，第 149 頁。

三、留英名人及其貢獻

留英生大多埋頭苦讀，在良好的科研環境下，養成了嚴謹、勤奮的學風，取得了突出的學術成就。這為他們回國後施展自己的才華，貢獻於社會，打下了良好的基礎。

1、自然科學家

留英學生在學術上的成就是多方面的，其中最突出的是在自然科學領域，湧現出許多著名科學家，獲得了大量具有世界領先地位的科研成果。對中國現代科技的發展做出了卓越的貢獻。在新中國成立後於 1955 年、1957 年、1980 年三次選出的 469 名學部委員中，有留學經歷的 389 人，其中民國時期的留英生 72 人，佔有留學經歷之學部委員的 18.5%。這個比例在中科院學部委員中僅次於留美畢業生而高居第二位〔註16〕。同時，在 72 名留英出身的學部委員中，除李四光外，皆是南京政府時期出國的，這當中不少是聞名中外的科學家。這裏僅將抗戰爆發之前出國留學的羅列如下：

數學領域，造就了華羅庚、柯召、許寶騄等著名大師。華羅庚（1910～1985），1948 年中央研究院院士，1955 年中科院學部委員。生於江蘇金壇縣。一生只有初中畢業文憑。靠頑強自學，用 5 年時間學完了高中和大學低年級的全部數學課程。20 歲時，以一篇論文轟動數學界，被清華大學請去工作。用一年半時間學完了數學系全部課程，自學了英、法、德文，在國外雜誌上發表了三篇論文後，被破格任用為助教。1936 年夏，被保送到英國劍橋大學進修，兩年中發表了十多篇論文，引起國際數學界讚賞。1938 年回國，在西南聯合大學任教授，寫出名著《堆壘素數論》。1946 年 9 月，應紐約普林斯頓大學邀請講學，被伊利諾依大學聘為終身教授。1950 年攜全家回國，任清華大學數學系主任、中科院數學所所長等職。50 年代，著述頗豐，還發現和培養了王元、陳景潤等數學人才。從 1960 年起，開始在工農業生產中推廣統籌法和優選法，足跡遍及 27 個省市自治區，創造了巨大的物質財富和經濟效益，贏得「人民的數學家」之譽。還多次應邀赴歐美及香港地區講學，先後被法國南錫大學、美國伊利諾依大學、香港中文大學授予榮譽博士學位，還於 1984 年以全票當選為美國科學院外籍院士。柯召（1910～2002），中科院院士。生於浙江省溫嶺縣。1933 年清華大學畢業，1935 年赴英國曼徹斯特大學留學，

〔註16〕李喜所主編：《五千年中外文化交流史》第四卷，世界知識出版社 2002 年版，第 296 頁。

師從著名數學家莫德爾（Mordell）。1937 年獲博士學位。1938 年回國。歷任四川大學教授、數學研究所所長、副校長、校長等職。從 20 世紀 30 年代起發表了近百篇卓有創見的論文，在國際上產生了很大的影響，被稱爲中國「近代數論的創始人」、「二次型研究的開拓者」、「一代數學宗師」。他關於不定方程卡特蘭問題的研究結果，在國際上被譽爲柯氏定理，他創造的方法，至今仍被廣泛引用。愛多士在 20 世紀 60 年代與柯召及拉多合作的有關有限集合的工作，即現在所謂的愛多士－柯－拉多定理，在文獻上稱爲一條里程碑式的定理。曾獲何梁何利基金科學與技術進步獎。許寶騄（1910～1970），1948年中央研究院院士，1955 年中國科學院學部委員。生於北京。1933 年畢業於清華大學數學系。1936 年公費留英，1938 年和 1940 年先後獲倫敦大學哲學博士學位和劍橋大學科學博士學位。1940 年起先後任北京大學、西南聯合大學教授，美國伯克利加州大學、哥倫比亞大學和北卡羅來納大學訪問教授。1947 年回國後任北京大學教授。是中國早期從事數理統計學和概率論研究並達到世界先進水平的傑出學者，1938～1945 年間在多元統計分析與統計推斷方面發表了一系列出色的研究論文。發展了矩陣變換的技巧，推導了樣本協方差矩陣的分佈與某些行列式方程的根的分佈，推進了矩陣論在數理統計學中的應用，對高斯‧馬爾可夫模型中方差的最優估計的研究是其後關於方差分量和方差的最佳二次估計的眾多研究的起點。揭示了線性假設的似然比檢驗的第一個優良性質，並推動了人們對所有相似檢驗的研究。在概率論方面，得到了樣本方差的分佈的漸近展開以及中心極限定理中誤差大小的階的精確估計，熟練地掌握了特徵函數的完美技巧，並於 1947 年與 H‧羅賓斯共同發表了《全收斂和大數定律》論文，首次引入全收斂的概念，在極限理論研究方面開闢了一個新的方向。在矩陣偶在某些變換下的分類、馬爾可夫過程轉移函數的可微性、次序統計量的極限分佈及部分平衡不完全區組設計等研究中取得多項重要成果，主持了極限定理、馬爾可夫過程、實驗設計、次序統計量等科學討論班。在發展中國教育事業方面做了大量工作。發表研究論文40 篇，並出版有《抽樣論》等專著和《許寶騄文集》。

　　物理學領域湧現出張文裕、王竹溪等一批著名學者。張文裕（1910～1992），高能物理學家，中國科學院院士。1933 年獲燕京大學物理學碩士學位，1935年赴英國劍橋大學，在盧瑟福指導下研究核物理，1938 年獲博士學位。在劍橋大學，他先後與人合作，首先研究了天然 α 射線引起 30P、28Al 和 25Mg 的共振效應，驗證了玻爾的液滴模型。1943 年在法國物理學家 S‧羅森布拉姆設想

基礎上，發明了多絲火花計數器。1948 年發現 μ 子係弱作用粒子和 μ 一子原子，國際上稱「張原子」和「張輻射」，開拓了奇特原子研究的新領域。1950～1955 年系統研究大氣貫穿簇射 $\Lambda°$ 粒子。曾籌建雲南高山宇宙線實驗室及其三大雲室，1972 年領導發現大於質子質量 10 倍的粒子。此外，1961 年在前蘇聯期間，領導研究中子照射丙烷氣泡室產生的粒子及其衰變性質，特別在 $\Lambda°$ 超子與核子散射方面作出了一定貢獻。歷任我國原子核研究所副所長及高能物理所所長，對建設我國高能物理實驗基地發揮了重要作用。王竹溪（1911～1983），理論物理學家，中國科學院院士。生於湖北公安。1933 年畢業於清華大學，1935 年赴英，1938 年獲劍橋大學博士學位。曾任北京大學教授、副校長。主要從事理論物理特別是熱力學、統計物理學、數學物理教學與科研，在湍流尾流理論、吸附統計理論、超點陣統計理論、熱力學平衡與穩定性、多元溶液、熱力學絕對溫標、熱力學第三定律、物質內部有輻射的熱傳導問題以及基本物理常數等廣泛領域進行了許多研究，取得了多項重要成果。在有序無序變化的統計力學理論方面將貝特理論作了重要推廣，在熱力學的理論研究方面做出了多項推廣。同時對物理學史、基本物理常數和漢字檢索機器化方案等做了不少有效的研究，為統一我國物理學名詞、發展計量工作做出了重要貢獻。

　　化學生物學領域，培養了王葆仁、王應睞、馮德培等國際著名科學家。王葆仁（1907～1986），有機化學家、高分子化學家，中國科學院院士。江蘇揚州人。1927 年畢業於東南大學化學系。1933 年考取中英庚款留學。用兩年時間完成並通過了論文答辯，是化學方面獲得英國博士學位的第一個中國留學生。1935 年秋，他應德國慕尼黑高等工業大學教授、諾貝爾獎獲得者費歇爾（H.Fischer）的邀請，赴該校任客籍研究員。回國後任中國科學院化學研究所研究員，副所長。1959 年在中國科技大學創建高分子化學與物理系。50 年代開始研究聚甲基丙烯酸甲酯、聚己內醯胺。對有機矽高分子、特別是矽碳矽氧鏈高分子的合成做了深入研究。對耐高溫雜環高分子的合成及性能進行了較廣泛研究，並在應用方面作了許多開拓工作。70 年代提出加強高分子大品種如聚丙烯等的研究。在烴類化學方面也做過許多研究。著有《有機合成化學》上下冊。在科研、規劃、教學、生產、出版、科普等方面都做出重要貢獻。王應睞（1907～2001），生物化學家，中國科學院院士。福建金門人。1929 中於南京金陵大學化學系畢業，1941 年獲英國劍橋大學哲學博士學位。中國科學院上海生物化學研究所研究員、名譽所長。中國生化學會前理事長，

比利時皇家科學、文學和美術學院外籍院士，美國生物化學與分子生物學學會名譽會員。主要研究酶化學與營養代謝，對維生素、血紅蛋白、琥珀酸脫氫酶進行了深入的研究，並取得了重大成績。發現酶朊與 FAD 是以共價鍵結合，並受底物與磷酸鹽等物激活，這項工作是該酶研究的重要突破。中華人民共和國建國初期，爭取了一批留學國外的科學家回國工作，盡快建立了我國生物化學科研事業。成功地組織了 1965 年和 1981 年在世界上首次完成具有生物活力的人工合成牛胰島素和酵母丙氨酸轉移核糖核酸兩項重大基礎性工作。（王應睞分別擔任兩個協作組組長）。對中國的生命科學，特別是生物化學和分子生物學的發展作出了傑出貢獻，是中國生物化學這門交叉學科的積極倡導者和主要奠基人之一。他帶領科學家們取得的人工合成牛胰島素、人工合成酵母丙氨酸轉移核糖核酸等高水平的國際前沿研究成果，大大提高了中國生物化學研究的國際地位。馮德培（1907～1995），生理學家，中國科學院院士。浙江臨海人。1926 年畢業於上海復旦大學生物系，1929 年赴英留學，1933 年獲倫敦大學博士學位。1948 年被選爲中央研究院院士。曾任中國科學院上海生理研究所研究員、名譽所長。他發現靜息肌肉被拉長時產熱增加，這一發現被稱爲「馮氏效應」；在神經肌肉接頭生理學方面，他早在 1936～1941 年間進行了大量的開創性研究，成爲國際公認的這一領域的先驅者，其成果至今仍被國際同行引用。在神經肌肉間營養性關係方面，他帶領共同工作者發現了雞慢肌纖維去神經後肥大的現象，並對闡明神經如何決定肌纖維類型的機製作出重要貢獻。晚年他帶領學生開展了中樞突觸可塑性的研究。

地學領域，繼民初留英生李四光之後，又產生了翁文波、涂長望等享譽中外的大師級學者。翁文波（1912～1994），地球物理學家，中科院院士。寧波鄞縣人。1934 年畢業於清華大學物理系，1936 年赴英，1939 年獲倫敦帝國大學哲學博士學位。曾爲大慶油田發現作出了重大貢獻。60 年代後，主要從事預測論的研究和地震預報科學事業，取得了突破性進展，其成果標誌著我國預測科學已處於世界前沿，被譽爲「當代預測宗師」。曾任國家天災預測專業委員會主任，中國地球物理學會名譽理事長，中國石油天然氣總公司石油勘探開發科學研究所總工程師等職。1984 年出版《預測論基礎》一書，用於推測自然現象研究。涂長望（1906～1962），中國氣象學家。中國科學院院士。生於湖北武漢。1929 年畢業於滬江大學，1932 年畢業於英國倫敦大學氣象專業，後入英國利物浦大學，爲氣象專業研究生。曾任中央研究院氣象研究所

研究員、中央氣象局局長。1944 年他和一些科學家共同創建了中國科學技術協會，並當選爲常務理事兼總幹事，歷任中華全國自然科學專門學會聯合會秘書長、中國氣象學會副理事長、國際科學工作者聯合會名譽秘書、國際地球物理年中國國家委員會副主任等職。30 年代，研究中國的氣團分類、鋒面與中國天氣變化的關係、大氣活動中心、世界大氣波動和海洋環流同中國降水和溫度的關係，開闢了中國長期天氣預報的研究領域。首先提出了研究中國長期天氣預報的基本理論——大氣波動論等論點。他在竺可楨氣候分類的基礎上，對氣候區劃和各區的特點提出了新的見解，更細緻地劃定了中國的氣候區域。50 年代，在他積極倡導和努力下，開始了對外公開發布天氣預報、警報，組織流動氣象臺和預報下鄉等服務，建立了各級氣象機構和臺站網，開展了民航氣象保障工作，爲中國氣象事業的創建和發展作出了重要貢獻。他對東亞氣團和鋒面作了全面研究，提出了氣團分類的新見解，爲建立中國天氣預報業務打下了基礎，還對高空氣候、農業氣候、長江水文預測等作了研究，著有《中國氣候區域》、《我國低氣壓之成因與來源》等。

　　醫學領域有被稱爲醫學聖母的林巧稚（1901～1983）。中國婦產科專家，中國科學院院士。福建思明縣人。1921 年，她以優異成績考入協和醫學堂。經 8 年學習，畢業時獲醫學博士學位，成爲這個醫學堂留下的第一位中國女醫生。1932 年，獲得到英國倫敦醫學院和曼徹斯特醫學院進修深造的機會。1933 年，又到奧地利首都維也納進行醫學考察。回國後，1939 年再次到美國芝加哥醫學院當研究生。1940 年回國，不久成爲協和醫院第一位中國籍女主任。1959 年兼北京婦產醫院院長。林巧稚研究過胎兒宮內呼吸、女性生殖系統結構，指導消滅性病及防治滴蟲性陰道炎的工作；曾推動計劃生育，主持了子宮頸癌的普查普治；重視科學普及，主編多種科普著作。她終生未婚，把自己的一切都無私的奉獻給婦女和兒童，親手迎接了 5 萬多個小生命。

2、社會科學家

　　除理工科中造就出許多著名科學家外，文科中留英人數雖然不多，但同樣卓有成效。他們更直接地瞭解、研究西方文化。無論是研究英國文學、歷史、哲學、經濟、教育，都在日後產生了很大影響，湧現出不少文化名人。

　　語言文學領域有朱自清、錢鍾書、呂叔湘等。朱自清（1898～1948），現代著名詩人，散文家，學者，民主戰士。江蘇省東海縣人。1920 年畢業於北

京大學哲學系。1925 年任清華大學教授，轉而從事散文創作，成爲現代著名的散文作家。1931 年留學英國、漫遊歐洲，次年回國，仍至清華大學任教授。抗戰期間，在昆明西南聯大任教，積極參加愛國民主運動，成爲一個堅強的革命民主主義戰士。1948 年，他貧病交加，但堅決不向反動派屈服，該年 8 月 12 日病逝於北平。毛澤東曾稱讚曰：「朱自清一身重病，寧可餓死，不領美國的『救濟糧』。」〔註17〕朱自清是文學研究會早期主要成員，一生勤奮，共有詩歌、散文、評論、學術研究著作 26 種，約二百多萬字。散文代表作有《荷塘月色》、《背影》、《綠》等。錢鍾書（1910～1998），學者和作家。江蘇省無錫人。從小受到家學的薰陶，學業得以精進。1933 年從清華畢業後，曾在上海光華大學任教。1935 年考取庚款赴英倫牛津大學留學，兩年後以論文《十七、十八世紀英國文學中的中國》獲副博士學位。隨後又轉赴法國巴黎索邦大學進修。1938 年回國，被清華大學破例錄用爲教授。後曾在湖南藍田師範學院、上海震旦女子文理學院、暨南大學任教，並兼任南京中央圖書館英文館刊《書林季刊》主編。在這期間，錢先生所出版的著作有自訂詩集《中書君詩》與《中書君近詩》、散文集《寫在人生邊上》、短篇小說集《人·獸·鬼》、長篇小說《圍城》和詩話《談藝錄》等。這些著作引起廣大讀者的深情關注，也使許多學人歎爲觀止。1949 年以後，他的主要精力都放在學術研究上，主要著作有《宋詩選註》、《管錐編》等。舊作《圍城》、《寫在人生邊上》、《人·獸·鬼》等在八十年代重印，有的還出版了少數民族語文本，使國內理論界和文學界受到震動和衝擊，出現了一股「錢鍾書熱」。國外的「錢熱」開始得更早，許多錢著先後被譯爲英文、俄文、日文、德文、法文、捷克文、韓文和西班牙文等，在各國出版。他能寫出不朽之作《圍城》，與其留學經歷不無關係。呂叔湘（1904～1998），語言學家，語文教育家。江蘇丹陽人。1926 年東南大學外國語文系畢業。1936 年赴英國留學，先後在牛津大學人類學系、倫敦大學圖書館學科修讀。1938 年回國後先後任雲南大學文史系副教授，華西協合大學中國文化研究所研究員等職。新中國成立後，歷任任清華大學中國語文系教授、中國科學院語言所研究員、哲學社會科學所所長、名譽所長，《中國語文》雜誌主編，中國語言學會會長，全國人大常委等。長期從事漢語語法的研究，是近代漢語語法的開創人之一，所著《中國文法要略》是迄

〔註17〕毛澤東：《別了，司徒雷登》，《毛澤東選集》第 4 卷，人民出版社 1991 年版，第 1495 頁。

今爲止對漢語句法全面進行語義分析的唯一著作。

　　社會學領域有費孝通、許烺光等。費孝通（1910～2005），社會學、人類學家。江蘇吳江人。1933 年畢業於燕京大學，獲社會學學士學位，1935 年畢業於清華大學研究生院，1936 年赴英，1938 年獲倫敦大學哲學博士學位。1979年起任中國社會學會會長，1982 年起任北京大學社會學系教授，1985 年任北京大學社會學研究所所長。還曾任人大常委會副委員長、中央民族大學名譽校長。在學術上取得了舉世矚目的成就，寫下了數百萬字的著作。1980 年在美國丹佛獲國際應用人類學會馬林諾夫斯基名譽獎，並被列爲該會會員；1981年在英國倫敦接受英國皇家人類學頒發的赫胥黎獎章；1982 年被英國倫敦大學經濟政治學院授予榮譽院士稱號；1988 年獲美國大英百科全書獎。許烺光（1909～1999），美籍華裔學者，人類學家。臺北中央研究院院士。在倫敦大學師從馬林諾夫斯基，獲文化人類學博士學位，奠定了他成爲社會人類學大師的基礎。專業的素養使他能從「文化邊緣人（marginalman）」的角度來分析中西文化的差異，即主要運用比較方法，站在一個客觀的立場來認識中國社會，完成了一系列中西文化比較的著作。

　　史學領域有向達、楊人楩、夏鼐等。向達（1900～1966），湖南漵浦人。1924年畢業於南京高等師範學校，1935 年秋到牛津大學鮑德利（Bodley）圖書館工作。翌年秋轉倫敦，在英國博物館東方部檢索敦煌寫卷和漢文典籍。1937 年赴德國訪問柏林科學院及各地博物館，考察劫自中國西北地區的壁畫、寫卷；同年末赴巴黎，研究法國國立圖書館藏敦煌遺書。1938 年秋，攜帶數百萬字資料返國。1942 年中央研究院等組織西北史地考察團，任考古組組長。1942 年 9月至次年 7 月及 1944 年，兩次考察河西走廊古跡文物。抗戰勝利後，任北京大學歷史系教授兼掌北大圖書館。建國後，任北京大學歷史系教授、圖書館館長，中國科學院哲學社會科學部委員，歷史研究所第二所副所長等。譯有《斯坦因西域考古記》。著有《唐代長安與西域文明》等；編有《大唐西域記古本三種》等。楊人楩（1903～1973），醴陵人。1926 年畢業於北京師範大學英語系，1934年曾短期赴日本東京學習日語。同年 7 月赴牛津大學奧里爾學院留學，受教於法國革命史專家湯普森，1937 年春獲得文學士學位。抗戰爆發後，離英歸國。曾短期任教於四川大學、西北聯大。1939 年至 1946 年任教於武漢大學歷史系。1946 年秋，任北京大學歷史系教授，直至逝世。畢生從事世界史的教學與研究。組織翻譯和編譯有《法國革命史》、《蘇聯通史》、《世界史資料叢刊初集》等，

撰有《非洲通史簡編》。夏鼐（1910～1985），中國考古學家。浙江溫州人。1934年清華大學歷史系畢業。1935年去倫敦大學留學，1939年獲英國倫敦大學埃及考古學博士學位。1941年回國，曾任北京大學教授，中央研究院歷史語言研究所研究員。建國後，歷任中國科學院考古研究所所長等職。其最著名的考古成就爲定陵發掘、馬王堆漢墓發掘，以及廣州南越王墓的發掘。對於各類出土文物，辨別分類極爲嫻熟精確，乃有「考古界活字典」之美譽。我國考古界人才輩出，論建樹和聲譽，當推夏鼐爲首。

新聞領域有儲安平（1909～1966）。中國新聞家。江蘇宜興人。1932年畢業於上海光華大學英文系，1935年，柏林奧運會開幕，中國那時窮得連記者都派不出。當時在任《中央日報》副刊編輯的儲安平捉住這個機會，提出不必撥專款，只須讓他無償搭乘奧運會專列即可完成報導。他那時已有了自己的一小筆稿費，還由伯父出面，爲他申請到江蘇省2000元官費。奧運會一結束，他就去了英國，考入倫敦大學經濟學院政治系，從學於著名的費邊社員拉斯基教授。在英國的4年時間，他擔任中央日報駐歐洲記者，只具名義，不支薪水，但發回的文章的稿酬，則由中央日報兌成英鎊匯去。可能因爲學業太重，也可能顧忌派駐記者的身份，他沒有打工。開源之路既絕，只有節流一法。1938年回至重慶，先後擔任《中央日報》撰述，編輯，復旦大學教授，中央政治學校研究員，桂林《力報》主筆、湖南辰溪《中國晨報》主筆。日軍佔領桂林後，他在重慶創辦《客觀》周刊。1946年赴上海創辦《觀察》半月刊，任社長和主編，兼任復旦大學教授。中華人民共和國成立後，歷任國家出版總署專員，新華書店副總經理，出版總署發行局副局長，九三學社中央委員、宣傳部副部長，並當選第一屆全國人大代表。1957年任《光明日報》總編輯。

藝術領域有戴愛蓮（1916～2006）。中國女舞蹈表演藝術家、教育家。生於西印度群島的特立尼達，祖輩華裔，僑居海外多年。1930年，她赴英國倫敦學習舞蹈，曾先後師從著名舞蹈家安東・道林、魯道夫・拉班等，後來又投奔現代舞大師瑪麗・魏格曼。1939年毅然回國，先後在香港和內地進行義演，主要舞目有：《思鄉曲》、《賣》、《拾穗女》、《遊擊隊員的故事》等。中華人民共和國建立後，是第一任國家舞蹈團團長；第一任北京舞蹈學校校長；第一任中央芭蕾舞團團長……她在這一時期創作的《荷花舞》與《飛天》先後於1953、1955年參加在柏林與華沙舉行的世界青年與學生和平友誼聯歡節國際舞蹈比賽並獲獎；1994年被確認爲「20世紀經典」。戴愛蓮是把普通民

眾中自然傳衍的舞蹈加工爲舞臺藝術品的先行者；也是以出色的鑒賞力把西方舞蹈的精髓介紹到中國的溝通中西文化的使者。

四、留英教育的特點

南京政府時期的留英教育與同期其他國家留學教育相比，有著以下不同之處：

1、呈現較平穩的發展態勢

南京政府時期的中國學生留英，貫穿三四十年代，基本無大起大落。1929～1946 年中國留英、留德、留法人數，見下表：

1929～1946 年中國留學英、德、法諸國人數表

年度 人數 國別	英　國	德　國	法　國
1929	49	86	165
1930	16	66	142
1931	25	84	106
1932	56	64	108
1933	75	68	45
1934	121	61	42
1935	102	101	55
1936	86	117	22
1937	37	52	14
1938	40	22	8
1939	26	0	0
1940	0	1	0
1941	3	0	0
1942	46	0	0
1943	1	0	0
1944	156	0	0
1945	1	0	0
1946	41	0	68
合　計	881	722	707

從表中不難看出，在這 18 年當中除個別年份外，留英學生的派出皆未中斷，並且如前所述一直延續到民國結束前的 1947～1949 年。既沒有某一時期的人數驟增，也很少某一時期的人員斷流，呈現出一種不間斷的平穩發展態勢。而留法生 1939～1945 年完全中斷，近代留德教育自 1940 年只有 1 人後更畫上了句號，留日教育大陸 1946 年後亦完全終止。

2、庚款留英成果突出

近代史上，帝國主義利用庚子賠款中多收的部分資助中國學子到其國家留學，美國做得最早，影響最大，其次便是英國，它在歐亞諸國中在這方面進行的最有成效。受庚款留美的啓示，英國於 1930 年與南京政府換文，以中英庚款息金的 15%舉辦庚款留英事宜。從 1933～1947 年共選派 9 屆 193 人留學，支出費用約 300 萬元國幣。「中英庚款留學生的選拔，既遵循國民政府的留學政策，又由董事會制訂了具體的留學章程，留學宗旨爲『培養學術高深的人充實中國的高等教育及研究機構』，學科分配側重於理工農醫類，並嚴格資格標準，從而使選拔出的人才都很優秀。在這樣的選拔制度下，中英庚款留學生具有年齡較大，思想較成熟，主要來自於蘇浙粵及河北等省並出自清華、中央、北大、南開等名校的特徵。」〔註 18〕留英庚款考試是三四十年代最難考取也是最具吸引力的留學考試，在國民政府舉辦的各類庚款事業中，「以英庚款收效最宏」〔註 19〕。

3、留英學生政治意識淡薄

在近代留學史上，留英生不如留日留法學生政治意識強烈，他們既與辛亥革命無關，也與共產主義運動無緣。孫中山先生 1919 年曾評論說，留英學生「多半誤解以爲英國人民不管政治，因爲受了這種影響，在留學期間或者回國以後，也就以爲參預政治是不必要的。」〔註 20〕南京政府時期依然如此，1927 年創辦的留英學界第一份中文雜誌《留英學報》在發刊詞中公開宣稱:「不標主義，不鼓吹政策，不屬於任何黨派。」〔註 21〕這與留日學生所辦眾多帶

〔註 18〕 劉曉琴：《中英庚款留學生研究》，《南開學報》2000 年第 5 期。

〔註 19〕 教育部教育年鑑編委會：《第二次中國教育年鑑》，商務印書館 1948 年版，第 1567 頁。

〔註 20〕 孫中山：《與留法學生談話》，《孫中山全集》第 5 卷，中華書局 1985 年版，第 166 頁。

〔註 21〕 轉引自王奇生：《中國留學生的歷史軌迹》，湖北教育出版社 1992 年版，第 89 頁。

有強烈政治色彩的報刊雜誌，有著截然不同。留英生多埋頭於書齋，政治活動極爲罕見，他們日後的影響也主要在科技文化領域，政治名人寥寥無幾，這與留日、留法、留蘇、留美教育皆有所不同。

4、留英教育生源廣泛，而人數有限

出國學習需要較好的外語基礎，熟悉留學生接收國的語言是留學生選拔的重要條件。南京政府時期國內一般學校都注重英文，而開設德語、法語等外語的只有極少數學校。因此，留德、留法學生來源相對集中，而留英學生來源較爲廣泛。同時，英國是老牌帝國主義國家，文化學術名震全球，大量學子本應湧入其地，但由於英國學校門檻高學費貴，影響了中國青年到英國的就學率，整個近代留英人數次於留法、留德；南京政府時期雖總起來看略高於留法、留德，有千人規模，但在 30 年代卻比同期以上兩國少些，1929～1940 年，中國留學法、德兩國的人數分別爲 707、722 人，而留英人數只有633 人。

第六章　留法教育及其特點

　　在近代中國留法史上，1919～1920 年的勤工儉學運動是其頂點，以往著述對其闡述較多，而對之後的留法情況則很少論及，尤其是南京政府時期更鮮有涉足。限於資料，謹作以簡單介紹和分析。

一、留法教育之特點

　　南京政府時期的留法教育，和其他國家相比，有著某些不同之處。

1、多集中於巴黎和里昂

　　法國的高等教育歷史悠久，高等教育體制結構複雜，學位種類獨特，與其他國家高等教育體制有許多不同。高等院校為學生提供不同類型和多種形式的學習課程，包括短期學習課程、長期學習課程和職業技術教育課程。根據學校的培養目標、招生制度、教學安排和行政管理特點，高等院校可分為四類，即：綜合大學、高等專業學院、短期工程學院大學和高級技師學校。比較有名的大學有巴黎大學、里昂大學等。巴黎大學是法國國立大學，是一所在國際上享有極高盛譽的綜合大學。建於 12 世紀後半葉，與意大利的博洛尼亞大學並稱世界最古老的大學，又被譽為「歐洲大學之母」，文化名城巴黎正是因為有了巴黎大學才名揚四海。中國留法學生後來成為名人者，除政治軍事藝術領域外，多出自該校，如錢三強、施士元、鍾盛標、關肇直、莊圻泰、楊承宗、伍獻文、陳世驤、成慶泰、毛守白、范愚、池芝盛、陸侃如、馮沅君、王力、高名凱、焦菊隱、傅雷、閻家駟等等。里昂是法國第二大城市，里昂大學成立於 19 世紀末期，當時有自然科學、文學、醫學和法律等專

業，徐寶鼎、閻遜初、尹贊勳、方光燾、戴望舒、沈寶基等在該校畢業。

2、深受勤工儉學運動之影響

從 1919 到 1920 年間，共有 21 批計 1843 名〔註1〕。中國學子赴法，形成了留法勤工儉學高潮。在赴法勤工儉學運動處於鼎盛之際，又有了里昂大學的創辦。1919 年第一次世界大戰的戰勝國在巴黎召開和會，中國代表在會上提出了退還庚子賠款的要求。當時李石曾正在法國，他向法國政府提出將賠款退還用於教育。國內方面吳稚暉和蔡元培也附和說，倘若法國政府怕中國不將這筆錢用於教育的話，那麼乾脆用這筆錢在法國建立一所中國大學。他們的建議得到法國里昂大學校長和里昂市長的大力支持，於是有了中法大學的創辦。鑒於退還賠款非一朝一夕可以解決，他們決定先建校舍，試辦一個雛形，藉以促成賠款的退還。經政府及各方面贊助，1921 年 10 月 10 日學校鳴鑼開張，並正式命名為里昂中法大學，校址為一舊炮臺，法國原定永久給為校址，後又改為 25 年，再改為 15 年，最後改為 9 年。開辦時修理等費 200 餘萬法郎，常年經費約 60 萬法郎，其中由廣東政府給 42 萬，北京及法國政府共給 17.5 萬。1921 年 9 月 25 日，里昂中法大學首批學生 127 人入校。此後，每年從中國招考 20 多名新生。從 1921 年到 1951 年，共有 473 名中國留學生在中法大學就讀。僅 1932 年至 1945 年，就有 76 篇博士論文由里昂大學通過〔註2〕。

法國里昂中法大學成立的同時，北京也成立了中法大學。北京的作為預科，招學生學法文，為到法國里昂中法大學讀書作準備，所有經費，是法國退還的庚子賠款。1921 年華盛頓會議法國代表白里安（當時法國總理）向中國代表表示退還庚子賠款。一部分作為整理中國實業銀行的借款基金，一部分撥作中國教育經費，具體數字，是每年退回賠款一百萬金法郎，作為興辦中法教育之用，共 23 年，計 2300 萬金法郎。里昂中法大學、北京中法大學，所有預算經費，都由這筆款子中撥付。北京中法大學使意欲留法學生出國有了固定據點。1924 年，阜成門外設孔德學院，即社會科學院。1925 年，移文科於東皇城根，改稱服爾德學院，理科稱居里學院，生物研究所改稱陸謨克學院，1929 年，藥學專科成立。1930 年，在南京教育部備案、立案。1931 年，成立鐳學研究所，成立醫學院。同時改服爾德學院為文學院，改居里學院為理學院，陸謨克學院為醫學院，孔德學院為社會科學院。1934 年社科併入文

〔註 1〕 周永珍：周永珍：《留法紀事》，國家圖書館出版社 2008 年版，第 331 頁。
〔註 2〕 汪一駒：《中國知識分子與西方》，臺北桐城出版社 1978 年版，第 128 頁。

學院。在文化古城期間，中法大學的學生，按照規定，在國內讀兩年，成績合格，即放洋留學，到法國去讀後兩年。這一點是十分吸引人的。但是它的人數也並不太多，據 1935 年資料記載：「私立中法大學，校長李麟玉，創辦於民國九年，由預科改辦，學生人數 200 餘人，學雜各費每學期 15 元，校址東皇城根八棵槐，電話東局 182。」學生只有 200 餘人，可見不多。辦學規模有一定限制，這是原因之一；另一原因，就是它外國文考法文，當時北平，只有孔德學校的外國語是法文，可以爲它輸送學生。其它中學外語一般都是英文，投考中法大學，有一定困難。其它城市中學，專學法文的也很少。因而報考中法大學的學生，數量是有限的。

　　除里昂中法大學外，另一座與留法有影響的便是中國學院。她成立於 1920 年 3 月，次年得到法國承認。不過在 1926 年以前，因經濟條件所限，實際上徒有其名，每年僅借巴黎大學和東方語言學校教室，舉辦一些有關中國文化的學術講座。直到 1927 年春，學院才正式開課。1929 年 3 月，中國學院正式附設於巴黎大學內，命名爲巴黎大學中國學院。其評議會由 8 名法國代表和 9 名中國代表組成，中國代表有葉恭綽、李石曾、徐世昌、汪精衛等。該院學生不多，1930 年 17 人，1931 年 27 人，1932 年 39 人，1933 年 36 人。學生雖少所屬國籍甚廣，除中法兩國外，還有英、德、蘇、日、比等國學生。該院的學制不同於普通學院，學完一年，考試及格者，給予結業證書；學滿二年，考試及格，並呈交一篇小論文者，給予畢業文憑。儘管如此容易，但在該院取得證書和文憑者並不多〔註3〕。

3、滇越鐵路是雲南學子留法的重要通道

　　近代中國，雲南是法國勢力範圍，1910 年滇越鐵路修通後，法國人在昆明開辦醫院、郵電局、洋行商號，客觀上促進了雲南經濟文化的發展和對外開放。與此同時，大批的雲南知識分子，考取公費留學，從滇越鐵路出國，他們中很多人便是去法國。後來傑出的有熊慶來（數學）、張邦翰（建築）、范秉哲（醫學）、張若名（文學）等。在科技界留法人士的影響下，南京政府時期雲南的畫家們也開始到世界藝術中心的法蘭西留學，其中較爲傑出的是廖新學、熊秉明、劉文清、劉自鳴等。在龍雲主持滇政時期，廖新學於 1933 年由省府選派赴法國留法學習雕塑和油畫，並考入享譽世界的巴黎高等美術學校雕塑系。榮獲了法

〔註3〕　《教育部公報》，第 5 卷 47、48 期，1933 年 12 月。轉自王奇生：《中國留學生的歷史軌迹》，湖北教育出版社 1992 年版，第 78 頁。

國春季沙龍金獎和秋季沙龍會員的國際榮譽,他的油畫風格傾向單純但注重色調,以追求中國的「神」、「韻」,以色彩的冷暖對比來表現光、影,部分作品選用了點彩的方法,顯然是受了印象派繪畫的影響。主要代表作品《滇池》、《西山》、《翠湖的秋天》、《彝女》等,充分運用了歐洲傳統大師的繪畫經驗,並融合了東方人的情感、氣質以生動質樸的造型語言,表現了雲南邊陲特有的美麗自然景色。另外還有熊秉明、劉文清、劉自鳴等。

4、呈遞減、中斷、恢復之趨勢

根據檔案統計,南京政府從 1929～1946 學年度所派留法學生為下表:

1929～1946 學年度留法人數表

學年度	1929	30	31	32	33	34	35	36	37	38	46	合計
人　數	165	142	106	108	45	42	55	22	14	8	68	775

從上表可以看出,1929～1938 學年度一直呈遞減趨勢,由 165 人降到 8 人,此後幾年皆為零,在中斷了 7 年之後,抗戰的勝利,又帶來了 1946 年留學法國的重新開始。這種情況與留學其他各國的學生數不同。在抗戰爆發前的幾年,中國留美、留日、留德、留英都形成高潮,是南京政府時期留學人數最多或較多的時期,而留法卻一直呈下降之勢。在庚款留學中亦遠不如美國、英國,僅在 1937 年 5 月中法教育基金會舉行過一屆留法公費生考試,錄取 3 名,於 8 月間出國。同時在法國就中國留學生內選取 2 名。40 年代前期,法國戰敗投降,中國留法自然中止。戰後恢復了留法教育,除檔案中 1946 年 68 人外,1947～1949 年未見精確數字,筆者從《中國留學生大辭典》(周棉主編,南京大學出版社 1999 年版)「中國留學生年表」統計,3 年分別是 9、12、1 人,共計 22人。實際數字,當然比此要多得多,如上表 1946 年 68 人,而該辭典中見有姓名者僅 4 人。加上這幾年的人數及 1927、1928 年人數,整個南京政府時期留法者估計近千人。這與留英學生總數相差不大,但遠不如留英教育發展平穩。

二、自然科學界群星燦爛

南京政府時期的留法教育雖呈下滑趨勢,總體上人數不多,但仍造就出不少科技精英,為中國和世界科學技術的發展做出了卓著貢獻。其中 1927～1937 年留法的有:

1、物理學家

著名的有核物理學家錢三強、施士元，電磁學家蔡柏齡，晶體物理學家鍾盛標等。錢三強（1913～1992），中國科學院院士。浙江湖州人。1936 年畢業於清華大學物理系，通過公費留學考試，在盧溝橋的炮聲響起之際，以報國之志赴歐洲，進入巴黎大學居里試驗室做研究生，導師是居里的女兒、諾貝爾獎獲得者伊萊娜・居里及其丈夫約里奧・居里。兩代居里夫婦都是世界知名的核物理學家，第二代的丈夫因慕名還改用了妻家的姓。1940 年，錢三強取得了法國國家博士學位，又繼續跟隨第二代居里夫婦當助手。1946 年，他與同一學科的才女何澤慧結婚。夫妻二人在研究鈾核三裂變中取得了突破性成果，被導師約里奧向世界科學界推薦。不少西方國家的報紙刊物刊登了此事，並稱讚「中國的居里夫婦發現了原子核新分裂法」。同年法國科學院還向錢三強頒發了物理學獎。錢三強 1948 年回國，歷任清華大學物理系教授，北平研究院原子能研究所所長，中國科學院近代物理所所長，中國科學院副長、中國物理學會理事長。是中國原子能事業的開拓者和奠基人之一。50 年代領導建成中國第一個重水型原子反應堆和第一臺迴旋加速器，以及一批重要儀器設備。使我國的堆物理、堆工程技術、釙化學放射生物、放射性同位素製備、高能加速器技術、受控熱核聚變等科研工作，都先後開展起來。在蘇聯政府停止對中國的技術援助後，一方面迅速選調一批優秀核科技專家去二機部，直接負責原子彈研製中各個環節的攻堅任務，一方面會同中國科學院有關領導，組織聯合攻關。使許多關鍵技術得到及時解決，為第一顆原子彈和氫彈的研製成功作出重要貢獻。早在1960 年，即在原子能所組織中子物理理論與實驗兩個研究組開展氫彈的預研工作，為氫彈研製作了理論準備，促成了中國在第一顆原子彈爆炸後僅兩年零八個月，就研製成了氫彈。是中國第一個研製成功原子彈的科學家，被譽為中國的原子彈之父。施士元（1908～2007），核物理學家。上海崇明人。1929 年畢業於清華大學，通過了首次江蘇省官費留學考試，被派往巴黎大學。在鐳學研究所居里夫人實驗室從事釷系和錒系放射性同位素 β 能譜研究。他測定了內轉換 β 能譜，定出 γ 能量與核能級，肯定了重原子核有能級存在，證明原子核屬於量子力學系統。還對液態鉀的 X 射線衍射進行研究，發現液態中殘存著體心立方晶體結構。1933 年獲物理學博士學位，成為居里夫人為中國培養的第一位也是唯一的博士，第二年居里夫人便因惡性白血病去世了。回國後任中央大學物理系教授，是年 25 歲，是當時全國大學最年輕的教授。後曾擔任南京大學物

理系主任。他是被稱爲「中國的居里夫人」的物理學家吳健雄的導師，是我國最早從事核物理研究的科學家，最早出版核反應理論著述的專家。爲我國核物理人才的培養作出了重要的貢獻，其弟子中中科院院士已達十二位之多。蔡柏齡（1906～1988），浙江紹興人。蔡元培之子，留居法國。從 30 年代起在法國貝爾維尤強電磁體實驗室從事磁學和強磁場設計研究。他對氣態──氧化氮、氧和氮的磁（致）雙折射和磁（致）Faraday 旋轉，以及液態──氧化氮的磁化率進行了研究。30 年代後期又致力於鐵族過渡金屬（如錳、鐵、鈷、鎳、銅等）的氧化物、鹵化物、碳酸鹽等多晶體和一些單晶體的磁化率隨溫度的變化進行了系統的研究。從實驗上最早發現了多種化合物的磁化率──溫度曲線出現最大值的反鐵磁性，並把反鐵磁性理論用於解釋這些化合物磁性的特點，對早期反鐵磁性研究做出了重要貢獻。在多種強磁體設計方面，曾參加法國「土星」質子同步加速器中的大型強磁體、大型氣泡室電磁體、大型永磁體和高梯度磁場等的設計研究，曾採用磁位計法測量強電流。這些研究工作，於 1934 年獲法國國家研究發明局銀質獎章，1947 年獲法國埃梅‧貝爾泰獎。鍾盛標（1908～2003），新加坡出生。1924 年在華僑中學畢業後，到中國北京大學攻讀物理。1934 年他進入法國巴黎大學研究光譜學，獲科學博士學位，在巴黎居里實驗室擔任研究員，研究原子核物理。1938 年回國，在北大研究院物理研究所任研究員。1949 年到臺灣，任臺灣大學物理系教授，1955 年轉到臺灣東海大學任物理系主任。1956 年到南洋大學執教，曾任理學院院長兼物理系主任、自然科學研究院物理研究所所長。1974 年離職後，移居加拿大。主要從事晶體物理學研究，40 年代研究水晶的腐蝕圖樣及其應用；電場作用以及紫外線輻射對水晶腐蝕的影響；鐳射線對各種水晶的賦色效應以及這些水晶的光學性質；等等。他利用實驗得到的水晶的新腐蝕圖樣，發現了確定水晶軸向的新方法。這對於在抗戰時困難條件下通訊器材的研究有很大的幫助。50 年代，又從實驗上發現了用於檢測水晶晶體缺陷的兩種新方法，即放電法和堿金屬蒸氣腐蝕法。用這種方法可以檢測水晶內由於亞微觀摻雜而產生的缺陷。這種以物理方法檢測水晶晶體缺陷的方法，爲地質學家和礦物學家所關注。

2、數學家

有享譽中外的複分析學家莊圻泰（1909～1997）。山東莒縣人。1927 年入清華大學學習，畢業後任數學系助教。1936 年派往法國巴黎大學，從瓦利隆教授，研究亞純函數的正規族問題。1938 年獲數學博士學位。1939 年回國後，

任昆明雲南大學數學系教授。1946 年起，在北京大學數學系任教授。長期從事亞純函數的值分佈與正規族理論的研究，留法期間在瓦利隆教授的指導下，進一步確定了攻讀方向——亞純函數的正規族問題，並立即埋頭鑽研於圖書館，在短時間內就得到了這一方面的一個結果。有這一良好的開端，他大膽地自選了一個課題，且又作出關於亞純函數及其導數的公共波萊爾（Borel）方向的一個結果。瓦利隆看到這兩篇論文，非常滿意，並讓其摘要發表在法國雜誌《科學周報》上。從此，這位法國數學家對來自遙遠古國且性格內向的中國留學生刮目相看，一反過去只在教授休息室裏安排師生會見的慣例，特別允許他今後可作家庭訪問，還把莊圻泰關於正規族的結果寫入他的著作《亞純函數及其導數的例外值》中。1938 年在著名數學家 E・波萊爾教授的主持下，順利地通過了論文答辯，獲得數學博士學位。多年來，莊圻泰從事亞純函數的值分佈與正規族理論方面的研究，獲得了豐富的成果，發表論文約 30 篇，是國內這一領域的開拓者之一。

3、地學家

地學領域有聞名中外的考古學家古生物學家裴文中、古生物學家地層學家尹贊勳。裴文中（1904～1982），1955 年中科院學部委員。北京人第一個完整頭蓋骨化石的發現者。河北省灤縣人。1927 年畢業於北京大學地質系。後留學法國，從法國考古學家步日耶攻舊石器時代考古學，1937 年獲巴黎大學博士學位。回國後任中國地質調查所新生代研究室研究員，兼該室周口店辦事處主任，並在北京大學、燕京大學和中法大學講授史前考古學。中華人民共和國成立初期，任中央文化部文物事業管理局博物館處處長。後歷任中國科學院古脊椎動物與古人類研究所研究員、北京自然博物館館長等職。從 40 年代起，在研究總結中國舊石器時代文化的基礎上，又對中石器和新石器時代作了綜合研究，對中國石器時代考古學的發展，作出了積極的貢獻。主要著作有《周口店洞穴層採掘記》、《周口店山頂洞之文化》等。在國際上曾先後被授予法國地質學會會員、英國皇家人類學會名譽會員、先史學與原史學國際會議名譽常務理事和國際第四紀聯合會名譽會員等榮譽稱號。尹贊勳（1902～1984），1955 年中國科學院學部委員。河北平鄉人。1931 年獲法國里昂大學地質系的博士學位。回國後，曾任實業部中央地質調查所技正、副所長、代所長等職。新中國時期，先後擔任中國地質工作計劃指導委員會第一副主任委員、北京地質學院副院長、中科院地質研究所一級研究員。是卓

越的一專多能的地質古生物學家，對我國志留系作了全面系統的研究，著有《志留紀之中國》等文，奠定了我國志留紀地層學、地史學之基礎。他領導了我國地層學及地層規範的研究，編纂《中國區域地層表》、《中國地層規範草案說明書》等，使我國地層學研究走上規範化、系統化，得以與國際地層學規範統一對比。他最早將板塊構造學說引進我國。是新中國地學科研與教育事業的組織者、領導者。

4、生物學家

生物學界有動物學家伍獻文，昆蟲學家陳世驤，微生物學家閻遜初等。伍獻文（1900～1985），1948 年中央研究院院士，1955 年中國科學院學部委員。生於浙江瑞安。1927 年獲廈門大學理學士學位，1932 年獲法國巴黎大學科學博士學位。歷任南京中央研究院國立自然歷史博物館副研究員，南京中央大學生物系教授兼系主任，中國科學院水生生物研究所研究員、所長，政協全國常務委員。1983 年當選為英國林奈學會外籍會員。中國研究魚類學和水生生物學的奠基人之一。對蠕蟲、甲殼、兩棲、爬行、鳥類等類動物進行了深入的研究，組織了渤海灣及山東半島的海洋生物調查，這是中國組織海洋考察的開端。開展了魚類呼吸器官的結構與功能等形態學和生理學的研究；組織了江蘇五里湖的湖泊學調查。他和助手合寫出版了《中國鯉科魚類志》，獲 1982 年國家自然科學獎二等獎。《鯉亞目魚類分科的系統及其科間系統發育的相互關係》提出了鯉亞目魚類的一個新的分類系統，其論點已被加拿大學者 J.S.納爾遜引用於權威性著作《世界魚類》第二版。陳世驤（1905～1988），中國科學院院士。生於浙江嘉興。1928 年畢業於復旦大學。1928～1934 年赴法國留學，獲巴黎大學博士學位。歷任中央研究院動物研究所研究員，中國科學院昆蟲研究所研究員、所長，《中國動物志》主編等職。他以鞘翅目葉甲總科為主要研究對象，把葉甲總科三科分類改進為六科系統，為國際同行採用。共發表論文、專著 185 篇，描述昆蟲新種 700 多種，60 多個新屬。他的《進化論與分類學》，首次將物種概念、進化原理和特徵分析，綜合為進化分類學的一個理論體系，為分類學提供了新的理論概念和特徵分析方法。閻遜初（1912～1994），我國放線菌分類學研究的奠基人。中科院院士。河北高陽人。1934 年畢業於北京中法大學經濟系，被選送法國留學。1944 年獲里昂大學生物系學士學位。1949 年獲法國國家生物學博士學位。中國科學院微生物研究所研究員。中國放線菌分類工作的奠基人。50 年代起，從事放線菌

分類研究，將種數極多的鏈黴菌，按形態培養特徵劃分爲 14 個類群，後又簡化爲 12 個類群，爲這個屬的分類研究提供了方便，填補了中國放線菌分類學的空白；先後發現 13 個類群、100 多個新種和新變種；歷年來爲有關單位鑒定了 100 多個有實際意義的放線菌種。主編的《鏈黴菌鑒定手冊》和編著的《放線菌的分類與鑒定》等著作，對我國抗生素生產和有關的科研、教學工作具有指導意義或參考價值，並爲我國培養了不少放線菌分類科研人才。

5、醫學家

中國藥物學家化學家薛愚（1894～1988）。生於湖北襄陽。1925 年畢業於齊魯大學理學院後，受聘於清華大學。1930 年赴法國深造，1933 年獲巴黎大學理學博士學位後回國。歷任河南大學教授、齊魯大學教授兼化學系、藥學系主任，國立藥學專科學校教授、校長，北京大學醫學院藥學系教授、系主任等職。一生從事藥學教育，執教 60 年，培養了大批藥學人才。是中國早期研究中草藥化學成分的學者，以科學方法發掘整理中藥。早在 30 年代便研究醉魚草，從中提得醉魚草素甲及乙。40 年代研究茶、草藥、人頭髮、川芎、漢木鱉子等，對含揮發性成分的中草藥研究較多，曾設計了簡易、經濟的揮發油含量測定器。在中草藥化學研究領域中起到了開拓作用。曾用中外文發表論文 50 餘篇，代表作爲《實用有機藥物化學》、《《醫用有機化學》。

三、社會科學中名家薈萃

留法教育造就的自然科技人才總體上遠不如美英德三國，但在孕育出類拔萃的社會科學家方面卻獨領風騷。

1、傑出的文學家藝術家

作家中有小說家文壇泰斗巴金、劇作家李健吾。巴金（1904～2005），生於四川，祖籍浙江嘉興。1920 年秋進入成都外國語專門學校讀書。1927 年赴法國巴黎求學。1929 年發表第一部小說《滅亡》。其後創作的「愛情三部曲」《霧》、《雨》、《電》，「激流三部曲」《家》、《春》、《秋》，影響了一代青年。1935 年任文化生活出版社總編輯。新中國成立後，創作了大量的散文特寫。「文革」後，寫下記錄他的「眞實思想和眞摯感情」的五卷本隨筆《隨想錄》。晚年出版《巴金全集》（26 卷）、《巴金譯文全集》（10 卷）。1982 年獲意大利「但丁獎」，1983 年獲法國的榮譽勳章，1985 年美國文學藝術研究院授予他名譽

外籍院士稱號。歷任中國文聯副主席，中國作協主席，《上海文學》、《收穫》等雜誌主編。李健吾（1906～1982），山西運城人。1925年考入清華大學，先在中文系後轉入西洋文學系，同年加入文學研究會。1931 年赴法國巴黎現代語言專修學校，研究福樓拜。1933 年回國。抗日戰爭期間在上海從事話劇活動。1945年參加籌建上海市立實驗戲劇學校，任教授。1954年起任中國社會科學院外文所研究員。是國務院學位委員會文學評議組成員、中國戲劇家協會理事。從 1923 年開始發表劇本，先後創作和改編近 50 部劇作。劇作貫穿著反帝反封建的愛國民主思想，注意反映勞苦大眾的生活感情，情節緊湊，布局嚴謹，人物性格鮮明，語言生動，被稱爲具有浪漫主義特徵的劇作家。代表作有《這不過是春天》、《以身作則》等。譯有莫里哀喜劇 27 部，並有《福樓拜評傳》等專論。

　　文學史家有陸侃如、馮沅君。陸侃如（1903～1978），江蘇海門人。1924年北京大學中文系畢業，考入清華大學研究院。大學一年級時他便出版了《屈原》，大學畢業時又出版《宋玉》一書。研究院畢業後，在上海中國公學任教授，並在復旦大學、暨南大學兼職。1929 年在上海與馮沅君結婚，從此二人合作研究中國古典文學。馮沅君（1900～1974），河南唐河人。17 歲考入北京女子高師，參加過五四運動。22 歲時在創造社的刊物上發表了以《卷葹》爲名的系列小說，深得魯迅的賞識，引起當時青年知識分子的感情共鳴，從此成爲《語絲》的主要撰稿人之一。1925 年從北大研究所畢業，任教於金陵大學。1932 年夏，陸、馮同時出國，入法國巴黎大學研究院，1935 年均獲文學博士學位，回國後輾轉國內幾所大學任教。1949 年後，陸任山東大學校務委員會副主任兼圖書館館長，1951 年任副校長、《文史哲》編委會主任，相繼任全國政協委員、全國文聯委員、全國作協理事。馮是新中國第一位女一級教授，也擔任過山東大學副校長，同時還在文化界、婦女界擔任一些要職。夫婦在文學研究領域同心協力著書立說，1931 年合作出版 60 萬字的《中國詩史》，打破傳統見解，很有新意。1932 年又合作出版《中國文學史簡編》。他們的著作被譯成幾種外國文字出版，使中國古代優秀文學遺產在世界範圍內發揚光大。

　　語言學家有王力、高名凱。王力（1900～1986），廣西博白人。著名語言學家，中國現代語言學的奠基人之一。1924 年赴上海求學，1926 年考入清華國學研究院，1927 年赴法國留學，1932 年獲巴黎大學文學博士學位後返國，先後在清華大學、西南聯合大學、嶺南大學、中山大學、北京大學等校任教

授。在漢語語法學、音韻學、詞彙學、漢語史、語言學史等方面出版專著四十餘種，發表論文 200 餘篇。研究領域之廣，取得成就之大，中外影響之深遠，在中國語言學家中是極其突出的。在法國留學期間，翻譯出版二十餘種法國小說、劇本；抗戰期間，寫了大量的散文，被譽爲戰時學者散文三大家之一。高名凱（1911～1965），福建平潭人。1931 年秋考入北平燕京大學哲學系，1935 年畢業後升入燕京大學研究院哲學部學習，1937 年受燕京大學派遣赴法國巴黎大學研究院文學院攻讀語言學，1942 年獲博士學位。1941 年回燕京大學國文系任教，1952 年併入北京人學中文系任教授兼語言教研室主任，併兼任中國科學院語言研究所學術委員，《中國語文》編委。著述宏富，代表作有《漢語語法論》等。是我國著名的理論語言學家，在探索漢語語法理論，介紹和研究語言學理論，培養我國理論語言學人才等方面做出了重大貢獻。

　　導演藝術家有焦菊隱（1905～1975）。生於天津。1928 年燕京大學畢業，1935 年秋留學法國，1938 年獲巴黎大學文學博士學位。回國後任教於廣西大學文法學院，還導演了《雷雨》、《明末遺恨》，並和歐陽予倩一起參加了桂劇的改革，改編了《雁門關》，寫了一系列關於舊劇改革的文章。1942 年初去四川江安，任教於國立戲劇專科學校，在中國第一個把莎士比亞名著《哈姆雷特》搬上舞臺。同年年底至重慶，翻譯了高爾基的《未完成的三部曲》，貝拉·巴拉茲的《安魂曲》，聶米羅維奇·丹欽科的《文藝·戲劇·生活》，左拉的長篇小說《娜娜》等，還撰寫了《論戲劇批評》等專論。抗戰勝利後，任教於北平師範大學英語系，並導演了《夜店》。1947 年底創辦北平藝術館，導演了話劇《上海屋簷下》、京劇《桃花扇》。後又籌建校友劇團，把《羅密歐與朱麗葉》改編爲京劇《鑄情記》，還撰寫了《戲劇運動在今天》等論文。1949年擔任北京師範大學文學院院長兼西語系主任，1950 年導演了《龍須溝》，以完美的舞臺藝術形象、濃鬱的生活氣息和地方色彩，展示了現實主義舞臺藝術的魅力。1952 年 6 月調任北京人民藝術劇院第一副院長兼總導演和藝術委員會主任。1956 年通過《虎符》的排練進一步探索話劇向戲曲學習和舞臺藝術民族化的道路。1958 年導演了《茶館》和《智取威虎山》。此後一戲一格地導演了《蔡文姬》、《三塊錢國幣》、《星火燎原》、《膽劍篇》、《武則天》等，把斯坦尼斯拉夫斯基體系與中國戲曲藝術的美學原則融匯於自己的導演創造之中，逐步形成了自己的導演學派。

　　詩人中有艾青、戴望舒。艾青（1910～1996），浙江金華人。1928 年入杭

州國立西湖藝術學院繪畫系。翌年赴法國勤工儉學。在法期間，他閱讀了大量哲學和文學書籍。1932 年春回國加入中國左翼美術家同盟，同年 7 月被國民黨逮捕。在獄中，他由繪畫轉而寫詩，其成名作《大堰河──我的保姆》便創作於此時。抗戰爆發後，在漢口、重慶等地投入抗日救亡運動，任《文藝陣地》編委、育才學校文學系主任等職。1941 年赴延安，任《詩刊》主編。中華人民共和國成立後，任《人民文學》副主編、全國文聯委員、中國作家協會副主席等職，出訪了歐、美和亞洲的不少國家。從 1936 年起，出版詩集達 20 部以上，還著有論文集《詩論》、《新文藝論集》、《艾青談詩》，以及散文集和譯詩集各 1 本。他的作品被譯成 10 多種文字在國外出版。在中國新詩發展史上，是繼郭沫若、聞一多等人之後又一位推動一代詩風、并產生過重要影響的詩人，在世界上也享有聲譽。1985 年，法國授予他文學藝術最高勳章。戴望舒（1905～1950），生於浙江杭州。1923 年考入上海大學文學系。1925 年轉入震旦大學法文班。1932 年參加施蟄存主編的《現代》雜誌的編輯工作。11 月初赴法留學，入里昂中法大學。1935 年春回國。1936 年 10 月，與卞之琳、孫大雨、梁宗岱、馮至等創辦《新詩》月刊。抗戰爆發後，在香港主編《大公報》文藝副刊，發起出版《耕耘》雜誌。1938 年春在香港主編《星島日報‧星島》副刊。1939 年和艾青主編《頂點》。1941 年底被捕入獄。在獄中寫下了《獄中題壁》、《我用殘損的手掌》、《心願》、《等待》等詩篇。1949 年 6 月，在北平出席了中華文學藝術工作代表大會。建國後，在新聞總署從事編譯工作。不久病逝。

　　翻譯家有著名法國文學翻譯家傅雷、法國詩歌翻譯家沈寶基等。傅雷（1908～1966），上海南匯人。1926 年考入上海持志大學，1927 年 12 月赴法。考進巴黎大學，在文科專攻文藝理論，同時到盧佛美術史學校和梭邦藝術講座聽課。曾遊歷比利時、瑞士、意大利等國。1931 年秋回國，受聘於上海美專。後與葉常青合辦《時事彙報》周刊，與周煦良合編《新語》半月刊，1954 年加入作協，任上海分會理事。一生譯著宏富，譯文以傳神爲特色，更兼行文流暢，用字豐富，工於色彩變化。翻譯作品共 34 部，主要有羅曼‧羅蘭獲諾貝爾文學獎的長篇巨著《約翰‧克里斯朵夫》，傳記《貝多芬傳》、《米楷朗基琪傳》、《托爾斯泰傳》；服爾德的《嘉爾曼》、《高龍巴》；丹納的《藝術哲學》；巴爾扎克的《高老頭》、《歐也妮‧葛朗臺》、《邦斯舅舅》等名著十五部；譯作約五百萬言，全部收錄於《傅雷譯文集》。他的遺著《世界美術名作二十

講》、《傅雷家書》等也深受讀者喜愛，多次再版，一百餘萬言的著述也收錄於《傅雷文集》。沈寶基（1908〜2002），生於浙江平湖。他 14 歲進入上海中法學堂學習法文，後考入上海復旦大學，讀了三年預科。1925 年北上考入中法大學服爾德學院。1928 年畢業時成績名列前茅，獲公費留學法國里昂大學。1934 年用法語撰寫論文《西廂記研究》，在法國出版，因此獲里昂大學文學博士學位。回國後先後在中法大學、國立北平藝專、總參三部幹部學校、北京大學、武漢地質學院任教授。先後譯有《巴黎公社詩選》、《貝朗瑞歌曲選》、《鮑狄埃革命歌曲選》、《雨果詩選》、《雨果抒情詩選》等大量法國詩歌及其他法國文學作品等 112 篇、部。早在 1947 年，著名詩人戴望舒就稱讚沈先生的譯詩「令人滿意」。沈寶基後期的譯詩更是忠實傳神，文字清新蒼勁。

　　音樂家有作曲家冼星海（1905〜1945）。原籍廣東番禺，生於澳門。1921 年入廣州嶺南大學附中，自學小提琴及作曲等。1926 年在北京國立藝術專門學校音樂系選修小提琴，1928 年入上海國立音樂院學小提琴。1929 年冬赴法留學，先後向奧別多菲爾、丹弟和保羅·杜卡等著名的音樂家研習小提琴和理論作曲，1935 年春入巴黎音樂學院杜卡的高級作曲班；同年秋回國，先後在東方百代唱片公司和新華影業公司從事音樂創作和配樂，後投身於抗日救亡歌詠運動。1940 年赴蘇聯，在那裏創作了許多管絃樂作品，1945 年因病逝世於莫斯科。冼星海一生作有數百首歌曲、4 部大合唱、2 部歌劇、2 部交響樂、4 部交響組曲等大量作品。《在大行山上》（桂濤聲詞）是一首抒情性與戰鬥性給合的優秀的二部合唱曲，作於 1938 年。《黃河大合唱》（光未然詞）作於 1939 年，是一部為八個樂章的大型聲樂套曲，它以黃河為背景，歌頌了中華民族悠悠歷史和中國人民不屈不撓的鬥爭精神，展現了抗日戰爭的壯麗情景，被認為是一部反映中華民族解放運動的的英雄史詩。是近代中國音樂史上的里程碑式的作品。

　　美術家有中國油畫家顏文梁、呂斯百、司徒喬、常書鴻、唐一禾、秦宣夫、黃顯之等。顏文梁（1893〜1988），生於江蘇蘇州，自幼隨父學畫，1928 年赴法國留學，入巴黎高等美術專科學校學習油畫。其間曾赴西歐各國參觀、考察美術情況。1932 年回國，主持蘇州美術專科學校的教學。1953 年後任中央美術學院華東分院副院長、浙江美術學院顧問、中國美術家協會顧問等職。他的油畫，長於風景靜物。早年手法寫實，景色逼真，具有高度的造型技巧。所作《畫室》、《廚房》、《肉店》（色粉畫）為中國早期油畫色粉畫的代表作，其中《廚房》

獲 1929 年法國巴黎春季沙龍展榮譽獎。留學期間接受古典主義和印象主義的影響，作品在結構嚴謹、手法寫實的基礎上，又重視描繪外光和色彩的變化。60年代的作品多注重表現大自然的微妙變化和靜謐之美。70 年代後期，作品筆觸靈活、自然、灑脫，色彩明快。著有《美術用透視學》、《色彩瑣談》，出版《顏文梁畫集》、《油畫小輯》、《歐遊小品》、《蘇州風景》等。呂斯百（1905～1973），生於江蘇江陰。初入東南大學藝術系，得徐悲鴻賞識，並於 1928 年被推薦赴法國留學，初在里昂高等美術專科學校，1931 年入巴黎高等美術專科學校，曾遊歷西歐各國，考察美術。1934 年回國，任中央大學藝術系教授，後出任系主任。1949 年後，先後任蘭州西北師範學院藝術系、南京師範學院美術系教授兼系主任。他的油畫長於風景、靜物，早年作品筆觸穩健有力，色彩純化雅致，注重畫面整體的真實性。回國後題材擴大，注重生活氣息，風格愈發成熟。50 年代居蘭州時所畫多西北風景，意境深沉，情調獨特，鄉土氣息濃厚。有《呂斯百畫集》。司徒喬（1902～1958），廣東開平人。1924 年入燕京大學神學院學習，堅持業餘寫生作畫。1927 年在武漢參加北伐戰爭，從事宣傳畫創作。1928 年赴法國勤工儉學，學習繪畫。1930 年轉赴美國，1931 年回國，任教於嶺南大學。1938 年赴緬甸，翌年轉赴馬來西亞、新加坡，在新加坡創作《放下你的鞭子》。40 年代輾轉西北、西南、華南等地，旅行寫生。1946 年赴美國治病，1950 年回國途中在船上創作了《三個老華工》，成功地表現一代華僑在美國的滄桑經歷。回國後，先在革命博物館工作，後任中央美術學院教授。他除油畫外，還長於素描、中國畫、水粉畫、插圖等，創作大都取材生活在社會最底層的勞苦大眾的生活，具有深刻的思想內涵。作品能將中西繪畫相互融合，畫風質樸，善於描繪人物的精神面貌和心理變化。出版《司徒喬畫集》。常書鴻（1904～1994），生於浙江杭州。1923 年畢業於浙江省甲種工業學校染織科，留校任教。1927 年赴法國留學，初入里昂中法大學及里昂國立美術專科學校，1932 年入巴黎高等美術學校學習油畫，在法期間其畫曾多次入選春、秋季沙龍展，並獲金、銀質獎。1936 年回國。任北平藝術專科學校教授兼西畫系主任。1944 年任敦煌藝術研究所所長，從此長期在敦煌與同事一道對莫高窟進行清理、調整、臨摹、研究工作。他的油畫長於人物、靜物，在西方油畫的寫實手法中融入民族繪畫的表現形式，富有裝飾性。出版《敦煌藝術》、《敦煌唐代圖案選》、《敦煌壁畫》等。唐一禾（1905～1944），生於武漢。其兄唐義精為武昌藝術專科學校創始人之一，唐一禾初入該校學習。1924 年轉入北京美術專科學校，1926 年結業後回

武昌藝專繼續學習，1928 年畢業並留校任教，1930 年赴法國留學，入巴黎高等
美術學校。1934 年回國，任武昌藝術專科學校教務主任兼西洋畫系主任。主張
藝術應反映時代。他以現實主義和象徵性的手法表現了下層人民的貧困生活和
抗戰必勝的信心。代表作有《七・七的號角》、《勝利與和平》、《女遊擊隊員》
等，出版《唐一禾畫集》。秦宣夫（1906～1998），廣西桂林人。1929 年畢業於
清華大學外語系。1930 年考入法國高等美術學校，進入呂西安・西蒙教授工作
室學習油畫。同時在巴黎大學藝術考古研究所及魯佛學校，學習西方美術史。
為了深入研究歐洲繪畫發展，曾去英國、西班牙、意大利、德意志等國考察，
觀摩了歐洲許多著名藝術大師的原作。1934 年肄業回國，曾在國立北平藝專、
清華大學、國立藝專任教。1943 年應徐悲鴻之聘，任國立中央大學藝術系教授。
建國後曾先後擔任國立藝專西畫系主任，南京師範大學美術系主任等。他的藝
術以其強烈的個性和獨特的風格，稱譽畫壇。1933 年畫的《卡邦奇夫人像》，
入選法國沙龍展，為中國早期油畫走上世界作出了努力。1942 年創作的油畫《母
親》曾獲第三次全國美展二等獎。他在藝術上始終保持自己獨特的畫風，作品
充滿歡樂愉快的情調，是一曲曲生活的讚歌。多幅油畫作品被美術館及國外畫
廊收藏。黃顯之（1907～1991），湖南湘潭人。1928 年赴杭州考入國立西湖藝
專，學習西畫。1931 年春去巴黎，先在盧浮宮預習素描和補習法語，秋季考入
國立巴黎高等美術學院，學習素描和油畫。1935 年秋回國。黃顯之以其寫實的
功力和深厚的藝術造詣而著稱。在巴黎美術學院舉行的素描人體大獎賽中，他
的人體素描獲得第一名。這時期他創作的油畫《少女肖像》、《臥女》，分別參加
1933 年和 1934 年的法國春季沙龍畫展。《臥女》被當時巴黎唯一的藝術刊物《藝
術周刊》列為這次展覽的佳作，並刊印在展覽目錄的封面上。他擅長畫靜物，
早期的靜物畫，追求表現結實而寧靜的形體，並努力體現形體與整體表現力的
協調。畫面多以深暗的背景，襯托出明亮的物體。那時，他畫的一些銅器皿質
感極強，看上去似乎可以敲得響，而且是一筆筆地畫出來的，筆觸極為穩健、
雄厚。因此，這些作品和照片的真實、趣味是完全不同的。至今人們欣賞他的
名作《櫻桃》（現藏北京中國美術館）時，還驚訝他的寫實功力。抗戰時期曾創
作反映日本侵略中國的油畫《武運長久》，此畫後來被人帶到美國作抗日宣傳之
用，被美國副總統華萊士收藏。60 年代創作的人物畫《晚年》、《民兵》，都是
簡約傳神的佳作。

　　雕塑家有劉開渠（1904～1993）。中國當代傑出藝術家、中國現代雕塑開

拓者。安徽蕭縣人。1927 年畢業於國立北平藝專西畫系，次年 8 月在蔡元培支持下赴法國巴黎國立美術學院雕塑系留學，師從著名雕塑家樸舍，成爲中國公派留學生中學習雕塑第一人。作爲中國現代雕塑的奠基人，劉開渠在 70 年的雕塑生涯中，融西方的雕塑觀念與中國的民族風格於一體，把中國雕塑的對象從神轉向人民大眾，自成質樸、洗練、沈穩之風。其代表作《淞滬抗日陣亡將士紀念碑》、《無名英雄像》、天安門廣場人民英雄紀念碑的大型浮雕《勝利渡長江》、《支持前線》、《歡迎解放軍》等群像雕塑，熱情謳歌了中國人民的革命業績和英雄氣概。塑造革命領袖的《毛主席半身像》、《周恩來總理像》，以及塑造中國文化名人的《蔡元培座像》、《魯迅像》、《梅蘭芳座像》均成爲中國現代雕塑史上的優秀作品。

2、著名社會活動家

歷史學家侯外廬（1903～1987）。山西平遙人。1922 年分別考入北京法政大學和北京師範大學，兼攻法律和歷史。1927 年赴法留學，就讀於巴黎大學，次年參加中國共產黨。1930 年回國。「九・一八」事變後，在北平大學、北平師範大學等校任教授。抗戰期間在重慶一面從事抗日民族統一戰線工作，一面從事學術研究，在中國古史和思想史領域內取得突出的成就。中華人民共和國建立後，歷任中央人民政府政務院文教委員會委員、北京師範大學歷史系主任、西北大學校長、中國科學院歷史研究所副所長、全國政協常委等職。堅持應用馬克思主義的理論和方法研究中國歷史，對上下幾千年的社會史和思想史做了廣泛、深入的研究，著作豐富，自成體系，開創了一個獨具特色的學派。著作有《中國古代社會史論》、《中國封建社會史論》等。

教育家、法學家楊秀峰（1897～1983）。河北遷安人。早年積極參加愛國學生運動。1921 年畢業於北京高等師範學校。1929 年秋，經河北省教育廳保薦官費留學，入巴黎大學社會學院學習。次年在法國加入中國共產黨。「九・一八」事變後，因參與領導中國留法學生和華僑的反日侵華的遊行示威，被法國當局驅逐出境。嗣後，輾轉比利時、德國、英國，參加當地共產黨中國語言組工作，並赴蘇聯學習。1934 年回國後曾任河北商學院、北京師範大學等校教授，河北抗戰學院、冀南行政幹部學院等院院長，冀西抗日游擊隊司令員兼晉冀區黨委委員，晉冀魯豫邊區政府主席，中央局常委，華北人民政府副主席兼監察院院長。建國後，歷任河北省人民政府主席、黨組書記兼河北師範學院院長，政務院高等教育部、教育部部長、黨組書記，國務院文教

辦公室副主任，最高人民法院院長、黨組書記，全國政協副主席、人大常委及法制委員會副主任，中共中央委員。

　　「革命專家」胡愈之（1896～1986）。浙江上虞人。早年創建世界語學會，與沈雁冰等成立文學研究會。迫於國內的白色恐怖，1928 年 1 月流亡法國，入巴黎大學國際法學院學習，並系統地鑽研馬克思主義著作，思想開始由民主主義轉變爲社會主義。1931 年初，在回國途中，以世界語學者的身份到莫斯科，進行了 7 天的訪問，寫下名著《莫斯科印象記》。這是我國第一本比較系統地介紹社會主義蘇聯政治、經濟和人民生活狀況的著作，反映了他對新的社會制度的嚮往，在廣大青年中激起強烈的反響。1932 年初參加中國民權保障同盟，同年加入中國共產黨。1935 年後參加上海文化界救亡運動，爲救國會發起人之一。抗戰勝利後，在海外宣傳黨的方針政策。建國後，曾任《光明日報》總編輯，國家出版總署署長，全國人大副委員長和全國政協常委。他集記者、編輯、作家、翻譯家、出版家於一身，是一位被政界、學術界公認的德才兼備的「革命專家」，其「少有的全才」和令人起敬的高尚風範，是國人尤其是知識分子的光輝楷模。

　　現代作家、文學史家鄭振鐸（1898～1958）。原籍福建長樂，生於浙江永嘉。1917 年考入北京鐵路管理學校。曾參加五四運動，大革命失敗後，旅居巴黎。1929 年回國。曾在生活書店主編《世界文庫》。抗戰爆發後，參與發起了「上海文化界救亡協會」。抗戰勝利後，參與發起組織「中國民主促進會」，創辦《民主周刊》。1949 年以後，歷任文物局局長、考古研究所所長、文學研究所所長、文化部副部長。1958 年 10 月 18 日，在率中國文化代表團出國訪問途中，因飛機失事殉難。突出貢獻主要是在新文學現實主義文藝理論的探討和中國文學史的建樹兩個方面。代表作《中國俗文學史》，標誌了中國「俗文學」學科正式建立。有《鄭振鐸文集》。

　　革命烈士、畫家韓樂然（1898～1947）。吉林延吉人，朝鮮族。自幼酷愛繪畫，1920 年去上海，先在電車公司和印刷廠做工，後考入劉海粟主辦的上海美術專科學校。他多才多藝，在校期間就成爲小有名氣的青年畫家。1923 年加入中國共產黨。次年春，被組織派回東北，以上海基督教青年會到奉天舉辦畫展的名義，進行共產主義啓蒙教育和籌備建黨工作。之後，在奉天創辦起一所私人美術學校。1926 年初到哈爾濱，開展黨的地下工作。1929 年深秋離開齊齊哈爾旅歐學習。先到法國里昂、尼斯，1931 年秋入巴黎美術學院

學習。當時生活十分艱苦,以打工,街頭作畫的收入為主要生活來源。經過在巴黎這座藝術名城的薰陶和磨煉後,又到荷蘭、瑞士、蘇聯、英國、意大利等國,作了許多旅行寫生。在旅行中時常遭到洋人的奚落,他們認為中國人根本不懂藝術。當有些外國人看到他準備展覽的那些技巧嫻熟的旅行寫生作品時,竟說:「你一定是日本人。」韓樂然對此悲憤莫名,為給祖國爭光,給中國人吐氣,他在展鑒會的招貼上醒目地寫出「中國畫家韓樂然寫生作品展覽」。他身在異邦,對祖國命運時懷殷憂。1936 年夏,在巴黎參加了旅歐華僑抗日救亡團體舉行的代表大會,還擔任巴黎晚報攝影記者,從事反法西斯的國際宣傳。抗戰爆發後,返回祖國,在武漢參加周恩來、郭沫若領導的國民政府軍事委員會政治部第三廳工作。1947 年從烏魯木齊返回蘭州,所乘飛機於中途失事罹難,時年 49 歲。

民族學家何聯奎(1902〜1977)。浙江松陽人。曾任國民黨中央執行常委、行政院副秘書長。1921 年考入北京大學。1923 年加入中國國民黨。1926 年北大畢業。翌年春,任國民黨浙江省黨部秘書。1928 年春赴法入巴黎大學。兩年後又赴倫敦專門從事民族學、社會學研究。1931 年回國,執教於北京大學,專事佘民研究。著有《佘民問題》、《佘民在民族學上之新見》。1933 年,應聘任國立中央大學社會學系教授。1935 年後入軍政界,歷任軍委會委員長武漢行營陸軍整理處少將主任秘書、委員長行轅秘書、廣州行營參議、中央訓練委員會指導處長、副主任委員,《掃蕩報》總社社長,三青團中央幹事等職。參加籌辦峨嵋軍官訓練團、廬山軍官訓練團。當選為第二、第三屆國民參政員。1946 年 9 月,任中央大學法學院院長。同年,當選為國民黨中央執行委員會常委。1948 年 3 月,當選為第一屆國民大會代表。1949 年去臺灣。先後任「行政院」副秘書長、「國立」故宮中央博物院聯合會管理處副主任、臺灣故宮博物院副院長。曾兩次出席聯合國教科文組織大會。著有《民族文化研究》、《中國社會研究》等。

國民黨軍事將領廖耀湘(1906〜1968)。愛國民主人士。湖南邵陽人。1926年考入黃埔軍官學校第六期,1928 年畢業。1930 年以上士軍銜公費赴法國留學,學習機械化騎兵,1936 年畢業回國。抗戰爆發後,先後任國民革命軍少將師參謀長、師長、軍長。1942〜1945 年參加中國遠征軍到緬甸、印度與日軍作戰,任新六軍軍長。1946 年 1 月,調往東北內戰戰場,在秦皇島登陸。1948年 10 月,在遼瀋戰役中被俘。1961 年被特赦,曾任第四屆全國政協委員。

　　法學家阮毅成（1905～1988）。浙江餘姚人。1927留法，獲法國巴黎大學碩士，去臺前歷任中央大學教授，中央政治學校教授兼法律系主任，《時代公論》主編。並投身政界，任浙江省第四區行政督察專員、浙江省政府委員兼民政廳長、國立英士大學教授兼行政專科主任、浙江大學法學院院長、「制憲國代」等職。1949年赴臺，歷任臺灣省地方自治研究委員，「行政院」設計委員，「總統府臨時行政改革委員會」主任委員，《中央日報》社長，政治大學教授兼法律系主任，世界新聞專科學校董事兼教授。法學造詣頗深，論著有《陪審制度》、《國際私法論》等。

　　中國首位女稅務官外交官、語言文字學家袁曉園（1901～2003）。江蘇南京人。1919年以第一名的成績被錄用爲江蘇省農礦廳廳長何玉書的秘書，從名門閨秀步入政壇。1930年自費留法，入巴黎普魯士大學學習政治經濟學，歸國後被蔡廷鍇委任爲廈門市稅務營業局副局長，成爲中國第一任女稅務官。一年後，重返巴黎學習國際關係，後在外交部任專員。30年代中期，被委任爲駐印度加爾各答領事館副領事，成爲中國第一位女外交官。袁曉園在領事館任職六年，正是抗日戰爭如火如荼之時，她不遺餘力奔走呼籲，動員華僑爲抗戰捐款、購買軍火轉運回國。每遇當地政府無理扣壓軍用物資，她都據理力爭，其無所畏懼的氣勢和鋒利的外交辭令常使對方折服。在印6年之後，葉南被委任爲駐法武官，袁曉園隨夫赴法。在法國，受到戴高樂總統的接見，並曾被邀請與戴高樂總統一同步入凱旋門。1947年葉南奉調回國，這時袁曉園也被選爲「國大」代表。她和葉南從民族大義出發，聯名發出給國民黨政府的公開信，呼籲國共合作，實現中國統一。蔣介石卻以「附匪有據」的罪名宣布開除葉、袁兩人黨籍並加以通緝。葉袁夫婦在發表了脫離國民黨的告示之後，取道香港去了美國。赴美國後，袁曉園以優異的成績考入聯合國秘書處工作，負責處理中文文字事務。長時間的翻譯工作使她感受到，中國漢字筆畫多，一字一音，要使漢字成爲國際通用文字，必須進行改革。經潛心研究，終於推出一套「雙拼帶調兼表意」的袁氏拼音方案，即《漢字現代化方案（草案）》。1974年應邀回國參加建國25週年慶典，將方案呈交周恩來總理，周指示將其付印、分寄各大專院校及有關單位，並安排她到各有關院校演講介紹。這一方案以後曾在北京一些幼兒園試驗，取得理想效果。1980年聯合海內外學者發起成立了漢字現代化研究會，數年後又發展爲北京國際漢字研究會，定期出版會刊《漢字文化》，還在北京人民大會堂召開了規

模空前的漢字文化國際學術研討會。1985 年回國定居，任全國政協委員，民革中央監委、北京國際漢字研究會會長、國際書畫藝術研究會會長，並受聘為七所大學的名譽教授。

第七章　國民黨黨員留學

　　南京政府成立之初，爲培養「黨治」人才，於 1929～1931 年先後派遣近百名國民黨黨員出國留學。這種黨員留學，不是由教育部門具體辦理，而是由國民黨中央直接組織進行的，被稱爲「中央派遣黨員留學」。與一般留學教育相比具有其不同的特點。

一、國民黨黨員留學議案的確立

　　1927 年 4 月 18 日蔣介石在革命工農的血泊中建立起南京政府，不久，汪精衛也發動了「七・一五」政變，國民黨各派在反共的基點上很快合流，然後經過一番角逐，蔣介石縱橫捭闔擊敗對手，以 1928 年 2 月的二屆四中全會爲標誌，國民黨獲得形式上的統一。在這次會議上，國民黨要人陳果夫、丁惟汾、蔣介石等，鑒於國民黨「內部變化，如叛黨落伍，均由訓練缺乏」〔註 1〕，提出了《改組中央黨部案》，被會議通過，決定增設中央訓練部，以加強對國民黨黨員之教育。3 月 15 日，該部成立辦公，國民黨中央常務委員、曾任中央青年部部長的丁惟汾走馬上任。

　　二屆四中全會後，蔣馮閻桂聯合北伐，6 月接收京津，南京政府遂發表對內「施政方針」之通電，表示要結束軍政，開始訓政。7 月，國民黨上海特別市黨務指導委員會上呈國民黨中央執行委員會，建議中央考選一批有「革命」歷史的黨員出國學習。8 月 8 日至 15 日，國民黨召開了二屆五中全會，該會在「以黨治國」、「以黨治政」、「以黨治軍」的主導思想下，通過議案 25 項，初步建立

〔註 1〕　《中央訓練部成立》，《民國日報》1928 年 3 月 16 日。

起一黨專政的政治體制，《革命青年之培植及救濟案》便是其中議案之一。該案由國民黨中央訓練部部長丁惟汾提出，於 8 月 11 日以蔣介石為主席的第二次大會通過。決定：「對於努力革命工作，確有成績之同志，考選其學有根底者，派遣各國留學；其程度過底（低）而不能留學者，應特別設法給以受教育之機會，以養成實際工作之能力，其詳細辦法，由中央常會規定之。」〔註2〕並交由中央訓練部會同中央組織部擬訂詳細辦法，送由中央常會核定。不久，中央訓練部便草擬了《失學革命青年救濟規程》，其內容分國外留學與國內肄業兩種，經該部各科聯席會議通過，又送中央組織部會核〔註3〕，最後提交 12 月 27 日的國民黨中央第 189 次常會通過。《規程》對其條件及辦法作了原則規定：「本黨黨員入黨滿三年以上為黨奮鬥確有成績身體健全絕無嗜好而無力就學者得由其工作所在之縣，或與縣同級之黨部審查認為確實後呈請中央執行委員會詳加考覈分別補助學費入國內相當學校或派往外國留學，此項補助費由中央特籌專款辦理。」同時規定「派往外國留學之學生必須為高等專門學校及大學之畢業生。」〔註4〕根據該規程，隨即派遣李蔚唐等 27 人赴國外留學，內除陳傑、于振瀛 2 人因故未出國外，計放洋 25 人〔註5〕。後來，于、陳二人出國留學〔註6〕。

接著，中央訓練部會同中央組織部草擬了《失學革命青年救濟規程施行細則》，經 1929 年 2 月 14 日國民黨 197 次中央常會通過。《細則》對其考覈辦法作了明確規定，尤其強調了必須通過考試。程序為：報考者，「得開其履歷呈繳憑證申述志願向所屬之縣或等於縣之黨部報告」；「各縣或等於縣之黨部對於前項報告者之資格須切實查考詳列事實開具證明書呈省或等於省之黨部」；「各省或等於省之黨部對於縣或等於縣之黨部所呈報之上項事實及證明書須嚴密審查，如認為確實者即須造具詳細履歷，連同原件彙呈中央訓練部轉呈中央執行委員會審核」；核准後「由中央組織考選委員會舉行考試以便分期派送」；「考選委員會人選由中央訓練部會同中央組織部提請中央執行委員

〔註2〕《第五次中委會特刊，第二次大會》，《中央日報》1928 年 8 月 12 日。。

〔註3〕《中央訓練部工作概況》，《民國日報》1928 年 12 月 12 日。

〔註4〕同上。

〔註5〕《中訓部公佈中央派遣留學生統計》，《中央日報》1930 年 3 月 27 日。

〔註6〕1930 年 10 月 27 日《中央派遣留學生管理委員會第 20 次會議記錄》（國民黨中央訓練部檔案，中國第二歷史檔案館藏，七二二——172）有「第一次留學黨員王仲裕、龔介民、陳傑、丘河清四人自發誓願書後將近一年，尚未填報來會」之語，故知陳傑已出國；于振瀛有三次留日經歷。

會任命之」；「考試在首都舉行，分筆試口試二種，（一）筆試（甲）黨義，（乙）國文，（丙）外國文，（丁）有關之科學。（二）口試，就其所學及志願發問」；「凡經中央考選合格之留學黨員姓名在中央黨報披露之。」〔註7〕

《失學革命青年救濟規程》及其施行《細則》經國民黨中常會通過後，除由國民黨中央頒發各省市黨部施行外，1929 年 3 月，又以《中國國民黨中央執行委員會訓練部通告》第二號的形式，在《中央日報》、《民國日報》、《申報》等各大報紙連續發表。4 月，中訓部發布通告第三號，指出「前頒救濟失學革命青年規程施行細則第五條所載之志願書、證明書均經本部制定式樣頒發，各省市黨部訓練部遵照辦理在案，若有願受此項救濟之同志需用上項書類者，即希逕向所屬縣市黨部訓練部領取可也。」〔註8〕8 月，中央訓練部訓令各省黨部訓練部，將所屬請求救濟各同志從速具報來部，以便彙送中央常會核准與試，並要求對其工作成績須嚴密考查〔註9〕。此後，對各省市呈報申請留學者，「均由中央訓練部作初步審查，其標準：（一）呈請手續，是否遵照中央所頒救濟實施細則之規定；（二）學籍與黨籍，是否合於救濟規程所規定之資格，凡合格者，均准於存記，俟彙案送呈中央常會審核辦理，不合格者，均將原件發還。此外，凡經中央委員署名保送應試者，亦均准於存記，至於黨員個人越級呈請者，則因未經所屬黨部或中央委員負責證明，不合法定手續，均予以批駁。」〔註10〕

以上便是國民黨黨員留學議案確立的大體過程。關於派遣黨員留學的原因，國民黨一再標榜「鑒於本黨青年黨員，奔走革命，努力奮鬥，因而失學者頗不乏人，值此北伐告成，亟應設法救濟。」〔註11〕實際上，救濟失學青年不過是手段，而更深層的原因則有以下幾點：

第一，根本的目的在於為適應一黨專政的需要，培養「黨治」人才。國民黨上海特別市黨務指導委員會在建議國民黨中央考選黨員留學的上呈中，十分露骨地說明了這一點。文中寫道：「環顧黨內同志，其能瞭解主義者固多，然於建設與學術上有研究者實少，以至重要政治工作，如外交官之類，多授權於黨外人士。不革命假革命之分子，遂得高踞要職。此輩官僚政客，不知

〔註 7〕　《中國國民黨中央訓練部通告》第二號，《中央日報》1929 年 3 月 12 日。
〔註 8〕　《中央日報》1929 年 4 月 9 日。
〔註 9〕　《中央訓練部催報請求救濟失學革命青年》，《民國時報》1929 年 8 月 17 日。
〔註 10〕　《中央訓練部派遣黨員留學之經過》，《中央日報》1929 年 11 月 1 日。
〔註 11〕　《中央訓練部工作概況》，《民國日報》1928 年 12 月 12 日。

主義爲何物，不知政綱爲何事，惟憑其陳腐之腦筋，以處理一切。甚至賄賂公行，穢德腥聞，徒擁黨治之虛名，轉失民眾之信仰。揆厥原因，實黨內無濟時之才，有以致之也。」〔註12〕故要求中央選派黨員留洋，「俾學成歸國得以發揚黨義，實現黨治」，使權力機樞控制在國民黨黨員之手。

第二，適應訓政需要，培養建設人才。北伐勝利，軍政結束，訓政開始，爲鞏固其統治，各項建設問題不能不成爲國民黨面臨的一大重要任務，因而各方面高深人才尤爲急需，派送黨員留學便成爲培養建設人才的途徑之一。丁惟汾在其提案中講：「訓政之需要，厥爲建設人才，而參加革命之同志，雖十倍於前，然確能擔任建設工作者，實居少數……今後既入訓政時期，應以建設之技能爲訓練之要素」，過去「根本缺點，即在荒蕪學業，對症投劑，不能不從補充藝能入手也」，因此提出對「學業稍深者，派遣出國留學，一面考查政治經濟社會各種情況，回作本國參考，一面研究高深學問，以作建設新中國人才之準備。」〔註13〕之後，國民黨一再聲稱，派遣黨員留洋的目的「爲造就人才」，「研求高深學術，以爲建設新國家之用」。任何統治者，爲鞏固其政權，都不得不重視培養建設人才，國民黨也不例外，這是不難理解的。

第三，爲籠絡部分失學青年黨員，避免其鋌而走險。丁惟汾在其提案中就著重總結了這方面的歷史教訓，認爲辛亥之後，「多數青年同志，惘惘無所歸宿，或屈節腐化，或放蕩落伍，或慘殺幽禁，甚至鋌而走險，以營其不得已之罪惡；生活流離顛沛，凄愴慘苦，耳聞目睹，所在皆是。且此輩青年，皆當時之最急進分子，血氣方剛，罔知利害，際此進不可退不可之時，熱血奔騰，潰裂四出，而靡所底止；加以當時領導者，措置無方，遂演成如此慘象。」他認爲「青年同志犧牲一切，從事革命救國，自所樂從，茲有全國統一，彼輩亦功在社會，若不急謀出路，當然抑鬱不平；且本身學業，以革命犧牲，而才術技藝，又不能應社會之要求，謀生無路，經濟壓迫，因激於解放社會之大義，反使自身陷於絕境……且今環境，又與辛亥不同，共黨潛伏，甘言利誘於困迫之時，挾熱烈之氣，無所發泄，逼人歧路，小之引起局部之糾紛，大之引起社會之變亂，瞻念前途不寒而栗。故補救要義在使此輩同志納入正軌，其訓練方略亦當隨環境而變」。總之，「鑒於辛亥以後之積弊，恫於國家前途之隱憂」，他提出的對策爲：「學業稍深者，派遣留學」；「程度過

〔註12〕國民黨中央訓練部檔案，中國第二歷史檔案館藏，七二二——1404。
〔註13〕丁惟汾：《革命青年之培植及救濟案》，《中央日報》1928年8月10日。

低」者，補助在國內學習。由此「既以鼓舞向學之心理，更以免除一切之懸望，似此於黨義之中，寓建設之計，有用青年，既得所歸宿，辛亥慘象，亦無由發現。」〔註14〕

第四，通過留學黨員，對海外宣傳國民黨主義，瞭解留學界情況。胡漢民在對留學黨員出國前的訓話中，要他們除讀書外，「還應當做相當的工作，比如宣傳主義，使外人明瞭與推進黨的發展。」〔註15〕國民黨規定留學黨員必須按月填報生活狀況表，寄回中訓部，內容包括求學狀況、社交狀況、學界狀況、國際形勢、黨務活動、工作計劃等項，其中留學界狀況包括本國留學生有無何種團體組織及團體組織的宗旨，留學界對本黨領袖人物有何觀感，留學界流行的思想狀況，有何適合本黨所用的留學人才及留學界選修專業、趨向等〔註16〕，由此掌握海外留學界概況，以便採取對策。

二、國民黨黨員留學生的考選

黨員留學案確立後，國民黨中央便組織了考選委員會，由其具體領導了黨員留學生的考選活動。1929年7月22日國民黨三屆26次常務會議「審查國家環境的需求」，「議決資送革命青年辦法五則：（一）名額一百名；（二）學科以政治、經濟、法律、教育，為主要專科，其餘專科有相當人才亦得派遣；（三）國別德美；（四）方法考試；（五）年限以所入學校之畢業期間為限，於必要時，得由中央特許延長之。」〔註17〕根據《失學革命青年救濟規程施行細則》第八條之規定，會議通過了《中央派遣黨員留學考選會組織規則》，規定該委員會設委員七至九人，由中央訓練部會同組織部提請中常會通過聘任之。該會下設事務、審查、典試三股，每股主任一人，由委員會擬定人選，提請中央常會核准任用之。並對各股職責作了具體規定：事務股辦理登記文書通告及一切庶務事項；審查股辦理關於失學黨員之資格審查事項；典試股辦理考試。每股設幹事各一人，錄事各一人，其人選由各該股主任擬就提請委員會核准任用之〔註18〕。

9月19日國民黨中央第36次常務會議，根據中央訓練部會同中央組織部

〔註14〕丁惟汾：《革命青年之培植及救濟案》，《中央日報》1928年8月10日。
〔註15〕《中訓部召集黨員講話》，《中央日報》1930年1月10日。
〔註16〕國民黨中央訓練部檔案，中國第二歷史檔案館藏，七二二——85。
〔註17〕《中訓部辦理派遣黨員留學之經過》，《中央日報》1929年11月1日。
〔註18〕見《民國日報》1929年7月27日。

提出的參選委員會名單，推舉蔣中正、胡漢民、葉楚傖、何應欽、戴傳賢、陳立夫、劉蘆隱七名中央執行委員為中央派遣黨員留學考選委員會委員。會址在南京丁家橋中央黨部〔註19〕。該會集中了國民黨要人，這從他們當時所任職務中可知。蔣中正：中央常委、中組部長、國府主席；胡漢民：中央常委、國府委員兼立法院長；葉楚傖：中央常委、中宣部長；戴傳賢：中央常委、中訓部長、國府委員兼考試院長；何應欽：中訓部副部長、國府訓練總監部部長；陳立夫：中央秘書長；劉蘆隱：中宣部副部長。後又增加兩名候補中央執行委員桂崇基和余井塘，只是丁惟汾因健康原因早已辭去中訓部長之職，不在該委員會之列。

該會從 1929 年 10 月 18 日宣告成立至 12 月 25 日撤銷，共存在 69 日，其間召開會議 10 次，對外發布通告 14 號，具體組織領導了這次黨員留學考選活動。第一次會議於 10 月 18 日下午 3 時召開，出席委員胡漢民、戴傳賢、蔣中正（余井塘代）、何應欽（史維煥代）等，由中央訓練部長戴傳賢任會議主席。決議事項為：（一）報名日期，截至 10 月 31 日為止；（二）考試日期，定於 12 月 1 日；（三）凡呈請派遣留學黨員以經過考試手續為原則。以上內容除由中央訓練部通告各地黨部知照外，考選委員會於 10 月 25 日發出通告第一號予以公布〔註20〕。

自報名日期截止後，中央訓練部即將過去業經考記之各黨員之履歷書證明書志願書等件，彙案轉送考選委員會審核辦理。這時全國共呈報中央訓練部投考留學黨員 198 人。

11 月 14 日考選會舉行第二次會議，出席委員戴傳賢、陳立夫、何應欽（史維煥代）、蔣中正（余井塘代）、劉蘆隱；列席者：楊棟林、張忠道、吳企雲。主席戴傳賢。首先由史維煥秘書報告考選委員會經過情形，然後討論決定了以下事項：（一）提請中央常會任用楊棟林兼典試股主任，張忠道為審查股主任，吳企雲兼事務股主任；請派徐心荃兼典試股幹事，全祖懋兼審查股幹事，左曙萍兼事務股幹事。（二）通過了應考留學黨員之資格審查標準案。決議應照失學青年救濟規程辦理，其不合規定者，雖經中央委員特別介紹，亦不予通融。（三）決定了國別分配案。遵照資送革命青年出洋留學辦法派赴德美留

〔註19〕《第三十六次中央常會》，《民國日報》1929 年 9 月 20 日。
〔註20〕《國民黨中央執委會派遣黨員留學考選委員會通告》第一號，《中央日報》1929 年 11 月 4 日。

學，其餘各國，如有相當人員時，亦得派遣。（四）規定了考試方法。應考者受體格檢查、筆試、口試；筆試第一試與第二試合併計算，不及格者不准口試。（五）議定了考試科目。分共同科目及特殊科目二種。第一試共同科目：（甲）項為黨義、國文及外國國文；（乙）項為數理化、倫理學及心理學。第二試特殊科目各以其志願學科，及其曾經畢業之學校而定。應考學生，並須於最短期間補呈畢業成績單〔註21〕。

會後，考選委員會接連發出第二號和第三號通告。第二號通告要求考生務必於 11 月 25 日前交齊各種文證，指出為便於審查亟須周知各該黨員其詳細履歷及志願留學之國別及學科等，尚有未經呈繳留學黨員履歷書、志願書、證明書、本人最近半身像片、大學或專門以上畢業證書、過去為國民黨之工作證物以及本人畢業之專門學校或大學各科成績報告等件，抑或業經呈繳而未齊備者，限於 11 月 25 日以前直接呈送考選委員會以便審核。畢業成績報告如學校在邊遠省份不能如期呈報者亦須迅速補繳〔註22〕。第三號通告公佈了考試科目，要求應考黨員須於 12 月 1 日前三天到考選委員會報到〔註23〕。

11 月 22 日，考選委員會在中央第一會議廳舉行第三次會議，出席委員桂崇基、何應欽（史維煥代）、余井塘、陳立夫、葉楚傖；列席者吳企雲、張忠道、楊棟林；主席葉楚傖。先由吳、張、楊三人分別報告了近期事務進行情況，然後討論決定了下列問題：（一）請決定學校分類案，決議毋庸分類。（二）文憑未曾呈繳，但經（甲）所屬黨部證明，（乙）畢業學校校長證明，（丙）中央委員證明，應否認為有效案。決議文憑未呈繳，但經畢業學校校長證明確係該校畢業者得准應考。（三）投考者所志願學科有範圍較廣者，應如何確定其應考範圍案。決議投考在志願學科內得自選一專科應試。（四）審查之結果應如何決定案。決議候審查完竣後，將審查結果彙呈委員會逐名決定。

會議還推定委員數人，根據報考者志願及其曾習科目，擇要配定第二試專門科目，決定（一）凡報考政治、法律、經濟、社會學等科者，應考（甲）共同科目，為政治學、經濟學、社會學。（乙）特殊科目，報考政治科者，試比較憲法，法律科者試民刑法，經濟科者試銀行貨幣，社會學科者試社會心

〔註21〕《黨員留學考選會開會》，《中央日報》1929 年 11 月 24 日。
〔註22〕見《中央日報》1929 年 11 月 28 日。
〔註23〕同上。

理學。報考農業經濟者,其公共科目如上,其特殊科目為農業經濟。(二)凡報考哲學、教育、歷史、美術等科者,應考(甲)共同科目為哲學、心理學、倫理學(歷史科得試社會學)。(乙)特殊科目,報考哲學科者,試哲學史,教育科者試教育原理,歷史科者試世界史,美術科者試美學。(三)凡報考物理、化學、採礦、冶金、地質、農業、醫學等科者,應考(甲)共同科目,為高等物理、高等化學、高等數學。(乙)特殊科目,報考物理科者試力學,化學科者試分析化學,採礦冶金科者試礦物學(或冶金學),地質學科者試地質學,農業科者試植物生理學,醫科者試病理學(或藥物學)。以上科目分配,皆係根據報考者志願,擇其主要者選其數門〔註24〕。

會後,考選委員會發布通告第四、第五號。第四號將第二試科目公佈於眾,並公告:應考黨員其未曾繳畢業證書者,非有畢業學校校長證明不能生效;應考黨員在志願學科內得選一專科應試;資格手續不完備者暫准應考,各項應行補繳文件限於考試期內補繳,如考後仍不補繳者,雖經錄取仍須取消其名額;入黨年月應依中央組織部之存案為標準,如入黨時間不滿三年者不得與考;曾在國外大學或專門學校畢業之學生不得應考,但因被壓迫而回國者不在此限;應考黨員曾已另有輔助留學費者毋容派遣〔註25〕。第五號通告公佈了考試日程如下:〔註26〕

(一)報到:11 月 28 日下午 1:30~30 日止。

(二)體檢:12 月 3 日~4 日,每日上午 8 時起。

(三)發表體檢結果:12 月 5 日下午。

(四)第一試

日　　期	科目	上　　午		下　　午
		8:10-10:00	10:00-12:00	1:30-3:30
12 月 6 日	甲項	國　文	黨　義	外國文
12 月 7 日	乙項	心理學	數　學	倫理學
12 月 10 日	乙項	物　理	化　學	

(五)第二試

〔註24〕《黨員留學第二試科目經考選會議決定》,《中央日報》1929 年 11 月 24 日。
〔註25〕見《中央日報》1929 年 11 月 28 日。
〔註26〕第一試、第二試兩表係筆者根據 1929 年 11 月 28 日《中央日報》第五號內容所列。

科　目	12 月 11 日		12 月 12 日	
	上　午		下　午	
	8:10-10:00	10:10-12:00	1:30-3:30	1:30-3:30
政治	政治學	經濟學	社會學	比較憲法
法律	政治學	經濟學	社會學	比較憲法
經濟	政治學	經濟學	社會學	銀行貨幣
社會學	政治學	經濟學	社會學	社會心理學
農業經濟	政治學	經濟學	社會學	農業經濟
哲學	哲學	心理學	倫理學	哲學史
教育	哲學	心理學	倫理學	教育原理
美術	哲學	心理學	倫理學	美學
歷史	哲學	心理學	倫理學或社會學	世界史
物理	高等數學	高等物理	高等化學	力學
化學	高等數學	高等物理	高等化學	分析化學
採礦	高等數學	高等物理	高等化學	礦物學
冶金	高等數學	高等物理	高等化學	冶金學
農業	高等數學	高等物理	高等化學	植物生理學
地質	高等數學	高等物理	高等化學	地質學
醫科	高等數學	生理學	高等化學	病理學
藥科	高等數學	生理學	高等化學	藥物學

（六）發表筆試結果：12 月 19 日。

（七）口試：12 月 20 日。

11 月 26 日考選委員會舉行第四次會議。出席委員劉蘆隱、何應欽（史維煥代）、余井塘、陳立夫、葉楚傖；列席者吳企雲、張忠道、楊棟林；主席葉楚傖。各股報告近日工作情形後，討論決議事項如下：（一）投考黨員之資格符合，但手續不完備者，暫准與考，各項文件限於考試期內補交，考後仍不能補交者雖經錄取仍須取消其名額。（二）投考黨員入黨年月應依中央組織部之存案為標準，如入黨時間不滿三年者不得與考。（三）曾在國外專門以上學校畢業之學生毋庸應考，但因被壓迫而中途回國者不在此限。（四）投考黨員曾已另有補助費者毋庸派遣。（五）如有違背以上決議，一經發覺，即行取消派遣名額〔註27〕。

〔註27〕《黨員留學考選會昨舉行第四次會議》，《中央日報》1929 年 11 月 27 日。

隨之考選委員會發布第六號通告，公佈了經過該會審查准予應考者名單，共計趙澍等 135 名。其中尚有未經呈繳各項文證者，要求於考試期內補呈到會，否則雖經考取仍須取消其留學資格。

考選委員會在 12 月 2 日舉行第五次會議，到會委員胡漢民、戴傳賢、桂崇基、葉楚傖、何應欽（史維煥代），主席戴傳賢。首先由審查股報告審查結果，投考黨員共二百零三人，經審查合格者一百三十五人，報到者截止12 月 2 日有八十二人。討論的事項有：（一）請公決下列黨員應否准予與考案。決議王葆和、彭蘋陳、余瑞瑛三人入黨年月或經中央組織部證明或已補繳確實證物確係皆在 1927 年以前，應准予應試；陳策華、姚飄雲、胡利鋒、李洪度四人仍須呈繳確實證物，或由中央組織部證明確係 1927 年以前入黨，始能應試；朱洪題須俟清華大學來函證明方准應試；熊沖所呈繳各種文件經詳細審查均無從證實係在 1927 年以前入黨，因與救濟失學青年規程不符，未便准予應考；陳葆勤在同濟大學尚未畢業，與規程不符，未便准予應考。（二）決定了評分方法。每卷評閱員至少二人，評閱之先，共同定一公約，閱卷時依此悉心評分，然後取而平均之為各卷應得之分數。（三）選擇試題方法。由主考者臨時決定。（四）決議凡曾報名之黨員，業已到京，經審查不及格及與考未取，均酌發給來回川資。（五）因考試科目發表太遲，考生不得預備，並使努力工作者不致灰心，決定此次考試「革命」歷史與考分同時並重，「革命」經歷以 40%計分，學業成績以 60%計分。（六）歷史老者，如考不取，仍志願求學者，決定向中央常會提議，充實中央政治學校〔註28〕。

12 月 3 日至 4 日，在中央黨部治療室進行了應考黨員體格檢驗。12 月 5 日考選委員會舉行第六次會議，到會委員桂崇基、葉楚傖、陳立夫、余井塘、何應欽（史維煥代），主席桂崇基。報告事項：（一）宣讀上次會議記錄。（二）報告檢驗體格之經過。討論事項：（一）決議朱洪題經清華大學校長來電證明其學歷，准予考試。（二）請發表檢驗體格及格名單案。決議凡經治療室檢查後，其體格評定在乙以上者，計賓名顯等 84 名，均應准予受試〔註29〕。並決定體格檢驗合格名單公佈後，即按原定日期舉行筆試；試場設在中央黨部大禮堂，並推定戴傳賢、桂崇基二委員為主試，另請中央黨部各部處各推派二

〔註28〕《黨員留學考選第五次會議》，《中央日報》1929 年 12 月 3 日。
〔註29〕《黨員留學考選委員會公佈體格檢驗結果》，《民國日報》1929 年 12 月 5 日。

人或一人爲典試員〔註30〕。

　　12月6日，黨員留學考試開始舉行，據當時的《中央日報》報導：「中央派遣黨員留學考選委員會，昨日（六日）在中央大禮堂舉行第一試，上午八時十分，第一場試國文、到場應試者計八十人，十時三十分第二場試黨義，應試者七十九人，下午二時試外國文（分英德日三國文字）應試者七十五人，四時參試完畢。是日主試桂崇基，考試委員余井塘，典試員王祺、賴特才等八人，均親臨試場監試，一切試場秩序，頗爲嚴肅。」〔註31〕

　　12月7日第一試繼續舉行，「上午第一場心理學，第二場數學，下午試倫理學，每場到考者七十八人。」〔註32〕12月10日上午繼續第一試的考試，第一場爲物理，第二場爲化學。

　　11月11日和12日進行了第二試，「連日到場應試者各有七十七人，每日仍由主試考試委員及典試員等臨場監視，秩序甚稱嚴肅。」〔註33〕第二試完畢後，12日下午4時半，「當由主試戴季陶氏即席演講，略述對於派遣留學生之感想，及對於應考諸同志之希望等語。」〔註34〕之後，12月22日上午，考選委員會又召集應考黨員在中央黨部禮堂談話。

　　考試開始後至12月25日，考選委員會又接連舉行過四次會議。在25日的第十次會議上，決定原定口試不再舉行，根據試卷及「革命」經歷評定，錄取徐季吾等七十名，其中王啓聖等廿四名外語成績不甚優良者應自行補習，每半年由中央訓練部補考外國文一次，及格者隨時派送，並將錄取的七十人名單和其中應補習外文的廿四人名單發榜予以通告〔註35〕。考選委員會並定於即日呈報中央常會撤銷。至此，國民黨中央第一次考選黨員留學活動結束。這次考選，具有如下特點：

　　第一，國民黨中央高度重視，組織了強有力的專門領導班子。從考選委員的成員來看，除全部爲國民黨中央執行委員、候補執行委員外，包括國民黨中央四名常務委員，中央訓練部、組織部、宣傳部三大部正副部長，中央

〔註30〕《留學黨員體格檢驗竣事，筆試試場定中央大禮堂》，《中央日報》1929年12月5日。
〔註31〕《黨員留學昨舉行第一試》，《中央日報》1929年12月7日。
〔註32〕《黨員留學考試第二日》，《中央日報》1929年12月8日。
〔註33〕《黨員留學考試二試完畢》，《中央日報》1929年12月13日。
〔註34〕同上。
〔註35〕《中央派遣黨員留學考選委員會通告》第十二、十三號，《中央日報》1929年12月26日。

秘書處秘書長，還有國民政府主席、立法院長、考試院長，皆為國民黨黨政要人，但唯獨沒有專家教授之類，這與主要由專家學者組成的一般留學生考選委員會是不同的，帶有明顯的黨務活動的政治色彩。

　　第二，儘管國民黨上層對此次考選黨員留學十分重視，但下面不少黨部辦理不力，一般合乎條件的黨員也積極性不高。比如儘管國民黨中央三令五審，頒通知，發廣告，要求各地黨部認真辦理，從速呈報，但北平市黨部一直未見行動，直至報名截止日期的前一天才開始報名，故只有一天的報名時間，因黨員諮詢無法應付，特電中央訓練部請求展期，結果未准〔註36〕。而全國報名應考者僅二百零三人，肯定合乎報考資格者遠非此數，真正報到者更只有可憐的八十多人，說明即使是符合條件的一般黨員對此也興趣不大，沒有踴躍參與。

　　第三，時間倉促，準備不周。進行黨員留學考選，對國民黨來說是個新問題，既急派人出洋，又缺乏辦理經驗，許多問題事先沒有具體章程，而往往是邊議決，邊執行，儘管考生不多，卻顯得十分忙亂，也難免出現問題。如有關考試日期、辦法等一再改變；考試科目發布太遲，距考期僅幾天的時間，考生根本無法準備；准考名單公佈過晚，致使有的人已到京但不能應試，等等。

　　第四，資格審查嚴，專業標準寬。對報名黨員中央訓練部進行了嚴格審查，始終堅持黨齡三年以上，大專學歷等資格條件，在報名的二百零三人中，經審查合格為一百三十五人，佔 66.5%，即有 33.5% 的人未被通過。而對專業標準一再改變，不斷降低，不僅另外規定了「革命」經歷以 40% 計分，而且免去了原定的口試程序。再從與考的七十七人中竟錄取七十人來看，其考中率佔 90.9% 之高，也是罕見的，充分反映出專業水平要求之低，而且連外語成績甚差者也予以錄取，只是由於實在難於出國學習，不得不另行規定，在國內予以自行補習，經補考合格後再行出國。

三、國民黨對黨員留學生的管理

　　國民黨對黨員留學生的管理，較普通留學生要嚴格得多，黨員留學生雖然人數很少，但國民黨中央訓練部卻專門成立了中央派遣留學生管理委員會，對其單獨加以管理。

〔註36〕《北平市黨部請展黨員留學報名期未准》，《中央日報》1929 年 12 月 2 日。

　　早在 1929 年 2 月 15 日，國民黨中央常會就通過了《失學革命青年入學
後管理規則》，對入國內肄業及國外留學黨員的管理作出 10 條規定〔註37〕。
留學黨員考選工作結束後，12 月 26 日，國民黨第 60 次中央常會又通過了《中
央派遣留學生管理章程》。《章程》分六節計二十二條，對有關問題作了較爲
具體的規定。

　　第一節　管理機關

　　決定由中央訓練部設立留學生管理委員會具體管理派遣之黨員留學生。
管理委員會設委員 5～7 人，由中央訓練部提請中央執行委員會任用之。管理
委員會設學業考查員若干人，由中央訓練部聘請專門人員充任之。

　　第二節　留學生之登記移轉及請假

　　規定凡考取之留學生應於領費出國之前，到中央訓練部填寫該章程誓
約；抵留學國後，應即向國民黨黨部或使領館報到，取具證明書，並將出國
經過、入學計劃、通訊地址，連同證明書等詳細呈報留學生管理委員會。如
欲轉移留學國度、學校或學科者，必須先將理由呈經留學生管理委員會提請
中央執行委員會核准後，方得進行。如遇特別事故，必須歸國者，應先呈請
留學生管理委員會核准後方得歸國；非遇疾病等重大事故，具有確實證明者，
不得曠課或長期請假。

　　第三節　報告及其審查

　　要求留學黨員必須按照各項報告之規定，分別具報留學生管理委員會審
核。報告分以下三種：一是學業狀況報告，每月一次，並附帶報告其生活狀
況，因病不能作此報告者，必須會同醫生或醫院證明書呈報留學生管理委員
會；二是學業成績報告，每學期一次，並附具學校之成績單，此成績必須有
學校負責者之證明；三是旅行參觀報告，彙報在外國政府機關或農工商業機
關等實習中之成績及經驗，其實習時間在三個月以下者於實習期滿報告，超
過三個月以上者，每三個月報告一次。各種報告式樣，由留學生管理委員會
頒發。留學生所寄呈之各種報告，由留學生管理委員會審核後，將其結果函
複本人，並彙印成冊發表。

　　第四節　留學生回國後之服務辦法

　　規定留學黨員回國後，須向管理委員會呈繳其學業證書及各種學業成
績，須就其所學擔任中央所指示之工作。

〔註37〕《失學革命青年救濟有方》，《民國日報》1929 年 2 月 16 日。

第五節　罰則

規定凡無故缺學業狀況報告三次以上者，取消公費；無正當理由事前未經留學生管理委員會許可而缺學業成績報告者，取消公費；凡成績不良，經留學生管理委員會審查認爲無造就可能者取消公費；有「反革命」言行，經所在地黨部呈控中央審查屬實者取消公費。凡取消公費由留學生管理委員會呈請中央執行委員會決議行之。

第六節　附則

說明該章程由國民黨中央執行委員會議決施行；如有未盡事實，由中央訓練部提請中央執行委員會議決修改〔註38〕。

1930 年 1 月 9 日，國民黨三屆 63 次中央常務會議通過中央派遣黨員留學生管理委員會組織規則，任命吳晃、王克仁、陳劍脩、張忠道、丘景尼 5 人爲中央派遣黨員留學生管理委員會委員；中央派遣黨員留學生管理章程第十九條修改爲「凡取消公費，由留學生管理委員會提請中央訓練部，轉呈中央執行委員會決議行之。」〔註39〕

1 月 30 日國民黨中央 69 次常會又規定了派遣黨員留學生年限及學費。決定留學年限以三年爲度，其有特殊情形必須延長年限者，須先呈請留學生管理委員會，轉由訓練部提請中央常會許可。留學學費，以至留學國之日起計算；前派遣留學生黨員張丕介等 27 人管理事宜，一併由中央派遣留學生管理委員會辦理〔註40〕。

中央派遣留學生管理委員會產生後，便由其具體辦理了考選黨員前後三批的放洋出國。1929 年底，當錄取結果公佈後，留學黨員便積極進行出洋的準備工作。12 月 26 日，被錄取者在第一公園茶會，籌備有關事宜，並攝影留念。12 月 28 日，再次召開談話會，決定組織留學同學會，推舉鄒德高、孫茂柏、徐天權、梁棟、淦克超 5 人爲籌備委員，並推淦克超負通訊總責。29 日下午，又在中央黨部會客廳召開全體大會，討論留學生之組織，藉以聯絡感情交換知識，並籌備各種出洋手續〔註41〕。

出國事宜由中央派遣留學生管理委員會組織進行。該會 1930 年 1 月 16

〔註38〕《中央派遣留學生管理章程》，《中央日報》1929 年 12 月 27 日。
〔註39〕《中央執委會舉行 63 次常會》，《中央日報》1930 年 1 月 10 日。
〔註40〕《中執會 69 次常會規定派遣留學生年限及學費》，《中央日報》1930 年 1 月 31 日。
〔註41〕《中央考選留學同志均鑒》，《中央日報》1929 年 12 月 29 日。

日在《中央日報》發出第一號通告，決定 1 月 21 日下午在中央黨部會客廳召集第一批出國各生談話會，要求出國學生應備大學學業成績單（譯成外文的）、大學畢業文憑、4 寸半身照片 12 張，交到該會，並各帶本人圖章到會填誓詞書及其他各項文件交大洋二元。1 月 31 日下午，再次召開全體留學黨員會議，填寫有關表格〔註 42〕。2 月 1 日留學生管理委員會發出通告，限令各生趕辦出國手續，定於 2 月 15 日放洋，2 月 5 日即須齊集上海，親赴美領署請領護照，並須到美國海關指定駐滬醫生處檢驗身體。指出「期限至為迫促，凡有未填繳誓書及未繳齊相片十二張，與譯成英文之各科學業成績單者，望速交來，並希即日來會填寫外交部第六項證明，萬勿遲延，免誤船期，空費中央所訂出國船價，以致礙難再有公費出國，後悔莫及也。」〔註 43〕

在辦理出國手續的同時，國民黨有關部門加強了對留學黨員的思想教育。1 月 8 日，中訓部召集留學黨員談話，並請國民黨名流指示一切。到會的有中訓部長戴傳賢，中委胡漢民、桂崇基，外交部長王正廷，教育部長蔣夢麟。首由戴傳賢報告召集談話會意義，嗣由胡漢民演說，以五事相勸勉。一是希望留學黨員「時時與黨相聯絡，不可分離於黨外，更不可以黨員自大自居，應以人格感化同僚。」二是不能專讀死書，「還應做相當的工作，比如宣傳主義，使外人明瞭，與推進黨的發展」。三是「時時要將研究所得，將海外黨務情況，與推進黨的政策，報告回來，使國內同志有所參考，有所採擇。」四是「國家正因需才，而派你們留學，所以你們學成歸國，當然優先為黨所用。」五是中國近來教育大壞，留學歸國者，自命不凡，希望各位力除此不良觀念。王正廷講話中指出，凡人研究一種學問，必自己明瞭性之所近，能力之所生，去研究，然後才容易進步，才於社會有所裨益。蔣夢麟要求留學黨員在外求學，「要為黨為國潔身自好。」最後由留學黨員提出諮詢，均經戴季陶一一答覆〔註 44〕。

2 月 4 日，全體留學黨員恭謁總理陵墓。「維時風雨交作，大家精神抖擻，冒雨前往，由陵園管理會總務處長夏光宇接待，並派人引導行禮如儀，瞻仰有傾，從八時開始到十一時始回城。」〔註 45〕

出國前夕，上海特別市黨教聯席予以歡送。2 月 12 日，市黨部市教育局

〔註 42〕　見《中央日報》1930 年 1 月 16、17、31 日。
〔註 43〕　《中央派遣留學生第一批十五日放洋》，《中央日報》1930 年 2 月 2 日。
〔註 44〕　《中央訓練部召集留學黨員談話》，《民國日報》1930 年 2 月 13 日。
〔註 45〕　《留學黨員謁陵》，《中央日報》1930 年 2 月 5 日。

假座東亞酒樓設宴餞別。首由教育局長陳德徵致歡送詞，闡發了「黨政教」之關係，表達了對留學黨員的殷切厚望。指出將來國民黨「各方面的發展以及三民主義的實現，都要待諸位的努力」，國民黨「在目前的時期，是以黨治政，以政爲教，以教爲政，以黨立教的時期」，「黨既不能離教，權亦不能離黨，此次留學同志所負的使命」，「既是要在黨的立場上推進教育，又在教育方面闡明黨的主義，故黨教兩方面對留學同志希望實甚殷切」，要求他們「不忘黨員留學與普通留學生所擔負不同的特殊使命。」〔註46〕接著市黨部執委潘公展對留學黨員提出三點具體要求：（一）今日中國急需科學人才，諸君留學外洋，務須採其所長，棄其所短；（二）現在黨政工作人員如小工，從事基礎之建築，將來諸君均爲專門家，黨國大事均將賴以主持，故須彼此合作，以成大業；（三）諸君學成歸國，定能爲黨國造福。最後由留學黨員代表曹立瀛、鄒德高致謝詞並攝影留念〔註47〕。

2月15日，經過考選錄取的70人中，外語合格的46人由上海放洋，是爲第一批，其中留美者39人，留英者4人，留日者2人，留德者1人〔註48〕。餘下的24人因須補習外語尚未派出。按照國民黨中央第60次常會每半年補考外國文一次的規定，中央派遣留學生管理委員會1930年5月下旬經呈請中央訓練部轉國民黨中央常會核准，於6月16日補考了外語。另外鄒曾侯等3人准予同時補行全部考試。根據考選委員會議決及格標準，6月26日決定：（一）錄取全部補考合格者鄒曾侯、吳任倫、余俊賢3人，惟余俊賢應尚須在國內補習英文。（二）補考英文合格者13人，他們是高遠春、楊萃一、張道行、龔慕蘭、李秀芝、雷雨篁、陳毅夫、張志白、楊之春、劉季洪、任培道、沉重宇、熊韶筠。這樣，此次合乎出洋條件者共計15人。另外補考英文不合格，尚需在國內補習者6名：徐天權、李鳳瀾、熊今生、章松如、陳逸雲、張祿〔註49〕。未參加補考者5人，其中呂雲章、梁棟未報到〔註50〕；巫啓聖、吳鑄人、徐季吾「因

〔註46〕《黨教聯席歡送留學黨員》，《民國日報》1930年6月27日。
〔註47〕《黨教聯席歡送留學黨員》，《民國日報》1930年6月27日。
〔註48〕1930年1月《中央派遣留學生管委會呈》（國民黨中央訓練部檔案，中國第二歷史檔案館藏七二二──1416）爲留美者37人，留英者6人。2月6日管委會記錄討論事項中有「余瑞瑛、賓名顯請照原定志願赴美，但名冊係留英護照」，會議決定「查明原定志願，確係赴美可請財委更改。」（國民黨中央訓練部檔案，中國第二歷史檔案館藏，七二二──172）
〔註49〕《中央補考留學黨員揭曉》，《中央日報》1930年6月27日。
〔註50〕《中央派遣留學生管委會第15次會議記錄》（1930.6.23），國民黨中央訓練部檔案，中國第二歷史檔案館藏，七二二──1409。

公不能來京考察」〔註51〕。

結果公佈後，國民黨中訓部及中央派遣留學生管理委員會便積極籌備放洋事宜，一方面由外交部電駐美公使伍朝樞，向美國政府交涉入境；一方面準備各項出國手續。並由留學生管理委員會推定該會委員吳晁、蕭滌塵二人召集此次出洋學生談話，指出國前後應注意事項，並籌備出國護照一切手續〔註52〕。

第二批符合出國條件的 15 人中，除熊韶筠因分娩關係，未及放洋外，餘均於 1930 年 8 月 21 日由滬啓航，25 日抵日本長崎，一路風平浪靜〔註53〕，9 月中旬安抵美境之西亞圖，「抵美後赴支加哥者 2 人，留西亞圖者 5 人，往阿海阿者 2 人，陳毅夫、劉季洪、沉重宇 3 人並已考入華盛頓大學。」〔註54〕熊韻筠約於該年底赴美〔註55〕。

以上 1929 年底考試錄取的 70 人和 1930 年 6 月補考錄取的 3 人共計 73 人，須補考外國文的第一次 24 人，第二次 1 人共計 25 人，除去經補考及格的 13 人外，尚餘 12 人。1930 年 10 月經國民黨中央常務委員會准可，決定 1931 年 3 月舉行第二次補考。10 月 18 日《中央日報》發出的一則消息說「按中央原來規定，每半年補考外國文一次，此次所以展期，在明年三月舉行補考者，一因辦理護照及一切出國手續不至過於倉卒，二因留學生可於秋季入學校爲適宜，且補考各生，得有充分時間預備功課較之冬季補考，春季入學較多便利。」據此，1931 年 3 月 20 日國民黨中央訓練部留學生管理委員會舉行了第二次補考。4 月 6 日，《中央日報》發布的消息說：「茲悉第三批黨員及格留學生徐季吾、章松如、李鳳瀾、巫啓聖、熊今生、張祿、徐天權、陳逸雲、梁棟等十人，對於補考美文一門，亦均及格，定於日內赴滬，乘輪放洋留學云。」由此可知，（一）第三批留學黨員 10 人，於 1931 年 4 月放洋。（二）從「亦均及格」的措詞上看，第一次錄取的 70 人中的吳鑄人、呂雲章 2 人仍未參加補考。10 人中除徐天權留英外，餘皆前往美國。另，查吳、呂二人的簡歷，知吳鑄人已於 1930 年留學於英國牛津大學；呂雲章未出國留學。

〔註51〕《中央派遣留學生考選委員會會議記錄》（1930.6.3），國民黨中央訓練部檔案，中國第二歷史檔案館藏，七二二──1409。
〔註52〕《中央考選第二批留學生籌備放洋》，《中央日報》1930 年 7 月 9 日。
〔註53〕《第二批中央派遣黨員留學抵日》，《中央日報》1930 年 9 月 4 日。
〔註54〕《中央第二批派遣黨員留學生已抵美》，《中央日報》1930 年 10 月 5 日。
〔註55〕1930 年 11 月 24 日《中央派遣留學生管委會第 22 次會議記錄》（國民黨中央訓練部檔案，中國第二歷史檔案館藏七二二──172）中有「第一次補考錄取之熊韻筠以事未能出國，現正預備出國」之語。

這樣，國民黨考選黨員留學，第一批出國 46 人，第二批 15 人，第三批 10 人，如算上未經補考英語而出國的吳鑄人，共計 72 人。再加上 1929 年未經考試遣派出國留學黨員 27 人，則合計為 99 人。

四、留學黨員的概況及其特點

國民黨「中央派遣留學生」的概況，見下表

「中央派遣留學生」簡表

姓 名	性別	籍貫	留學前學歷	留學前職務	國別	專業及學位	學成後任職及主要影響
一、1929 年未經考試 27 人							
於心澄	男	山東	上海大同大學肄業	南京十區執委	美	國際法碩士	中央監察委員會秘書，立法委員；遷臺
徐伯璞	男	山東	山東工專畢業	山東黨部改組委員	日	政治經濟	南京戲劇專校校長，江蘇省文史館館員
張玊介	男	山東	山東法專畢業	山東黨務指導委員	德	經濟學博士	貴大農學院院長、教授；1949 年後居香港
王立亭	男	山東	黃埔軍校畢業	奉天黨務指導委員	日	政治法律經濟	曾任「中統」訓練科長
李吉辰	男	山東	北京中大肄業	北平市黨務指導委員	美	政治經濟	曾任中航總經理
王多珍	女	河北	北京女師大肄業	河南黨務指導委員	日	政治經濟	六大代表，國大代表，立法委員；臺灣師大國文系教授
劉天素	女	四川	北京女師大肄業	天津市黨務指導委員	法	政治經濟	回國後從事教育；民革山東省委員
黃如金	男	湖南	北京師大畢業	北平市黨務指導委員	美	政治教育	新疆省黨部書記兼教育廳長
劉廣瑛	男	吉林	黃埔軍校畢業	吉林黨務指導委	日	軍事政治經濟	集團軍政治部少將主任，六屆候補執委，國大代表、立法委員；遷臺
龔介民	男	山東	北京法政專門畢業	哈爾濱特別市黨務特派員	美	化學	抗戰中曾創辦平彝光學化學公司任總經理；居美
徐壽軒	男	奉天	奉天南滿大學肄業	奉天黨務指導委員	法	政治經濟	軍委會總政治部設計委員兼第三廳科長，加入中共；吉林副省長，民盟中央常委。

常文熙	男	河南	北京師大學生	河南指委會秘書	德	哲學博士	北平銀行經理，國大代表；臺灣「中國銀行」總管理處稽核
韓振生	男	山西	北京法專畢業	天津市指導委員	美	經濟學	山西黨部主委，六屆中委，立法委員；臺灣「中國太極拳協會」理事長
葛覃	男	山東	北京法專畢業	山東黨務指導委員	日	經濟學	青島市黨部主任
王仲裕	男	山東	北京中大莫斯科中大	山東政治特派員	日	政治經濟	省幹訓團教育長，國大代表，立法委員；臺北去世
鄭異	男	浙江	北京師大	日本特派員、現派北方視察黨務	英	市政學	江蘇省政府主任秘書，中國駐澳洲公使，駐伊朗大使，五、六屆候補執委；1949 後遷新加坡任南洋大學教授
蕭錚	男	浙江		浙江省改組委員會委員	德	碩士韓國榮譽經濟學博士	六屆中執委、常委，經濟專門委員會副主任，經濟部政務次長，「立法委員」；臺灣土地銀行董事長
靳鶴聲	男	山東		南京市執行委員	日	經濟學	南京市黨部委員，國民參議會參政員，國大代表
賀其棻	男	江西		江蘇候選執委	美	經濟學	經濟學家教授，中央信託局副局長；遷臺
丘河清	男	廣東	中山大學	福建省執委	法	市政學	第四戰區黨政指委會委員、政訓室少將主任；1949 後移香港
李蔚唐	男	安徽	北京大學	安徽省執委	英	政治學	安徽嘉山縣縣長，1938 年死於新桂系製造的「六家畈冤案」中
洪軌	男	江西		江西指導員	美	社會科學	曾任《思潮》主編
駱美奐	男	浙江	上海大夏大學	山東省執委	美	財政學	教育部蒙藏教育司長，寧夏教育廳長，教育部次長，農工部副部長，五、六屆中委
姚定塵	男	廣東		中央宣傳部幹事	法	政治學博士	僑務委員會委員，駐澳大利亞大溪地總領事
高宗禹	男	安徽	北京大學	安徽組委會組織部秘書	英	碩士	六屆候補中委，江蘇民政廳第一科科長
于振瀛	男	陝西	北京醫科大學畢業	陝西黨務指導委員	日	經濟學	創建三民主義同志聯合會，民革中央常委，立法委員；1949 年後政協委員、人大代表，聯絡部副部長
陳傑	男	四川		四川省執委	德	陸軍工業	蔣經國青幹校總務處長

二、1930 年 2 月考試合格者派遣 46 人							
楊柏森	男	湖南	武昌師大卒業	中央軍校政治總教官	美		1940 年出版《國際行政組織概觀》
趙澍	男	雲南	上海商大	二師政治部主任	美	經濟學碩士	歷任暨南、同濟、雲南大學教授，上海市黨部秘書，雲南省黨部書記長，第二、三、四屆國民參政會參政員
王葆和	男	河北	北京燕大	彙文學校黨義教師	美	無線電學博士	高級工程師
歐陽諮	男	湖南	北大工業學院	華北日報編輯	美		北平大學教授
厲德寅	男	浙江	東南大學	京市區黨部委員	美	經濟學博士	上海財經大學教授
翟鳳陽	男	湖北	清華大學	特市黨部執委	美	政治學碩士	聯合國著名的外交家、巴勒斯坦問題專家
胡寄南	男	安徽	復旦大學	省黨部科主任	美	心理學博士	暨南、復旦、華東師大上海財經等校教授，心理學家
蔣振	男	湖南	中大教育學院	省黨部清運委員	美	教育學博士	浙江大學訓育處主任
樓兆綿	男	浙江	浙大工業學院	縣執行委員	美	博士	北洋大學教授，天津稽查處長，軍統天津無線電廠長
淦克超	男	江西	武昌師大	中央黨部科主任	美	政治學碩士	學者，譯《民主原理》，著《政府與業務》等
廖友仁	男	湖南	北京大學	省黨部秘書	美	經濟學碩士	武大等校教授
蘇秋書	男	湖南	香港大學	中央秘書處科主任	美		
林霖	男	廣東	大廈大學	中大特黨部執委	美	經濟學博士	美智庫布魯金斯研究員，返國後任大夏大學經濟系主任；1949 後臺大經濟系主任
徐柏園	男	浙江	上海商大	省黨部秘書	美	經濟學碩士	財政部政務次長及四行聯合管理處秘書長，中央銀行副總裁；臺「財政部長」、中央銀行行長
姚飄雲	男	廣東	中央大學	中央訓練部總幹事	美		
刁本卿	男	四川	成都法專	團黨部執委	美		
紅啓泰	男	福建	福建協和大學	省指委會科主任	美		

朱鴻題	男	雲南	清華大學	省指導委員	美	政治學碩士 博士	聯合國成立時中國代表之一，長期在聯合國工作
陳紹賢	男	廣東	中山大學	省黨務指導委員	美	政治學碩士	授，湖北省黨部主任委員，六屆中央候補監察委員，立法委員；臺立法委員
王蔭棠	男	江蘇	中央大學	省黨部幹事	美	碩士 博士	歷任編輯、陸軍政治大學外交官等職
羅剛	男	安徽	中央大學	省黨部秘書	美	政治學碩士	中央政治大學教授，中央宣傳部宣傳處長；臺灣大學教授
鄭集	男	四川	中央大學	中大農學院助教	美	生化 博士	中央大學醫學院教授，生化科主任，南京大學教授
孫德中	男	浙江	北京大學	中宣部代理科主任	美	教育學碩士	河南大學教務長兼教授，中央政治學校、臺大等教授
彭革陳	男	四川	北京師大	中央黨部科主任	美		中宣部新聞事業處長，《新民報》總編輯
洪瑞堅	男	浙江	法科大學	中央訓練部幹事	美	經濟學碩士	教授，臺灣土地銀行總經理
許緒鑒	男	浙江	北京大學	省黨部幹事	美	經濟學碩士	
刁培然	男	四川	上海師大	曾任大學院簿記科長	美	經濟學碩士	慶市長，財政部上海直接稅局局長，中央銀行發行局局長
趙子懋	男	河北	北京大學	曾代理北京市組織部長	美	政治學	國大代表、考選委員會專門委員
李芷馨	男	湖南	約翰大學	中宣部英文周報主筆	美		
林士警	男	廣東	暨南大學	中央組織部幹事	美		
傅嚴	男	河南	南開大學	中央宣傳部幹事	美		國民黨候補中央執行委員
蕭文哲	男	江西	武昌大學	曾任省商協會常委	美	政治系肄業	國民政府國大法制組組長，著有《法西斯蒂及其政治》等
蔣國炎	男	湖南	北京大學	中央宣傳部幹事	美		
張大同	男	浙江	滬江大學	曾任分部執委	美	文學碩士、法學博士	陝西省政府委員，國民政府主席東北行轅經濟委員會主任秘書
曹立瀛	男	安徽	東大及學術院	京市黨部常委	美	經濟學博士	上海財大教授
孫茂柏	男	湖南	金陵大學	中央訓練部科主任	美		西北大學經濟系教授

彭湖	男	湖南	東大及學術院	中央訓練部科主任	美		曾任湖南的銀行行長
鄒德高	男	四川	北京大學	蒙藏委員會專門委員	英	經濟學	中山大學教授，北大農學院院長、創辦西南學院、重慶工商學院；解放後爲遼寧財經學院圖書館長，加入名革
祝平	男	江蘇	上海法科大學	中央組織部幹事	英	經濟學博士	中央政治學校教授，四川省地政局局長，國民政府地政次長；1949年脫離國民黨，晚年移美
汪弈林	男	安徽	中央大學	中央宣傳部幹事	英		編有《市政學》一書
余瑞瑛	女	江西	武昌師大	曾任縣指導委員	美	經濟學碩士	
賓名顯	男	湖南	湖南大學	縣指導委員	美		
黃鍾	男	廣東	北平大學	曾任團長、師政治部主任	德		曾任國民黨師長
陳策華	男	廣東	廣東陸軍測量專校	中監會幹事	日		
駱美中	男	浙江	中央黨務學校	中央組織部助理	日		駱美奐之弟，中央信託局副局長
王慕尊	男	河北	廣東學術院	曾任軍少校政訓員	英	博士	中山大學法學院長，中大訓導長，國民黨中央政治學校代理教育長
三、1930年8月經第一次補考後出國15人							
高遠春	男	湖南	湖南大學	湖南建設廳執委	美	電機碩士	上海交通部國際電信局技術員、課長，中國農業機械公司協理；1949年後上海高級機械學校教師，加入民盟
楊萃一	男	遼寧	燕京大學	北京育英中學訓育主任	美		南通中學校長，中央政治學校辦公廳主任，交通部人事處長
張道行	男	江蘇	中央大學及中央黨務學校		美	國際法學博士	中央政治學校教授，國民政府外交部秘書，制憲國民大會代表
龔慕蘭	女	湖南	武昌師大	吳縣婦女會整理委員會委員	美		蘇州女師校長
李秀芝	女	雲南	中央黨務學校		美		重慶女中首任校長，婦女政治學會常務理事
雷雨篁	男	江西	黃埔軍校		美		河南省政府參事室參事

陳毅夫	男	四川	上海大學及中央學術院		美		事委員會外事英文秘書，南京大學教授；江蘇省參事室參事
張志白	男	浙江	浙江法專及中央政治人員養成所		美		
楊之春	男	浙江	中華法政大學		美	學士	黃埔軍校第 15 期上校教官，國民政府財政部稅務署稽核
劉季洪	男	江蘇	北平高等師範學校		美	教育學碩士	西北、湖南、河南、政治大學校長，六屆執委、國大代表；臺「考試院院長」、「總統府資政」
任培道	女	湖南	北京師範大學	中央黨部政訓設計委員、婦運科員	美	教育學碩士	重慶女子師範教授，國大代表、立法委員；臺北女子師範專科學校校長、立法委員
沉重宇	男	四川	中央軍校	中央軍校特別黨部執行委員	美	法學碩士	重慶大學總務長兼教授，軍務局少將高參，立法委員；1949 年後四川文史館研究員
鄒曾侯	男	江西	南京師範學校、東南大學	江西省黨務指導委員	美	經濟學	中央組織部幹事，華南地區黨務視察員，中央組織委員會政治方案設計委員，國立中央大學教授
吳任滄	男	廣東	上海滬江大學		美		《中美日報》社長，中國農民銀行經理，中央信託局局長
熊韻筠	女	雲南	北京女師大		美		創辦中華女子職業學校，昆明市黨部書記，國大代表；1949 年後勞改

四、1931 年 4 月經第二次補考合格後放洋 10 人

徐季吾	男	江蘇	北京大學	北京市黨部指導委員	美		學者，1939 出版《雲南小麥與面粉》
章松如	女	四川	上海法政大學	國民政府審計院核算員	美		婦女經濟合作社監事
李鳳瀾	男	福建	中央黨務學校	國民黨中央黨部組織部幹事	美	碩士	
巫啓聖	男	江西	北京大學	北京市黨部宣傳部長、《民生周刊》總編輯	美	經濟學博士	軍官教育團政治教官，軍事委員會政治設計委員會委員，復旦大學教授

熊今生	男	湖南	朝陽大學及北大國學研究所	中央訓練部編審科	美	經濟學博士	南京三民中學邵陽分校校長，湖南教育廳副廳長，著有《墨子經濟思想史》等
張祿	男	雲南	武昌高等師		美		制憲國大代表，監察院監察委員
徐天權	男	四川	北京朝陽大學	川東師範學堂校長	英		
陳逸雲	女	廣東	中山大學及中央學術院	南京市黨部執委兼婦女部長，國民政府司法院薦任秘書	美	市政管理碩士	少將女青年軍總隊長，六屆候補執委，立法委員；臺中委、候補中委
梁棟	男	湖南	上海國民大學	國民革命軍46軍軍需主任	美	法律學博士	國民政府行政院參議，內政部參事，國民黨中央黨部設計委員，國民參政會參議員，立法委員
余俊賢	男	廣東	中山大學	中央組織部幹事南洋荷屬總支部委員	美		五屆候補中執委、六屆中執委；臺「監察院長」、「總統府資政」
五、未補考外語1930年出國1人							
吳鑄人	男	安徽	北平大學	河北黨指委訓練部長	英	經濟學碩士	平市黨部主任委員，六屆候補執委；臺立法委員

　　國民黨所派黨員留學生，較一般留學生尤其是自費生而言，具有不同的特點：

　　（1）學歷較高，專業多爲政治經濟，主要集中於美國。

　　這些留學國民黨黨員皆是大學本科或專科畢業。所派共計99人中，除一人不詳外，其餘98人就所畢業學校來看，北京大學最多，爲17人；其次爲中央大學9人；北京師範大學、武昌師範大學各5人；再次爲北京法政大學、上海商科大學、中央黨校，分別爲4人；中山大學、上海法政大學、中央軍事政治學校各3人；黃埔軍校、清華大學、北京女師大學、北平燕京大學、北京醫科大學、上海大廈大學、上海大同大學、上海滬江大學、湖南大學各2人；另外，北平交通大學、北京朝陽大學、天津女師大學、天津南開大學、浙江大學、江西心遠大學、成都法專學校、上海復旦大學、上海約翰大學、上海國民大學、眞茹暨南大學、山東法政大學、山東工業學校、南京金陵大學、南方大學、福建協和大學、香港大學、中華法政大學、廣東陸軍測量學校、武昌高等師範、浙江法專、中央學術院、日本私立日本大學各1人。

　　從志願學科來看，主要為政治、經濟，理工科較少，這與國民黨派遣黨員留學的目標有關。在 1929 年 3 月所派 25 人和 1930 年 2 月考選出國的 46 人，共計 71 人中，具體為：經濟 14 人、政治 13 人、政治經濟 5 人、教育 4 人、社會學 3 人、社會政治經濟 3 人、政治財政 2 人、政治法律經濟 2 人、土地經濟財政 2 人、市政 2 人、化學 2 人、國際法外交 2 人、政治法律 2 人、政治經濟軍事 2 人、政治思想史國際政治 1 人、工商管理法 1 人、政治經濟及俄文 1 人、物理無線電 1 人、地質學 1 人、電機工程 1 人、財政銀行政治 1 人、土地政策憲法 1 人、教育行政鄉村教育 1 人、工業農藝化學 1 人、政治市政 1 人、土地及農業 1 人、法律學 1 人。

　　從籍貫上來看，99 人中，依次為湖南 16 人，浙江 13 人，廣東、四川各 11 人，山東 9 人，江西 8 人，安徽 7 人，雲南、江蘇各 5 人，河北 4 人，河南、福建各 2 人，湖北、山西、陝西、吉林、遼寧、奉天各 1 人。

　　留學國別上，99 人中，美國 71 人，英國 9 人，德國 5 人，法國 4 人，日本 10 人。主要集中於美國，這與南京國民政府親美外交政策相一致〔註56〕。

　　（2）具有實際工作經歷，多為國民黨中下級幹部。這些留學國民黨黨員幾乎全是擔任過一定職務的國民黨黨務工作人員，他們多數在中央黨部、省黨部任職，另外有少數是縣和軍隊黨務工作者及高校教師，絕大部分為擔任一定職務的國民黨幹部，並非一般普通黨員，充分體現了國民黨為加強黨治而派黨員留學的目的。從年齡上看，較之一般留學生偏大。在 99 人中，除二人不詳外，其餘 97 人中，20～25 歲者 34 人；26～30 歲者 56 人；31～35 歲者 7 人。30 歲左右的佔大多數。這是因資格中有入黨三年且有工作成績之限制，自然比一般從校門到校門的留學生年齡長些。他們能力較強，但對專業學習而言，顯然不如 20 歲左右應屆畢業的年輕學生。

　　（3）除完成學業外，還負有特殊的使命。1930 年國民黨中央執行委員會通告稱：「中央資送留學黨員，除造就成才以供國家將來需用外，並附帶的負有對海外宣傳本黨主義之使命。」〔註57〕如上所述，國民黨要人在對留學黨員出國前的教育中也一再強調這一點。為此，國民黨中央宣傳部根據國內外政治形勢的變化，隨時制定西文宣傳大綱和各種宣傳品寄發給海外留學黨

〔註56〕 參考《中訓部公佈中央派遣留學生統計》，1930 年 3 月 27 日《中央日報》。
〔註57〕 國民黨中央訓練部檔案，中國第二歷史檔案館藏，七二二──85。轉引自王奇生：《中國留學生的歷史軌跡》，湖北教育出版社 1992 年版，第 154～155 頁。

員，其中包括國民黨中央機關報——《中央日報》，國民黨中央統計處每月編印的《政治成績統計報告》，還有國民黨中央和各省市黨政革新和建設等方面的材料。

留學黨員人數雖少，最多的美國總計也不過 71 人，可起的作用非同小可。他們到達海外後，首先破壞原有的留學生組織，並進行國民黨的宣傳活動。據一位留美黨員當時寫回國內的報導說，在美中國留學生共 1336 人，其中「清華生較多，省費、教會資送者居次，中央派遣之留學生，人數不多，不過六、七十人，然在留學生界頗惹人注目，一因現在正在國民黨執政之時，……此輩國民黨派遣之青年，乃將來實現三民主義及建設新中國之中堅分子，故一般對國民黨表同情之青年不知不覺間，對此輩留學黨員，發生無限之好感，但反動派如共產黨及國家主義派等，則對加敵視，故常發生衝突，但此輩青年在國內多出生入死，當有革命經驗，衝突之來，毫無所懼，如哥倫比亞大學之中國學生會爲反動派把持，經此輩青年振臂一呼，群起響應，立被推翻，即其一例也。又留學界中分子，極爲複雜，由極腐之保皇黨，以及極惡之共產黨，無不具備，五花八門，包羅萬象，故各大學之圖書館中，華文報紙，多屬反動派之宣傳品，迄此輩青年到美後，立即進行宣傳工作，如俄海邦立大學圖書館從前之華文報紙，皆爲保皇黨及陳炯明繫之機關報，現均易爲本黨之報紙矣。又各大學中國學生會開會，從前多不懸黨國旗，國慶日不唱國歌，現均完全改變矣。故此數十人，人數雖佔絕對少數，然影響於留學界之思想實非淺鮮也。」〔註 58〕文章儘管顚倒黑白，對留學界中的共產黨員及一些進步分子極盡污蔑攻擊之能事，對國民黨留學生的作用和「功績」進行了過高的吹噓，不過我們還是不難看到，這批人自恃國民黨的支持，憑著過去破壞國共合作的「經驗」，一入美國，便在留學界挑起事端，破壞原來的留學生組織，大肆進行黨化宣傳活動，以擴大國民黨之影響。

國民黨留學黨員自認爲天之驕子，在美國留學界中飛揚跋扈，然而，在另外某些國家卻遭到冷遇。1930 年 12 月，一位留英黨員報告其入學經過說：「入英國大學，必須有懇切的證明與介紹，先商之於駐英公使施肇基先生，請其證明並介紹入學。施先生云，我老實對你說，英國人看不起你們國民黨。你提起「國民黨」三字，連你個人的信用與名譽將受很大影響……因爲中國政府派學生，向來一送出國門，就算了事，所以時欠學費，現在英國學校一

〔註 58〕《留美之中國學生生活狀況及其他》，1931 年 8 月 14 日《中央日報》。

聽，某某是政府資遣的，馬上會拒絕的。況且你們與國民黨有關係，他們聽了，一定很懷疑你的。所以我勸你對他們說是自費來的，不必談到『南京』兩字……」〔註59〕。執政黨的留學生反不如自費生易於入學，充分說明了國民黨在國外信譽之低。

（4）政治活動雖影響專業學習，但刻苦攻讀者亦不乏其人。由於政治活動的牽扯，自然影響專業知識的學習。當年在「一般社會人」中就有「只知奔走呼號，不務實際學問」這樣的對此輩黨員留學生的總體看法〔註60〕。不過，現在看來，這種評價也不完全客觀。事實上，「不務實際學問」的人，只是他們中的少數，多數人還是發憤讀書刻苦鑽研的，此類事例不勝枚舉。如，有的在美國學習一段時間後，又轉入歐洲繼續深造，如淦克超曾在美國密歇根大學得經濟學碩士學位，又到日內瓦國際研究院學習；刁培然在伊利諾大學獲經濟學碩士，後入英國倫敦大學經濟學院；趙澍1931年夏在密歇根大學得經濟學碩士學位，嗣後至普林斯登大學，從甘末爾教授研究一年餘，又到英國倫敦大學研究；余瑞瑛曾在美國哇海哇大學得經濟學碩士學位，後到英國倫敦大學就讀；翟鳳陽曾在美國意得諾大學得政治學碩士，後又到英國倫敦大學讀考博士學位〔註61〕；徐柏園先後在芝加哥、加利福尼亞等大學研究財政金融〔註62〕。據不完全統計，獲得博士學位的就有21人。朱鴻題在美國專心致力於學業。1932年取得了威斯康辛大學經濟學學士學位，1933年又取得了密蘇里大學政治學碩士學位，1937年，更獲得了伊利諾大學政治學博士學位；巫啓聖在柏林大學，專攻經濟，獲博士學位後，復在英國倫敦大學、法國巴黎大學繼續研究。當然，總起來講，黨員留學生在學術上真正有造詣者不算太多，這與考選時專業要求標準不高和留學期間政治活動過多不無關係。

（5）有一定的凝聚力，但並非牢固。國民黨留學黨員回國後便組織同學會，效忠於「黨國」。自1933年起，國民黨選派歐美日留學黨員陸續學成返國，這年6月，他們假南京中正街大成旅社，會商「報效黨國辦法，以副中央選派黨員留學之意」。到會者有姚飄雲、蕭文哲、洪瑞堅、許緒鑒、楊柏森

〔註59〕國民黨中央訓練部檔案，中國第二歷史檔案館藏，七二二——81。轉引自王奇生：《中國留學生的歷史軌迹》，湖北教育出版社1992年版，第155～156頁。
〔註60〕《留美之中國學生生活狀況及其他》，1931年8月14日《中央日報》。
〔註61〕《中央派遣留學黨員研究期滿紛紛返祖國》，1933年6月14日《中央日報》。
〔註62〕周棉主編：《中國留學生大辭典》，南京大學出版社1999年版，第341頁。

等多人。當時決定：（一）先設中央派遣留學生駐京通訊處，並呈報中央派遣留學生管理委員會；（二）推定蕭文哲爲中央派遣留學生駐京通訊處通訊員；（三）暫假南京建鄴路進得河一號爲通訊處址；（四）調查中央派遣留學回國諸人近況；（五）編發同學通訊錄等。會議決定籌備成立中央派遣留學回國同志會，「並分函各地同志，徵求意見，均甚贊成」〔註63〕。經過數月的時間，準備就緒，於 1933 年 12 月 2 日假南京華僑招待所召開成立大會，到會者 20 餘人，約佔已回國人數 40 多人的一半。會議議程爲（一）討論本會章程；（二）討論大會成立手續；（三）本會附設之閱報社案〔註64〕。會議選駱美奐、徐柏園、孫德中、羅剛、彭革陳、王慕尊、黃鍾等七人爲執委，彭湖、鄒曾侯、蔣國炎二人爲候補執委〔註65〕。下午 6 時聚餐，7 時各人輪流報告現狀。12 月 3 日上午 9 時在勵志社集合前往紫禁山恭謁總理陵堂〔註66〕。中午假勵志社招待中央委員戴季陶等人。首由駱美奐主席報告招待意義；徐柏園報告留學經過及今後希望；接著到會中委于右任、張繼、邵元沖、張道藩、王陸、羅家倫等演說，「均以砥勵學行，努力革命建設爲勸勉，同志方面，有羅剛等演說，至 4 時許，賓主盡歡而散。」〔註67〕

國民黨黨員留學生雖有一定的凝聚力，但並非十分強固。他們中多數「忠於黨國」，但眼見國民黨內部紛爭、戰亂頻繁，對國家難有建樹，不少人對國民黨的信心逐漸減退，關係也越來越遠，有的消極，有的脫離，有的甚至「背叛」。如于振瀛留日期間就學習馬列主義，後與共產黨保持密切關係；朱鴻題完成學業後拒絕回國，先後在美國和聯合國供職；高元春、胡寄南等參加了民盟，徐壽軒加入了共產黨。特別是隨著南京政府的垮臺，有的留在了大陸，有的遷居香港、海外。如，鄭異全家遷居新加坡。祝平新中國成立前夕，遷居香港。1949 年 8 月 13 日，與黃紹等 44 名國民黨高級官員在港發表聲明，脫離國民黨，擁護中共領導。

以上便是國民黨「中央派遣黨員留學」的大體經過及其概況，它較之一般留學教育具有不同的特點：從目的上，主要是爲適應一黨專政的需要，培養「黨治」人才；從考選上，國民黨中央高度重視，組織強有力的專門班子

〔註63〕《中央派遣留學回國同學會成立》，1933 年 12 月 2 日《中央日報》。
〔註64〕同上。
〔註65〕《中央派遣留學回國同志昨謁陵》，1933 年 12 月 4 日《中央日報》。
〔註66〕《中央派遣留學回國同學會成立》，1933 年 12 月 2 日《中央日報》。
〔註67〕《中央派遣留學回國同志昨謁陵》，1933 年 12 月 4 日《中央日報》。

加以領導，資格審查嚴而專業標準寬；從管理上，成立專門機構，予以單獨嚴格實施，並注重思想教育；從學生狀況上，皆是大專和本科畢業，且具有實際工作經歷，幾乎全是擔任過一定職務的黨務人員，他們除完成學業外，還負有政治任務，回國後有較強的凝聚力等。政府派人出國留學，本爲國家培養高深人才的教育大計，而黨員留學生的派遣，使留學變爲黨員的一種專利，這就大大降低了留學教育的本來意義。當時就有人公開發表文章，對這種只限於黨員的「失學革命青年救濟辦法」提出批評和「許多懷疑」，認爲「站在黨的立場上講……國民黨既處處以民衆的利益爲依歸，這種救濟辦法，當然不能爲黨員所獨享！」「站在民衆的立場上講……家境清貧，以致失學的，也不乏其人……沒有入黨的革命青年，也應該享受這種權利。」〔註 68〕國民黨「中央派遣黨員留學」，說明其留學教育的階級利己性，反映了它一黨專政、以黨立教的實質。在從根本上否定這種留學教育的同時，也要看到，通過考試選拔留學生，較之開始時的直接派遣畢竟是一種進步；考選活動公開，有關問題隨時在報上公佈；利用開會、談話、謁陵等方式，注意對留學生在出洋前和回國後的思想教育；加強對留學生的管理，通過他們宣傳國內情況，瞭解國外動態，等等方面，如果拋開其某些反共內容，單就這些形式而言，並非毫無可取之處，對此，我們也是應該客觀地予以研究和總結的。

〔註68〕沉之：《評失學革命青年救濟規程》，《民國日報》1929 年 3 月 16 日。

第八章　中共留蘇教育

　　1927 年 7 月國共關係破裂後，國民黨中央發布命令，宣布撤銷中山大學，「不得再送學生」前往〔註1〕，在蘇國民黨籍學生大多數回國，部分左派學生則加入了共產黨，繼續學習，從此國民黨留蘇教育畫上了句號。處於白色恐怖下的中國共產黨，爲了疏散幹部，培養發展革命力量，被派到蘇聯留學的黨團員卻增多起來，「這就從根本上改變了赴蘇學習人員隊伍結構」〔註2〕，從而形成一種單純的中共留學教育。這種留學教育，二十年代末達到高潮，具有與一般的留學教育不同的特點。

一、中共留蘇學校及其演變

　　大革命失敗後的中共留蘇教育，是在中共早期留蘇和大革命時期國共兩黨留蘇的基礎上發展而來，二十年代末到三、四十年代的就學學校和演變大體如下：

1、東方大學中國軍事速成班

　　東方大學，全稱莫斯科東方勞動者共產主義大學，是 1921 年 4 月由共產國際創建，專門爲蘇俄遠東少數民族及鄰近的東方各國培養革命幹部的政治大學，斯大林任名譽校長，首任校長爲蘇勉斯基，共產國際東方部是其上級

〔註 1〕　《蔣介石關於不再遣送人員赴莫斯科孫逸仙大學留學事致國民政府呈》
　　　　　（1927 年 8 月 10 日），中國第二歷史檔案館：《中華民國史檔案資料彙編》第五輯第一編，教育（一），江蘇古籍出版社 1991 年版，第 403 頁。
〔註 2〕　于洪君：《關於二、三十年代中國革命者和青年學生赴蘇學習的幾個問題》，《蘇聯問題研究資料》1988 年第 6 期。

領導機關。它位於馬拉甫蒂洛夫大街，是一座方塊形的四層大樓。大學分國際部和國內部，國際部設波斯班、朝鮮班、日本班、中國班、內蒙班和外蒙班等；國內部設烏茲別克班、哈薩克班和格魯吉亞班等。學習期限一般 2 年，但要因需要而定。1921 年中共分三次派 30 餘人到東方大學學習，這一批由羅亦農負責。從 1923 年 3 月～1924 年 9 月，中共又先後三批選送旅歐勤工儉學生中的幾十名黨團員到東方大學就讀，國內還派遣了葉挺、關向應等前來學習。到 1924 年秋冬之際，東方大學中國班人數，約在 150 名左右，是各國留蘇學生中人數最多的一個班。1925 年以後，東方大學根據中國留學生的文化水平，又開設了知識分子班和工人班。

大革命失敗後，共產國際和中國共產黨爲了能在短期內培養出一批軍事幹部，以便更好地進行武裝革命鬥爭，於是在全國各地挑選了六七百人，其中有些是已經暴露身份的中共黨員，赴東方大學的軍事速成班學習。這六七百人先後於 1927 年 10 月到達莫斯科，「預定六個月畢業」。並從中選拔出數十人，進東方大學二年制的中國班。如後來成爲著名抗日女英雄的趙一曼就是這時由黨組織派往蘇聯東方大學學習的。

東方大學附設的軍事速成班的負責人叫馬斯洛夫，教員和教官是蘇聯人，擔任翻譯的大多是東方大學中國班的畢業生。軍事速成班的六、七百名學員分成幾十個小班，學習的主要課程有列寧主義、政治經濟學、中國革命運動史、戰術戰策、簡易工程兵學等。冬天主要在課堂學理論，春天到夏初進行野營實習。

軍事速成班的絕大部分學員都渴望在短期內能學到較多的理論和軍事技能，而校方對課程的安排過於簡單粗淺，因此學員約於 1928 年春提出了改良課程的要求。然而，學員們的正當要求卻遭到了軍事班負責人馬斯洛夫和東方大學校長舒米亞茨基的拒絕。於是軍事班的中國學員就與東方大學校方發生了較尖銳的矛盾。而這時中山大學的校長米夫（共產國際東方部中國部部長）和緊跟米夫的王明（中山大學畢業後，任米夫的翻譯）等人，就乘機以統一中國同志在蘇聯的學習爲名，提出東方大學的軍事速成班結束後，東方大學的中國班合併於中山大學。米夫和王明等人的意見被通過，從而使米夫和王明等人包辦了爲中國革命培訓人才的工作。

1928 年夏，東方大學的軍事速成班結束後，大部分學員回國，一部分進中山大學和蘇聯正規軍事學校繼續學習。這年的 5 月到 7 月，東方大學組織

中國班（二年制）的學員到貝克瓦地區進行軍事野營訓練，然後進休養所療養。當年秋新的學期開始後，原東方大學的中國學員全部併入中山大學。

2、中山大學的三、四屆學生

中山大學原是國共合作後，爲培養大批幹部，在莫斯科建立的孫中山中國勞動者大學，首屆招收 330 多人，於 1925 年 11 月正式開學。它是一所帶有統戰性質的大學，第一任校長是卡爾·拉狄克教授，邵力子任國民黨駐共產國際常駐代表、理事會理事，常到校視察、聽課。校址在沃爾洪卡大街 16 號，位於莫斯科河畔，克里姆林宮右側，面對莫斯科大教堂廣場，是一座四層的樓房，圖書館有近萬冊圖書。1926 年暑假後招收了第二屆學生，其來源有從國內選派的，還有旅歐的留學生和華工 10 人，到 1926 年底，全校學生已有 20 多個班，每班二、三十人，共計 500 餘人，其中國民黨黨員佔一半以上。

南京政府建立後，國民黨宣布撤銷中山大學，在蘇學習的國民黨員多數分批回國，共產黨則積極派遣黨團員到該校學習，1927 年暑假後中山大學招生的第三屆學生大部分是從武漢去的，其中 8 月從武漢出來的 100 多名共產黨員按 5 人一組分別到上海尋找地下黨組織，然後乘蘇聯船隻到海參崴，再轉乘火車去莫斯科。另外，1928 年到蘇留學的還有從法國去的，如陳微明（沙可夫）、鄭一俊、徐孝祥、謝清、江盛荻、柳圃青等；從美國前往的有冀朝鼎、章漢夫、章晉江、羅靜宜等，他們中有不少人是進入中山大學第三屆學習的〔註3〕。

1928 年暑假後莫斯科「中大」招收的第四屆學生人數最多，約五、六百人，其中 100 餘人是由東方大學轉來的，國內新來的有參加廣州起義和上海等地的工人，還有個別從德國和法國去的華工。中山大學的性質和體制也起了變化：名稱改爲中國勞動者共產主義大學，簡稱莫斯科「中大」。培訓對象是共產黨員和共青團員，從領導關係來說，聯共中央、共產國際東方部都可以管，黨組織歸學校所在的莫斯科區委領導。

這時，學校又接納了一大批從國內撤退出來的同志。他們有的是省委領導幹部和工農暴動中的軍事領袖，有的是做上層工作的頭面人物，還有大批基層骨幹，特別是上海、武漢等城市的工人。鑒於學生年齡、經歷、文化水平差異很大的複雜情況，從 1928 年開始，「中大」除對普通班提高要求，將

〔註3〕　黃火青：《民主革命時期中國共產黨與盛世才的關係》，《中共黨史資料》第 13 輯，中共黨史資料出版社 1985 年版，第 102 頁。

學制改爲三年外,還設有特別班、工人預備班和速成班。特別班學員有:曾任國民黨中央常委兼秘書長和南昌起義時革命委員會秘書長的吳玉章,曾任國民革命軍第六軍黨代表的林祖涵(伯渠),中共一大代表董必武和何叔衡,廣州起義重要領導人葉劍英,中共湖南省委書記夏曦,曾任湖南省教育廳長的方維夏,老教育家徐特立,以及王觀瀾、江灝、錢亦石、錢家潭、李文宜、楊之華、趙如芝(趙世炎的胞姐)等20餘人。他們主要是學習俄語和馬克思列寧主義,總結中國大革命失敗的經驗教訓。對他們俄文要求不嚴,課程種類同普通班,但主要是自學和進行專題討論。吳玉章任中國部主任,其間鑽研中國語言文字學和中國歷史學,頗有建樹,抗戰爆發後,回國宣傳抗日救亡。工人預備班共八、九十人,分爲兩個班。他們主要是補習文化,學習俄語和政治常識。其中李劍如是上海的工人領袖,余篤三是武漢的工人領袖。教師即由本校文化較高的學生擔任,由張聞天和博古任指導員。速成班也有2個班,約近百人,是專爲盡早回國投身革命實際工作的學生開設的。1930年,留蘇學習的中國學生多數回國參加革命工作,莫斯科「中大」也於這年秋結束。中國赴蘇學習的青年都在國際列寧學院就讀。

3、列寧學院的中共學生

列寧學院是1925年底,共產國際爲適應日益高漲的革命形勢的需要,爲各國共產黨和左翼團體培訓更多的領導幹部而成立的,又稱國際大學或列寧學校,位於莫斯科市中心紅場附近。它不招收蘇聯本國學生,而是對來自各國的革命者進行系統、正規的教育,幫助他們深入學習並領會馬克思列寧主義的基本理論,研究借鑒蘇聯社會主義革命與建設的經驗教訓,探討實現本國革命的途徑。首任院長是當時頗享盛名的老布爾什維克理論家布哈林,具體院務由卡桑諾娃主持。布哈林被撤職後,由卡桑諾娃擔任院長。由於列寧學院直接劃歸共產國際領導,實際上是共產國際的一所高級黨校。到1926年下半年起才有中國班。中國班的人數不多,起初只有七、八個人,到大革命失敗後的1927年下半年,增加到十幾人﹝註4﹞。二十年代末到三十年代初在該校學習的,有中共的領導人,如董必武、劉仁靜、陳郁、李維漢和李立三等;有東方大學或中山大學的畢業生,如王若飛、周達文、董亦湘、俞秀松、林鐵、楊秀峰等;還有中共駐共產國際代表團的成員,如黃平、張國燾、陳潭秋、陳雲等,他們由於

﹝註4﹞ 張仲實:《二十年代赴莫斯科留學的回憶》,《黨史研究資料》1981年第12期。

負有一定的責任，只能邊工作邊學習。學院規定可以直接用英語、法語或俄語聽課的中國學員進入國際班學習，並專為那些外語水平低的中國學生設立了中國部，周達文和陳郁等先後擔任過該部的負責人。

列寧學院開設的課程有：俄語、哲學、政治經濟學、聯共（布）黨史、列寧主義原理、黨的建設、地理、歷史、軍事學等課程，教學採取講授與啓發相結合的方式進行，學員們通過教師講授和自己認真讀書學習，深入地研究和探討某些重大的馬克思列寧主義的理論問題和中國革命的實際問題，討論、切蹉的風氣十分濃厚、熱烈。

列寧學院學生的待遇較高，除夥食免費外，每月還可領到 50 盧布的零花錢，如果學員在國內有子女，學院還每月寄錢給予接濟。

4、其他學校

從 1928 年起，中山大學改名為「中國勞動者共產主義大學」。這時前兩屆的學生，有的轉入其他院校進一步深造，多數則是派到各種軍事院校，以適應國內武裝鬥爭的需要。軍事幹部分散在好幾個學校，在莫斯科的列弗多沃區，就有幾處，如伏龍芝軍事學院，是蘇聯的最高軍事學府，劉伯承、屈武、左權、李必庭等共 6 人曾在此學習，其中有兩人回國後在暴動時犧牲了。左權 1930 年回國，成為中共主要軍事幹部。歷任紅軍第一方面軍參謀長、中央軍委參謀、紅一軍團參謀長。抗戰開始後出任八路軍副總參謀長，指揮了著名的八路軍百團大戰，不幸於 1942 年 5 月與日軍作戰時犧牲。最大的一處是高級步兵學校，有 100 多人，其中中山大學畢業後而去的有伍修權、宋發明、甘瑞等 11 人，伍修權在那裏當翻譯。個別人如劉伯承在南昌起義失敗後由黨組織派送，於 1927 年 11 月到達蘇聯，進入高級步兵學校，通過刻苦攻讀，以優異成績被提前推薦進入蘇聯軍事院校中的最高學府——蘇聯紅軍大學（即著名的伏龍芝軍事學院）深造〔註5〕。炮兵學校，有朱瑞、郭化若、王長禮等中大畢業生 16 人。每個學校都有留學生支部，高級步校的支部書記是唐成印，長征時犧牲了；炮校的支部書記是朱瑞。在外地的還有少量的學員，常乾坤等在基輔的飛行學校，常是馮玉祥派去的，後來是新中國最早的空軍副司令員。列寧格勒的軍政學院，是專門培養營團以上軍官的，待遇很高，除蔣經國外，蕭勁光、李卓然、曾湧泉等也轉到那裏學習。

〔註5〕　楊國宇等：《劉伯承的軍事生涯》，中國青年出版社 1982 年版，第 51～53 頁。

學軍事的人，有些是大革命失敗前就選派去的。東方大學還有十來個人，如羅世文、烏蘭夫和趙毅敏等。

1928 年 9 月，張聞天、王稼祥、沈澤民、郭紹棠入蘇聯紅色教授學院深造，被稱爲「四大教授」。紅色教授學院位於莫斯科雷姆河畔，爲蘇聯最高學府。此間，在歷史系學習的張聞天，與人合譯出版了馬克思的《法蘭西內戰》和恩格斯的《家庭、私有財產和國家的起源》等中文版，引起轟動。此外，他還參加共產國際東方部的工作，曾擔任共產國際執委會中國委員等職，並爲代表團當翻譯。還時常到「中大」講《中國階級鬥爭史》〔註6〕。

「中大」停辦前，楊尚昆已考入中國問題研究所當研究生。研究所是米夫任校長時創辦的，共產國際東方部向它提供大量中國問題文件，研究所定期向東方部提交研究報告。學校停辦後，研究所併入莫斯科共產主義科學院。1930 年 7 月，劉少奇率中國工會代表團到莫斯科來出席赤色職工國際第五次代表大會，成員有：陳郁、梁廣、安源路礦工會的蔡樹藩、粵漢鐵路工會的馬輝之、京漢鐵路工會的楊漢生，以及上海女工戴重遠等。他們住在柳克斯公寓。楊尚昆擔任代表團的翻譯，殷鑒管理生活。大會 8 月 15 日開幕，27 日結束，劉少奇當選爲職工國際的執行局委員，會後留在職工國際工作。此後，每周召開一次例會，都由楊尚昆陪同他出席。少奇同志在職工國際工作兩年，楊給他當了半年翻譯。

至於蔣經國，當時也是先後以革命青年和共產黨員的身份在蘇聯多所學校學習的。他是 1925 年到蘇聯中山大學留學的年齡最小的一個，次年與同去留蘇的馮玉祥之女馮弗能喜結連理。「四‧一二」政變後以尼古拉‧葉利扎諾夫的名字寫下自白書，嚴厲譴責蔣的反革命罪行，宣布與其劃清界限。此時的經國已是共青團員，正積極準備加入共產黨。他聲明「過去他是我的父親、革命的好朋友，去了敵人的陣營，現在他是我的敵人。」〔註7〕6 月 21 日，馮玉祥發通電宣布與蔣介石合作，和蘇聯斷交。7 月份蔣經國向學校黨委會遞交了一份自白書，宣布與馮弗能脫離夫妻關係，以表示對蘇共的忠心。中山大學一畢業，蘇方就將其送到莫斯科特種軍事學校受訓。1927 年底，又將其轉到列寧格勒軍事政治大學進修。這是一所專門培養紅軍將領的高級學府，他

〔註6〕 丁曉禾：《中國百年留學全紀錄》（二），珠海出版社 1998 年版，第 820 頁。

〔註7〕 Yueh Sheng, Sun Yat.Sen University in Moscow and the Chines. Revolution, A Personal Account, Kansas, The University Of Kansas, 1971, P119.轉自江南：《蔣經國傳》，中國友誼出版公司，1984 年版，第 51 頁。

選修了紅軍軍事戰略等課程。1929 年參加了共產黨。入黨的當天，又發表了措辭更爲激烈的反對蔣介石的自白書。1930 年 6 月，他在軍事政治大學畢業。不久到莫斯科的狄納莫兵工廠任軍事政治教師。1931 年 5 月奉調到索科洛夫協助當地政府推動農村集體化，曾當選爲集體農莊代理主席。1933 年初，被調到阿爾泰地區金礦作礦工，9 個月後又被調到烏拉爾的第一大城市斯維爾德洛夫斯克擔任一個大工廠的報紙主編。報紙辦得出類拔萃，受到了斯大林的讚賞。1935 年，26 歲的蔣經國與蘇聯姑娘芬娜結婚，次年兒子愛倫（蔣孝文）出世。西安事變後蘇共決定派經國回國，說服國民政府釋放正在漢口服刑的蘇聯間諜、派往上海情報站站長雅科夫。1937 年經國全家在中共駐共產國際代表團成員康生的陪同下坐火車回國。

5、三四十年代的演變

三十年代中共派遣留蘇的學生仍未中斷，但人數不多。1930 年留蘇學習的中國學生多數回國參加革命工作，莫斯科中國勞動者共產主義大學也於這一年結束。莫斯科「中大」停閉後，中國赴蘇學習的青年都在國際列寧學院就讀，到三十年代中期東方大學的中國班又得以恢復。1937 年，東方大學分成兩個獨立的單位：一個是只收蘇聯學生的東方大學；一個是只收外國學生的民族殖民地問題研究所，該所約一半學生是中國人。1938 年，隨著蘇聯黨校系統的大調整，東方大學停辦。1941 年 6 月德國法西斯進攻蘇聯，民族殖民地問題研究所停辦。

三十年代，前去蘇聯留學的方式是分散派遣或個別前往的。一是爲繼續培養革命骨幹，中共中央仍派人赴蘇學習；二是 1931 年王明路線佔統治地位後，往往將一些持有不同意見的黨員派蘇學習，借機加以排擠。如陳郁就「因爲反對王明他們所搞的六屆四中全會」，與李維漢同船被送往蘇聯學習〔註8〕。三是爲赴蘇就醫。如許光達，1932 年負重傷到蘇聯治療，曾入國際列寧學院和東方勞動者共產主義大學學習 5 年。1937 年抗戰爆發後回國，歷任抗日軍政大學訓練部長、教育長，第三分校校長；解放戰爭時期任第二兵團司令；建國後組建裝甲兵任裝甲司令員兼坦克學校校長和裝甲兵學院院長。1955 年被授予大將軍銜。據初步瞭解，1932～1933 年間，在蘇聯列寧學院學習的中共黨員就有林鐵、楊秀峰、陳郁、何一民、吳克堅、李維漢、

〔註 8〕　李維漢：《我和陳郁同志在蘇聯》，《回憶陳郁同志》，工人出版社 1982 年版，第 9 頁。

李立三、虎生、張達、何天之、周達文、黃海、汾河等人〔註9〕。30 年代中期，前往留蘇者仍未中斷，如閻紅彥，1925 年加入中國共產黨，曾任紅軍陝甘游擊隊大隊長、總指揮。1934 年 7 月赴蘇聯準備參加共產國際第七次代表大會，會前就讀於莫斯科列寧學院和紅軍陸軍大學，1935 年 4 月為恢復中斷的共產國際和中共的電臺聯繫而回國，後任沿河游擊隊司令員，紅三十軍軍長。抗日戰爭時期，任八路軍留守兵團警備第三團團長，警備第一旅政治委員兼關中軍分區政治委員。解放戰爭時期，任晉冀魯豫野戰軍第三縱隊副司令員、副政治委員，第二野戰軍三兵團副政治委員兼政治部主任。中華人民共和國成立後，任中共四川省委書記、中共雲南省委第一書記，昆明軍區第一政治委員。1955 年被授予上將軍銜。1935 年 8 月陳雲、陳潭秋、楊之華、曾山等參加中共駐共產國際代表團工作併入列寧學院研究班學習。

抗戰爆發後，幾十名高級幹部先後到蘇聯療傷治病，邊療養邊學習；三四十年代近百名高乾和烈士的子女到蘇聯國際兒童院學習；列寧學院的中國學員有一些到四十年代才陸續回國，1943 年共產國際宣布解散後，列寧學院也就停辦了；1948 年革命勝利前夕，中共又派 21 名青年到莫斯科一些大學學習。這幾個方面的留蘇情況，我們將另題探討。

二、中共留蘇教育的特點

以上著重介紹了大革命失敗後二十年代末和三十年代前期留蘇教育的情況，它與一般留學教育相比，具有其明顯的特點，主要是：

1、強烈的革命色彩

（1）興衰隨革命形勢而起伏。儘管歷次留學運動都受當時形勢的影響，但任何一次也沒有留蘇運動更為直接。二十年代中國青年留蘇熱潮的出現，是當時中國歷史與國際形勢發展的必然產物，同時隨著國內外形勢的變化而變化。它的興起，是在中國資產階級民主革命已處於山窮水盡、走投無路的困難狀況下，由於俄國十月革命成功事例的啓發，隨著中共的醞釀和誕生以及蘇俄國內秩序逐步穩定和經濟建設的發展，中國革命青年紛紛投奔這個雖是毗鄰卻頗遙遠和陌生的國度，出現赴蘇運動；而隨著國共合作局面的形

〔註9〕 何一民：《留學蘇聯片斷》，《革命史資料》第 18 輯，中國文史出版社 1987 年版，第 182～186 頁。

成，大革命的發展，留蘇運動走向高潮。蔣、汪叛變後，革命雖然處於低潮，但中共進入了獨立領導革命的新時期，更多的革命青年主要是共產黨的幹部來蘇學習，留蘇勢頭不僅未減，反面進入極盛時期。30 年代以來，由於留學生陸續回國參加各項革命工作和從事地下鬥爭，留學運動趨於低潮，但仍持續不斷，直到抗戰爆發後，蘇聯作爲中國的大後方，由延安派遣赴蘇聯留學的，更是勢所必然。因此，留蘇運動與中國革命息息相關。

　　（2）專業上專學革命。這個時期的留蘇學員皆革命幹部，時間因革命需要而定。學習內容與清末留學歐美、留日、留法勤工儉學等都有很大不同，它的學習任務很明確、很單純，就是學習馬列主義理論和俄國革命經驗，而不是學習西方的聲光化電、船政、步算、天文、地理、機械製造、礦冶、氣象等等「實學」，或尖端科學技術、生產管理等。這是由於中國革命任務極爲艱巨，非得有專事革命專業的人才不可。在當時，中國迫切需要一大批以馬列主義理論爲指導，以俄國革命爲借鑒的革命幹部。歷史已經證明，在中國，當國家還沒有取得獨立自主，人民群眾還沒有掌握政權、取得當家作主地位之前，企望全力進行經濟建設和求得科學技術的長足發展，只能是個美好的幻想，它必然是事與願違，或更多是事倍功半的，因帝國主義侵略勢力和國內反動統治階級的存在是其最大障礙。所以建設一支堅強的革命幹部隊伍，在當時顯然是當務之急，而到世界上第一個社會主義國家去進行學習是完全必要的〔註10〕。

　　（3）作用上培養了大量黨政軍幹部。蘇聯一些學校成爲中國革命幹部的搖籃和養成所，爲中國革命培養了大批黨政幹部和革命武裝的指揮員，這是其他任何留學教育無法比擬的。中共留蘇人員尚未見精確的數字，估計有數千人。其中多數人在革命鬥爭中過早英勇地犧牲了，著名的如何叔衡、陳潭秋、左權、朱瑞、趙一曼等；有的因意外事故或遭迫害而死難，如俞秀松、董亦湘、周達文等；有的長期擔任黨和國家領導或軍政要職，如董必武、林伯渠、吳玉章、徐特立、葉劍英、任弼時、陳雲、李立三、蔡暢、聶榮臻、楊尚昆、王稼祥、張聞天、楊之華、陳郁、許光達、閻紅彥、劉亞樓等等。據國外的研究資料，在 118 位二十至四十年代從國外回中國的中共領導人中，有 80 人經過蘇聯培養

〔註10〕戴學稷：《走十月革命的道路——二三十年代的留蘇浪潮與中國革命運動》，《內蒙古大學學報》1989 年第 4 期。

過，佔總數的 70%。其中多半在以後的年代成為中共中央委員和候補委員、中央政治局委員〔註 11〕。他們為中華民族的解放事業和新中國的誕生與壯大做出了卓越貢獻，對中國革命和建設的影響是顯而易見的。

很多同志在回國後，成為獻身中國人民解放事業的革命家。不少人在戰場上、監獄中和刑場上，為人民事業流血捐軀。特別是大革命失敗後，在那種險惡的環境下，蘇聯學校為中國革命保存了一批重要骨幹，幫助他們學習馬克思列寧主義的基本理論。同時，也為我軍後來的發展奠定了基礎。方志純回憶說：「我曾在蘇聯學習了三年，在軍事課中，我們花了很大一部分精力，學習指揮陸、海、空三軍聯合作戰。1946 年，朱總司令接見我，當我談到在蘇聯的軍事學習，認為學的東西沒有用，流露出不屑於彙報的情緒時，朱總司令批評我說：你別看我們今天是小米加步槍，但到明天，我們的軍隊是會發展壯大起來的。我們也會有海軍和空軍各軍種，陸軍也會有眾多的兵種的。你們學的東西用得上。我們要有一批能指揮多軍種、兵種聯合作戰的優秀的指揮員。」〔註 12〕

2、蘇聯包辦一切

留學生的教學、生活由蘇聯全面安排，一切費用由蘇聯全部承擔。蘇聯在自身經濟狀況依然相當困難的情況下，承擔了培養學生的全部費用，不僅包括辦學經費、教職員工工資、學生獎學金、派遣畢業生回國的路費等等，而且還包括那些已在蘇成家、家屬留蘇而自己回國參加革命工作畢業生家庭生活費，甚至包括一部分留學人員遠在中國的家庭困難救濟金。蘇聯方面對中國留蘇人員的物質文化生活作了盡其所能的安排，如在中山大學學生們既可以得到無償供給的各種服裝，還可以享用到各種配給的日常生活用品；既可以喫到數量和質量都相當不錯的夥食，還可以免費得到醫療服務等。此外學校還經常組織一些出色的藝術團體到校內演出，組織學生們參觀莫斯科的博物館和紀念館，以便豐富他們的精神生活，陶冶他們的情操。放假期間則安排他們到郊區農村參觀大學生夏令營或到列寧格勒、高加索等地觀光遊覽〔註 13〕。

〔註 11〕Ｂ・Ｈ・烏紹夫：《20～30 年代蘇聯為培養中國黨和革命幹部所提供的國際援助》。轉自王奇生：《中國留學生的歷史軌迹》，湖北教育出版社 1992 年版，第 81 頁。

〔註 12〕方志純：《難忘的回憶》，《回憶朱德》，中央文獻出版社 1992 年版，第 111 頁。

〔註 13〕于洪君：《關於二、三十年代中國革命者和青年學生赴蘇學習的幾個問題》，《蘇聯問題研究資料》1988 年第 6 期。

　　蘇聯方面爲盡可能好地組織教學活動，提高教學質量，培養中國革命所
需要的合格人才，作了多方面的努力。如選派一大批較爲出色的行政幹部和
教學科研人員到莫斯科中山大學、東方大學等中國留蘇人員集中的單位進行
管理和教學活動；根據學員的不同特點和形勢的不同需要，靈活機動地安排
他們就讀的單位，因時制宜、因人制宜地開展教學活動等。如在中山大學，
既有爲一般學生開設的學制 2～3 年的普通班，也有針對特殊對象設置的短訓
班、速成班、軍事班、工人預科班、特別班、理論班等等。但是，他們教條
主義嚴重，往往脫離中國革命的實際。講馬列主義，而不強調應用，不聯繫
中國的國情；課程的設置，同中國革命的實際需要明顯地脫節；講革命經驗，
言必稱蘇俄，就是以城市暴動爲中心的模式。特別是國共分裂後，中國由國
民革命轉入土地革命，革命的對象、動力、道路、策略都起了變化，但是，
學員連中共八七會議的精神，朱毛紅軍上井岡山開展遊擊戰爭等重大事件都
不清楚。學員在學習後回國從事實際工作就遇到許多困難，並且容易形成脫
離實際的教條主義傾向，這給後來的中國革命也帶某些消極影響。

　　蘇聯除經濟上，教學上承擔一切外，在政治上也包攬學員一切。學校的
領導把中國共產黨排除在外。中山大學前期還有國民黨的代表，說是共同管
理，後期卻沒有中共中央的代表參與管理。楊尚昆在其回憶錄中說：「按道理
講，爲中國共產黨培訓幹部的學校，中共中央應該有代表參與領導。事實上
並不如此，學校領導機構中沒有中共的代表，只有一名學生代表當副校長，
先是蘇州的工人王保禮，後來是王明推薦的李竹聲，實際上是有職無權的『擺
設』。學校的課程設置、教學內容、學員的鑒定、分配等權限都集中在米夫手
中，米夫又通過王明在學生中串聯活動。他的打算是培養一批服從他、能夠
貫徹共產國際東方部路線的幹部。黨的六大以後，成立了以瞿秋白爲首的中
共駐共產國際代表團，但它卻無權過問中大的事。後期並將中共旅莫支部撤
銷，黨員一律編入聯共支部，降爲預備黨員，受莫斯科區委領導，連中共一
大代表董必武和何叔衡也不例外。」〔註 14〕學員結業時的政治鑒定、工作分
配，一概不許中共代表團插手，還使中共黨員和共青團員在學習期間同中國
黨中斷了聯繫，表現出濃厚的大國沙文主義和老子黨的霸道作風，甚至對中
國學生不經任何法定程序，就可以隨便拘禁、逮捕、流放、監禁直至殺害。
這在其他接受留學生的國家中是絕無僅有的，也反映出蘇聯民主制度的缺乏。

〔註14〕楊尚昆：《回憶旅莫歲月》，《黨史天地》2002 年第 1 期。

3、嚴重的宗派主義

蘇聯對中國學生的教育從經濟上、政治上盡到了很大努力，這一點我們是不會忘記的，但辦學方針存在許多嚴重的問題，而日常組織生活又完全捲入蘇聯內部的政治鬥爭。米夫、王明實際上是企圖培訓一批政治上絕對聽從共產國際東方部和聯共的中共新領導人。在反對托洛茨基派的鬥爭中，把所有渴望總結大革命的教訓、對斯大林諉過陳獨秀不滿的中國黨員一律給予壓制，甚至製造「江浙同鄉會」之類的假案，獨斷專行，排除異己，搞殘酷鬥爭，無情打擊。最後，竟遷怒中共代表團。教條主義宗派就是在這樣的背景下，由米夫和王明培植起來的。當然，抵制教條宗派的學員，由於政治水平和素質不同，確有感情用事甚至某些不理智的舉動，但矛盾的主導方面，無疑是掌握學校領導權、培植宗派的米夫和王明。當時中共代表團成員陸定一後來曾明確指出：「王明集團實際上是米夫組織起來，要奪取中國共產黨的領導權的。……首先就在莫斯科反對中國共產黨代表團，揚言中國共產黨的領導者使中國革命遭到失敗，所以所有老的領導人都是機會主義者，非推翻不可。……現在看來，我們在莫斯科同米夫、王明集團的鬥爭是正確的，實質上是反對『老子黨』和大國主義的鬥爭。」〔註15〕楊尚昆認為，通常所說的「二十八個半布爾什維克」雖然並不確切，但「宗派集團的的確確是有的」〔註16〕。他們不擇手段地打擊排擠廣大黨團員，甚至利用「清黨」，結合格勒烏（蘇聯軍事情報機構）機關，對不跟他們走的並非托派的同志實施無情地迫害，殘酷地鎮壓，以「托派分子」、「右傾機會主義分子」種種罪名，加以逮捕、流放、開除黨籍、勞動改造、遣送回國等等，遭到摧殘者數以百計。如俞秀松、董亦湘、周達文先是因抵制王明的教條主義行為，被其誣陷為搞反革命小組織「江浙同鄉會」，雖經組織查實並無此事，但王明懷恨在心，後又繼續給他們捏造罪名，直至以「托派分子」置於死地。再如，利用各種場合，對李立三進行批判鬥爭，重重複複，沒完沒了，在 1937 年 11 月王明回國前，誣陷李泄露共產國際的重大秘密，致使其於 1938 年 2 月遭無辜逮捕，被監禁了一年零九個月之久。如此嚴重的宗派鬥爭和部分留學生在留學接受國所受到的殘酷迫害，這在留學史上是極為罕見的，它留給我們的教訓也是極其深刻的。

〔註15〕本書編輯組：《憶秋白》，人民文學出版社，1981 年，「前言」第 3 頁。
〔註16〕楊尚昆：《關於「二十八個半布爾什維克」問題》，《百年潮》2001 年第 8 期。

　　儘管共產國際和聯共（布）中央在對中共留學教育的辦學方針上，存在這樣那樣的問題，尤其是殘酷激烈的黨派鬥爭造成一些消極影響，但留蘇教育的功績是第一位的，蘇聯作爲中國革命後方和革命幹部搖籃的地位也是不可否認的。實事求是地揭示這一過程的來龍去脈，認眞總結其經驗教訓，對於正確理解當時的中蘇關係，促進中共黨史的研究，推動留學教育的發展，無疑具有十分重要的意義。

　　綜上所述，大革命失敗後的中共留蘇教育，是在中共早期留蘇和大革命時期國共兩黨留蘇的基礎上發展而來，主要有東方大學的中國軍事速成班、中山大學的第三第四屆學生、列寧學院和其他一些學校的中國學員。中共留蘇教育在 20 世紀 20 年代末達到高潮，具有區別於一般留學教育的明顯特點，主要是：強烈的革命色彩、蘇聯包辦一切、嚴重的宗派主義等。